湖北经济普查年鉴

Hubei Economic Census Yearbook 2018

第三产业卷

湖北省第四次全国经济普查领导小组办公室 编著

图书在版编目（CIP）数据

湖北经济普查年鉴. 2018. 第三产业卷 / 湖北省第四次全国经济普查领导小组办公室编著. -- 北京 : 中国统计出版社, 2020.11
ISBN 978-7-5037-9245-8

Ⅰ. ①湖… Ⅱ. ①湖… Ⅲ. ①经济－普查－湖北－2018－年鉴②第三产业－经济－普查－湖北－2018－年鉴
Ⅳ. ①F127.63-54

中国版本图书馆 CIP 数据核字(2020)第 169433 号

湖北经济普查年鉴—2018/第三产业卷

作　　者/湖北省第四次全国经济普查领导小组办公室
责任编辑/冯燕玲
封面设计/黄俊杰　李雪燕　刘亚非
出版发行/中国统计出版社有限公司
通信地址/北京市丰台区西三环南路甲 6 号　邮政编码/100073
电　　话/邮购（010）63376909　书店（010）68783171
网　　址/http://www.zgtjcbs.com/
印　　刷/武汉市盛宏源印务有限公司
经　　销/新华书店
开　　本/880mm×1230mm　1/16
字　　数/812 千字
印　　张/26.25
版　　别/2020 年 11 月第 1 版
版　　次/2020 年 11 月第 1 次印刷
定　　价/780.00 元（全四册）

如有印装差错，由本社发行部调换。

《湖北经济普查年鉴—2018》编纂机构和人员组成

指导委员会

主　　任：朱　慧

副 主 任：叶　青　吴中志　张　静　蔡受清　崔永红　叶福生
　　　　　李团中　王　博　刘　洪　马泽明

编辑委员会

总 编 辑：吴中志

副总编辑：谢名义

委　　员：盛少华　刘传勇　李良华　张利阳　吴晓秦　龙江舫
　　　　　杜云波　倪群峰　王行刚　宋　雪　雷炳建　唐军华
　　　　　魏尚平　卢　薇　汪　军　明　锋　谢余强　付春晖
　　　　　陈志明　金　锐　乐友来　王兴华　贺　宾

执行编辑：刘艳丽

数据处理：王喜锋　鲍　耀

第三产业卷

第一篇　批发和零售业企业基本情况及财务状况篇

第二篇　住宿和餐饮业企业基本情况及财务状况篇

责任编辑：宋　雪

编辑人员：曹　珣

第三篇　房地产开发经营业生产经营及财务状况篇

责任编辑：王行刚

编辑人员：张　萍

第四篇　服务业企业财务状况篇

第五篇　服务业行政事业及非企业法人单位篇

责任编辑：魏尚平

编辑人员：朱　昳

第六篇　企业信息化和电子商务交易情况篇

责任编辑：魏尚平

编辑人员：杨　旸

编者说明

为便于社会各界共同分享湖北省第四次全国经济普查的成果，更方便地开发利用普查资料，我们将经济普查资料编辑整理，汇编成《湖北经济普查年鉴—2018》一书。全书共三卷四册，即综合卷、第二产业卷和第三产业卷。《综合卷》分三篇：第一篇为“综合篇”，第二篇为“企业篇”，第三篇为“文化及相关产业篇”。《第二产业卷》按内容分为上、下两册。上册两篇：第一篇为“工业企业生产经营及财务状况篇”，第二篇为“主要工业产品产量篇”。下册两篇：第一篇为“规模以上工业企业科技情况篇”，第二篇为“建筑业企业生产经营及财务状况篇”。《第三产业卷》分六篇：第一篇为“批发和零售业企业基本情况及财务状况篇”，第二篇为“住宿和餐饮业企业基本情况及财务状况篇”，第三篇为“房地产开发经营业生产经营及财务状况篇”，第四篇为“服务业企业财务状况篇”，第五篇为“服务业行政事业及非企业法人单位篇”，第六篇为“企业信息化和电子商务交易情况篇”。为使读者能够更好地使用本资料，现对有关问题做如下说明：

一、第四次全国经济普查的标准时点为2018年12月31日，时期资料为2018年度；

二、综合卷中综合篇和企业篇汇总表，均不包含少量无分组标识的单位数据，其中单位数包含兼营二、三产业的农、林、牧、渔业法人单位，从业人员数不包含兼营二、三产业的农、林、牧、渔业法人单位，不包含人民银行、银保监会、证监会监管的金融业以及铁路运输部门单位数据；

三、本资料建筑业按法人单位注册地，其他行业按法人单位经营地进行汇总；

四、本资料部分数据由于单位取舍不同或四舍五入而产生的误差数均未作机械调整；

五、表中空格表示该项统计指标数值为零、不足最小单位、数据不详或无该项数据，“#”表示其中的主要项；

六、为了更准确地使用本年鉴，每卷后附有该卷详细的指标解释。

我们希望此书的面世，能使社会各界对湖北省第四次全国经济普查有一个全面的了解，更愿本书的内容，能为社会经济研究工作者提供有价值的参考。

湖北省第四次全国经济普查资料是全省普查工作者共同辛勤工作的成果，也是广大普查对象积极支持配合的结果。在此，我们向全省所有普查工作者、普查对象和所有参与和支持普查工作的人员致以崇高的敬意和衷心的感谢！

湖北省第四次全国经济普查领导小组办公室

2020年6月

第三产业卷　目录

第一篇　批发和零售业企业基本情况及财务状况篇

A. 行业部分

1-A-1　批发业法人企业基本情况……3
1-A-2　限额以上批发业法人企业基本情况……6
1-A-3　批发业法人企业财务状况……9
1-A-4　限额以上批发业法人企业财务状况……12
1-A-5　零售业法人企业基本情况……15
1-A-6　限额以上零售业法人企业基本情况……18
1-A-7　零售业法人企业财务状况……21
1-A-8　限额以上零售业法人企业财务状况……24

B. 地区部分

1-B-1　分地区批发业法人企业基本情况……27
1-B-2　分地区批发业法人企业基本情况（按国民经济行业分）……28
1-B-3　分地区批发业法人企业基本情况（按登记注册类型分）……37
1-B-4　分地区批发业法人企业财务状况……48
1-B-5　分地区批发业法人企业财务状况（按国民经济行业分）……49
1-B-6　分地区批发业法人企业财务状况（按登记注册类型分）……58
1-B-7　分地区零售业法人企业基本情况……69
1-B-8　分地区零售业法人企业基本情况（按国民经济行业分）……70
1-B-9　分地区零售业法人企业基本情况（按登记注册类型分）……79
1-B-10　分地区零售业法人企业基本情况（按零售业态分）……90
1-B-11　分地区零售业法人企业财务状况……110
1-B-12　分地区零售业法人企业财务状况（按国民经济行业分）……111
1-B-13　分地区零售业法人企业财务状况（按登记注册类型分）……120
1-B-14　分地区零售业法人企业财务状况（按零售业态分）……131

第二篇　住宿和餐饮业企业基本情况及财务状况篇

A. 行业部分

2-A-1　住宿业法人企业基本情况……153
2-A-2　限额以上住宿业法人企业基本情况……154
2-A-3　住宿业法人企业财务状况……155
2-A-4　住宿业法人企业财务状况……156

2-A-5 餐饮业法人企业基本情况……157
2-A-6 限额以上餐饮业法人企业基本情况……158
2-A-7 餐饮业法人企业财务状况……159
2-A-8 限额以上餐饮业法人企业财务状况……160
B. 地区部分
2-B-1 分地区住宿业法人企业基本情况……161
2-B-2 分地区住宿业法人企业基本情况（按国民经济行业分）……162
2-B-3 分地区住宿业法人企业基本情况（按登记注册类型分）……167
2-B-4 分地区住宿业法人企业基本情况（按星级分）……178
2-B-5 分地区住宿业法人企业财务状况……184
2-B-6 分地区住宿业法人企业财务状况（按国民经济行业分）……185
2-B-7 分地区住宿业法人企业财务状况（按登记注册类型分）……190
2-B-8 分地区住宿业法人企业财务状况（按星级分）……201
2-B-9 分地区餐饮业法人企业基本情况……207
2-B-10 分地区餐饮业法人企业基本情况（按国民经济行业分）……208
2-B-11 分地区餐饮业法人企业基本情况（按登记注册类型分）……213
2-B-12 分地区餐饮业法人企业财务状况……224
2-B-13 分地区餐饮业法人企业财务状况（按国民经济行业分）……225
2-B-14 分地区餐饮业法人企业财务状况（按登记注册类型分）……230

第三篇 房地产开发经营业生产经营及财务状况篇

3-1 各地区按登记注册类型分房地产开发企业个数……242
3-2 各地区按登记注册类型分房地产开发企业年末从业人数……246
3-3 各地区按登记注册类型分房地产开发企业资产总计……250
3-4 房地产开发企业主要指标情况……254
3-5 各地区按资质等级分房地产开发企业个数……255
3-6 各地区按资质等级分房地产开发企业年末从业人数……256
3-7 各地区按资质等级分房地产开发企业资产总计……257
3-8 各地区按用途分房地产开发企业房屋施工面积……258
3-9 各地区按资质等级分房地产开发企业房屋施工面积……259
3-10 各地区按用途分房地产开发企业房屋新开工面积……260
3-11 各地区按资质等级分房地产开发企业房屋新开工面积……261
3-12 各地区按用途分房地产开发企业房屋竣工面积……262
3-13 各地区按资质等级分房地产开发企业房屋竣工面积……263
3-14 各地区按用途分房地产开发企业房屋竣工价值……264
3-15 各地区按资质等级分房地产开发企业房屋竣工价值……265
3-16 各地区房地产开发企业建造的房屋面积和造价……266
3-17 各地区按用途分房地产开发企业商品房销售面积……267
3-18 各地区按资质等级分房地产开发企业商品房销售面积……268
3-19 各地区按用途分房地产开发企业商品房期房销售面积……269
3-20 各地区按用途分房地产开发企业房屋出租面积……270

3-21　各地区按用途分房地产开发企业商品房销售额 ……271
3-22　各地区按资质等级分房地产开发企业商品房销售额 ……272
3-23　各地区房地产开发企业商品房待售情况 ……273
3-24　各地区按用途分房地产开发企业商品房待售面积 ……274
3-25　各地区房地产开发企业土地开发及其购置情况 ……275
3-26　各地区房地产开发企业主营业务收入及其构成 ……276
3-27　各地区按登记注册类型分房地产开发企业主营业务收入 ……278
3-28　各地区按登记注册类型分房地产开发企业负债合计 ……282

第四篇　服务业企业财务状况篇

4-1　服务业法人单位基本情况 ……289
4-2　交通运输、仓储和邮政业企业法人单位主要指标 ……290
4-3　交通运输、仓储和邮政业企业法人单位分地区主要指标 ……291
4-4　交通运输、仓储和邮政业企业法人单位分登记注册类型主要指标 ……292
4-5　信息传输、软件和信息技术服务业企业法人单位主要指标 ……292
4-6　信息传输、软件和信息技术服务业企业法人单位分地区主要指标 ……293
4-7　信息传输、软件和信息技术服务业企业法人单位分登记注册类型主要指标 ……294
4-8　金融业企业法人单位主要指标 ……294
4-9　房地产业企业法人单位主要指标 ……294
4-10　房地产业企业法人单位分地区主要指标 ……295
4-11　房地产业企业法人单位分登记注册类型主要指标 ……296
4-12　租赁和商务服务业企业法人单位主要指标 ……296
4-13　租赁和商务服务业企业法人单位分地区主要指标 ……297
4-14　租赁和商务服务业企业法人单位分登记注册类型主要指标 ……298
4-15　科学研究和技术服务业企业法人单位主要指标 ……298
4-16　科学研究和技术服务业企业法人单位分地区主要指标 ……299
4-17　科学研究和技术服务业企业法人单位分登记注册类型主要指标 ……300
4-18　水利、环境和公共设施管理业企业法人单位主要指标 ……300
4-19　水利、环境和公共设施管理业企业法人单位分地区主要指标 ……301
4-20　水利、环境和公共设施管理业企业法人单位分登记注册类型主要指标 ……302
4-21　居民服务、修理和其他服务业企业法人单位主要指标 ……302
4-22　居民服务、修理和其他服务业企业法人单位分地区主要指标 ……303
4-23　居民服务、修理和其他服务业企业法人单位分登记注册类型主要指标 ……304
4-24　教育企业法人单位主要指标 ……304
4-25　教育企业法人单位分地区主要指标 ……305
4-26　教育企业法人单位分登记注册类型主要指标 ……306
4-27　卫生和社会工作企业法人单位主要指标 ……306
4-28　卫生和社会工作企业法人单位分地区主要指标 ……307
4-29　卫生和社会工作企业法人单位分登记注册类型主要指标 ……308
4-30　文化、体育和娱乐业企业法人单位主要指标 ……309
4-31　文化、体育和娱乐业企业法人单位分地区主要指标 ……310

4-32 文化、体育和娱乐业企业法人单位分登记注册类型主要指标 …………311
4-33 国有控股企业分行业主要指标 …………312
4-34 非公有控股企业分行业主要指标 …………313
4-35 规模以上交通运输、仓储和邮政业企业法人单位主要指标 …………314
4-36 规模以上信息传输、软件和信息技术服务业企业法人单位主要指标 …………316
4-37 规模以上物业管理、房地产中介服务、房地产租赁经营和其他房地产业企业法人单位主要指标 …………318
4-38 规模以上租赁和商务服务业企业法人单位主要指标 …………318
4-39 规模以上科学研究和技术服务业企业法人单位主要指标 …………320
4-40 规模以上水利、环境和公共设施管理业企业法人单位主要指标 …………322
4-41 规模以上居民服务、修理和其他服务业企业法人单位主要指标 …………324
4-42 规模以上教育企业法人单位主要指标 …………326
4-43 规模以上卫生和社会工作企业法人单位主要指标 …………326
4-44 规模以上文化、体育和娱乐业企业法人单位主要指标 …………328

第五篇 服务业行政事业及非企业法人单位篇

5-1 服务业行政事业及非企业法人单位分行业主要指标 …………333
5-2 交通运输、仓储和邮政业行政事业及非企业法人单位分地区主要指标 …………336
5-3 信息传输、软件和信息技术服务业行政事业及非企业法人单位分地区主要指标 …………337
5-4 租赁和商务服务业行政事业及非企业法人单位分地区主要指标 …………338
5-5 科学研究和技术服务业行政事业及非企业法人单位分地区主要指标 …………339
5-6 水利、环境和公共设施管理业行政事业及非企业法人单位分地区主要指标 …………340
5-7 居民服务、修理和其他服务业行政事业及非企业法人单位分地区主要指标 …………341
5-8 教育行政事业及非企业法人单位分地区主要指标 …………342
5-9 卫生和社会工作行政事业及非企业法人单位分地区主要指标 …………343
5-10 文化、体育和娱乐业行政事业及非企业法人单位分地区主要指标 …………344
5-11 公共管理、社会保障和社会组织行政事业及非企业法人单位分地区主要指标 …………345

第六篇 湖北企业信息化和电子商务交易情况篇

6-1 分行业企业使用计算机情况 …………348
6-2 分地区企业使用计算机情况 …………351
6-3 分行业企业信息化管理情况 …………352
6-4 分地区企业信息化管理情况 …………358
6-5 分行业企业使用网络情况 …………360
6-6 分地区企业使用网络情况 …………366
6-7 分行业企业建网站情况 …………367
6-8 分地区企业建网站情况 …………369
6-9 分行业企业通过互联网开展活动情况 …………370
6-10 分地区企业通过互联网开展活动情况 …………383

6-11　分行业企业互联网宣传和推广情况 …………386
6-12　分地区企业互联网宣传和推广情况 …………392
6-13　分行业企业开展电子商务交易情况 …………394
6-14　地区企业开展电子商务交易情况 …………400

附　录

主要指标解释 …………405

第1篇

批发和零售业企业基本情况及财务状况篇

A.行业部分

1-A-1　批发业法人企业基本情况

分　组	法人单位数（个）	从业人员期末人数（人）
批发业	**125530**	**1025954**
按国民经济行业分组		
农、林、牧、渔产品批发	20563	144347
谷物、豆及薯类批发	3579	27369
种子批发	1277	8579
畜牧渔业饲料批发	650	4487
棉、麻批发	640	8097
林业产品批发	3767	27918
牲畜批发	5328	33477
渔业产品批发	503	3567
其他农牧产品批发	4819	30853
食品、饮料及烟草制品批发	23198	224327
米、面制品及食用油批发	1235	15709
糕点、糖果及糖批发	255	2687
果品、蔬菜批发	7936	68814
肉、禽、蛋、奶及水产品批发	6198	53019
盐及调味品批发	245	4933
营养和保健品批发	427	2942
酒、饮料及茶叶批发	2844	32914
烟草制品批发	173	13678
其他食品批发	3885	29631
纺织、服装及家庭用品批发	11095	80722
纺织品、针织品及原料批发	1086	8386
服装批发	3463	28246
鞋帽批发	429	5050
化妆品及卫生用品批发	756	5373
厨具卫具及日用杂品批发	2045	12103
灯具、装饰物品批发	437	2377
家用视听设备批发	280	3764
日用家电批发	805	5820
其他家庭用品批发	1794	9603
文化、体育用品及器材批发	3303	26498
文具用品批发	1672	9659
体育用品及器材批发	331	1618
图书批发	225	6270

1-A-1 续表 1

分 组	法人单位数（个）	从业人员期末人数（人）
报刊批发	5	71
音像制品、电子和数字出版物批发	40	391
首饰、工艺品及收藏品批发	591	5085
乐器批发	24	377
其他文化用品批发	415	3027
医药及医疗器材批发	5735	96328
西药批发	623	48379
中药批发	2138	21738
动物用药品批发	107	699
医疗用品及器材批发	2867	25512
矿产品、建材及化工产品批发	31701	255898
煤炭及制品批发	962	10394
石油及制品批发	923	31337
非金属矿及制品批发	887	9475
金属及金属矿批发	5732	45872
建材批发	15569	105438
化肥批发	3287	23687
农药批发	1378	6505
农用薄膜批发	25	172
其他化工产品批发	2938	23018
机械设备、五金产品及电子产品批发	19695	130735
农业机械批发	915	7395
汽车及零配件批发	3644	32247
摩托车及零配件批发	138	988
五金产品批发	4448	24092
电气设备批发	2247	13264
计算机、软件及辅助设备批发	1250	6995
通讯设备批发	387	4883
广播影视设备批发	94	869
其他机械设备及电子产品批发	6572	40002
贸易经纪与代理	2308	15079
贸易代理	1647	10489
一般物品拍卖	115	672
艺术品、收藏品拍卖	41	196
艺术品代理	18	96
其他贸易经纪与代理	487	3626
其他批发业	7932	52020

1-A-1　续表 2

分　组	法人单位数（个）	从业人员期末人数（人）
再生物资回收与批发	2578	19317
宠物食品用品批发	45	348
互联网批发	316	1418
其他未列明批发业	4993	30937
按登记注册类型分组		
内资企业	125371	1003248
国有企业	416	20233
集体企业	456	4365
股份合作企业	32	224
联营企业	73	1057
国有联营企业	15	192
集体联营企业	29	543
国有与集体联营企业	8	110
其他联营企业	21	212
有限责任公司	17457	174113
国有独资公司	78	6509
其他有限责任公司	17379	167604
股份有限公司	1222	55955
私营企业	84191	598442
私营独资企业	12106	71754
私营合伙企业	554	3217
私营有限责任公司	70266	510407
私营股份有限公司	1265	13064
其他企业	21524	148859
港、澳、台商投资企业	77	11966
与港澳台商合资经营企业	20	719
与港澳台商合作经营企业		
港澳台商独资经营企业	53	10860
港澳台商投资股份有限公司	2	382
其他港澳台投资企业	2	5
外商投资企业	82	10740
中外合资经营企业	28	3583
中外合作经营企业	1	5
外资企业	31	6614
外商投资股份有限公司	10	330
其他外商投资	12	208

1-A-2 限额以上批发业法人企业基本情况

分 组	法人单位数(个)	从业人员期末人数(人)
批发业	**3241**	**205023**
按国民经济行业分组		
农、林、牧、渔产品批发	262	9422
谷物、豆及薯类批发	106	3243
种子批发	24	676
畜牧渔业饲料批发	21	410
棉、麻批发	52	2614
林业产品批发	13	625
牲畜批发	21	964
渔业产品批发	4	180
其他农牧产品批发	21	710
食品、饮料及烟草制品批发	550	53782
米、面制品及食用油批发	91	6267
糕点、糖果及糖批发	14	628
果品、蔬菜批发	133	8333
肉、禽、蛋、奶及水产品批发	106	6981
盐及调味品批发	12	2914
营养和保健品批发	4	216
酒、饮料及茶叶批发	110	11250
烟草制品批发	23	12068
其他食品批发	57	5125
纺织、服装及家庭用品批发	195	15592
纺织品、针织品及原料批发	35	588
服装批发	55	6123
鞋帽批发	5	2940
化妆品及卫生用品批发	21	1559
厨具卫具及日用杂品批发	17	1008
灯具、装饰物品批发	0	0
家用视听设备批发	23	2054
日用家电批发	23	789
其他家庭用品批发	16	531
文化、体育用品及器材批发	69	7169
文具用品批发	37	810
体育用品及器材批发	2	15
图书批发	7	4376
报刊批发	0	0
音像制品、电子和数字出版物批发	1	16

1-A-2　续表 1

分　　组	法人单位数 （个）	从业人员期末人数 (人)
首饰、工艺品及收藏品批发	12	1512
乐器批发	1	161
其他文化用品批发	9	279
医药及医疗器材批发	532	54599
西药批发	264	42560
中药批发	127	6907
动物用药品批发	5	74
医疗用品及器材批发	136	5058
矿产品、建材及化工产品批发	1058	46543
煤炭及制品批发	121	2379
石油及制品批发	123	25259
非金属矿及制品批发	31	542
金属及金属矿批发	306	5734
建材批发	193	4052
化肥批发	90	4497
农药批发	13	288
农用薄膜批发	1	20
其他化工产品批发	180	3772
机械设备、五金产品及电子产品批发	494	15982
农业机械批发	89	1824
汽车及零配件批发	150	5128
摩托车及零配件批发	6	158
五金产品批发	47	757
电气设备批发	34	804
计算机、软件及辅助设备批发	29	1056
通讯设备批发	13	2246
广播影视设备批发	6	288
其他机械设备及电子产品批发	120	3721
贸易经纪与代理	6	99
贸易代理	4	72
一般物品拍卖	1	25
艺术品、收藏品拍卖	0	0
艺术品代理	0	0
其他贸易经纪与代理	1	2
其他批发业	75	1835
再生物资回收与批发	41	776
宠物食品用品批发	0	0
互联网批发	4	154

1–A–2 续表 2

分组	法人单位数（个）	从业人员期末人数（人）
其他未列明批发业	30	905
按登记注册类型分组		
内资企业	3193	183885
国有企业	59	14700
集体企业	13	558
股份合作企业	3	130
联营企业	1	225
国有联营企业	0	0
集体联营企业	1	225
国有与集体联营企业	0	0
其他联营企业	0	0
有限责任公司	1076	61895
国有独资公司	30	4144
其他有限责任公司	1046	57751
股份有限公司	95	45772
私营企业	1895	58041
私营独资企业	40	765
私营合伙企业	2	40
私营有限责任公司	1809	54552
私营股份有限公司	44	2684
其他企业	51	2564
港、澳、台商投资企业	24	11351
与港澳台商合资经营企业	4	365
与港澳台商合作经营企业	0	0
港澳台商独资经营企业	19	10605
港澳台商投资股份有限公司	1	381
其他港澳台投资企业	0	0
外商投资企业	24	9787
中外合资经营企业	13	3163
中外合作经营企业	0	0
外资企业	9	6275
外商投资股份有限公司	1	208
其他外商投资	1	141
按单位规模分组		
大型	82	93123
中型	1029	73502
小型	1884	36668
微型	246	1730

1-A-3　批发业法人企业财务状况

单位：亿元

分　　组	资产总计	负债合计	营业收入
批发业	**8857.72**	**5237.57**	**17493.93**
按国民经济行业分组			
农、林、牧、渔产品批发	810.06	332.33	982.57
谷物、豆及薯类批发	189.46	108.37	214.23
种子批发	40.74	12.97	51.88
畜牧渔业饲料批发	24.23	7.46	47.44
棉、麻批发	136.31	87.64	216.86
林业产品批发	102.30	19.15	109.93
牲畜批发	141.25	31.71	144.44
渔业产品批发	9.39	2.39	27.21
其他农牧产品批发	166.40	62.64	170.58
食品、饮料及烟草制品批发	1377.40	627.80	2461.75
米、面制品及食用油批发	186.24	97.74	225.20
糕点、糖果及糖批发	11.34	5.86	23.70
果品、蔬菜批发	247.93	65.24	439.35
肉、禽、蛋、奶及水产品批发	198.26	48.11	345.94
盐及调味品批发	28.72	15.46	20.41
营养和保健品批发	9.81	4.70	13.99
酒、饮料及茶叶批发	310.39	214.66	495.32
烟草制品批发	244.26	95.35	653.14
其他食品批发	140.45	80.67	244.69
纺织、服装及家庭用品批发	415.26	245.60	754.75
纺织品、针织品及原料批发	40.49	20.90	69.63
服装批发	121.72	75.76	277.32
鞋帽批发	13.25	5.13	28.99
化妆品及卫生用品批发	23.09	15.91	45.81
厨具卫具及日用杂品批发	48.43	22.97	68.55
灯具、装饰物品批发	8.13	3.25	11.23
家用视听设备批发	53.16	46.62	99.89
日用家电批发	71.54	37.52	100.01
其他家庭用品批发	35.44	17.54	53.32
文化、体育用品及器材批发	272.19	185.06	426.56
文具用品批发	66.96	41.60	161.61
体育用品及器材批发	8.85	2.98	8.20
图书批发	117.49	86.39	88.08
报刊批发	0.43	0.01	0.46

1-A-3 续表 1

分组	资产总计	负债合计	营业收入
音像制品、电子和数字出版物批发	1.25	0.27	1.93
首饰、工艺品及收藏品批发	23.30	10.74	73.89
乐器批发	9.14	6.46	10.11
其他文化用品批发	44.76	36.61	82.28
医药及医疗器材批发	1640.97	1142.64	2018.45
西药批发	1162.98	850.44	1532.72
中药批发	160.32	97.30	207.35
动物用药品批发	2.78	1.23	6.38
医疗用品及器材批发	314.88	193.68	272.00
矿产品、建材及化工产品批发	2814.33	1673.76	8318.32
煤炭及制品批发	162.54	89.69	339.89
石油及制品批发	622.77	376.16	3338.48
非金属矿及制品批发	59.83	25.90	79.17
金属及金属矿批发	960.72	635.06	2656.07
建材批发	547.45	257.32	794.41
化肥批发	136.60	71.53	370.84
农药批发	29.34	12.07	41.13
农用薄膜批发	0.45	0.14	1.04
其他化工产品批发	294.63	205.88	697.30
机械设备、五金产品及电子产品批发	1197.04	880.29	2012.93
农业机械批发	40.50	16.71	77.20
汽车及零配件批发	465.98	368.74	815.75
摩托车及零配件批发	6.80	4.61	12.06
五金产品批发	108.48	49.34	164.11
电气设备批发	83.59	46.39	98.72
计算机、软件及辅助设备批发	215.08	184.26	381.81
通讯设备批发	45.58	75.95	92.29
广播影视设备批发	3.81	2.03	10.87
其他机械设备及电子产品批发	227.23	132.25	360.12
贸易经纪与代理	85.65	42.29	121.27
贸易代理	64.82	34.91	91.02
一般物品拍卖	4.62	2.59	2.70
艺术品、收藏品拍卖	2.55	1.47	0.90
艺术品代理	0.45	0.12	0.76
其他贸易经纪与代理	13.21	3.21	25.88
其他批发业	244.82	107.81	397.33

1-A-3　续表 2

分　组	资产总计	负债合计	营业收入
再生物资回收与批发	92.45	36.38	148.73
宠物食品用品批发	1.22	0.65	0.97
互联网批发	4.37	2.18	7.41
其他未列明批发业	146.79	68.61	240.22
按登记注册类型分组			
内资企业	8240.16	4719.42	16084.50
国有企业	320.69	149.25	739.11
集体企业	32.12	18.30	38.00
股份合作企业	1.54	0.63	1.24
联营企业	4.41	1.27	3.39
国有联营企业	0.87	0.75	0.89
集体联营企业	3.03	0.39	1.84
国有与集体联营企业	0.25	0.08	0.21
其他联营企业	0.26	0.05	0.46
有限责任公司	3202.11	2306.72	7030.03
国有独资公司	340.88	234.14	447.65
其他有限责任公司	2861.22	2072.58	6582.38
股份有限公司	1045.04	656.53	2014.70
私营企业	3218.45	1530.40	5637.85
私营独资企业	187.93	34.20	365.50
私营合伙企业	8.38	1.65	15.09
私营有限责任公司	2928.91	1452.18	5133.46
私营股份有限公司	93.23	42.36	123.81
其他企业	415.80	56.32	620.17
港、澳、台商投资企业	408.43	327.45	570.43
与港澳台商合资经营企业	124.55	104.67	28.38
与港澳台商合作经营企业			
港澳台商独资经营企业	261.93	214.41	534.58
港澳台商投资股份有限公司	21.94	8.36	7.45
其他港澳台投资企业	0.01	0.00	0.03
外商投资企业	209.13	190.70	838.99
中外合资经营企业	124.26	125.48	564.22
中外合作经营企业	0.01	0.00	0.01
外资企业	78.43	61.38	260.81
外商投资股份有限公司	5.44	3.06	9.61
其他外商投资	0.99	0.77	4.33

1-A-4 限额以上批发业法人企业财务状况

单位：亿元

分　组	资产总计	负债合计	营业收入
批发业	**5057.44**	**3661.95**	**12131.75**
按国民经济行业分组			
农、林、牧、渔产品批发	263.94	178.53	380.75
谷物、豆及薯类批发	104.82	88.92	104.91
种子批发	8.75	3.36	11.04
畜牧渔业饲料批发	3.88	2.00	13.95
棉、麻批发	74.68	51.59	157.90
林业产品批发	2.99	0.75	13.86
牲畜批发	16.32	7.81	18.63
渔业产品批发	0.36	0.12	11.93
其他农牧产品批发	52.14	23.99	48.52
食品、饮料及烟草制品批发	779.15	463.42	1660.08
米、面制品及食用油批发	127.78	74.54	172.81
糕点、糖果及糖批发	4.71	3.34	12.72
果品、蔬菜批发	75.59	35.22	209.95
肉、禽、蛋、奶及水产品批发	36.62	18.19	105.79
盐及调味品批发	17.19	10.56	9.68
营养和保健品批发	1.74	1.55	3.26
酒、饮料及茶叶批发	224.53	177.64	393.33
烟草制品批发	234.14	94.71	632.18
其他食品批发	56.85	47.67	120.36
纺织、服装及家庭用品批发	162.92	139.63	428.59
纺织品、针织品及原料批发	11.44	8.29	26.42
服装批发	51.64	44.11	187.02
鞋帽批发	6.98	3.56	18.69
化妆品及卫生用品批发	12.87	10.86	26.79
厨具卫具及日用杂品批发	3.23	1.93	10.76
灯具、装饰物品批发			
家用视听设备批发	44.93	42.53	89.65
日用家电批发	26.60	24.92	59.72
其他家庭用品批发	5.23	3.44	9.54
文化、体育用品及器材批发	187.21	143.05	312.97
文具用品批发	26.10	17.74	101.13
体育用品及器材批发	0.26	0.06	1.07
图书批发	107.72	82.16	74.52
报刊批发			
音像制品、电子和数字出版物批发	0.16	0.07	0.25

1-A-4　续表 1

分　组	资产总计	负债合计	营业收入
首饰、工艺品及收藏品批发	9.58	3.82	59.43
乐器批发	8.65	6.30	9.47
其他文化用品批发	34.75	32.90	67.09
医药及医疗器材批发	1418.95	1025.93	1761.77
西药批发	1115.14	818.43	1478.51
中药批发	106.95	80.15	146.00
动物用药品批发	0.70	0.63	2.63
医疗用品及器材批发	196.15	126.72	134.63
矿产品、建材及化工产品批发	1540.35	1069.08	6147.28
煤炭及制品批发	119.79	72.26	266.87
石油及制品批发	563.59	337.18	3222.63
非金属矿及制品批发	15.71	10.24	23.51
金属及金属矿批发	508.79	394.89	1715.80
建材批发	70.99	44.50	181.55
化肥批发	63.72	50.02	231.40
农药批发	9.49	8.01	7.90
农用薄膜批发	0.07	0.01	0.22
其他化工产品批发	188.20	151.96	497.40
机械设备、五金产品及电子产品批发	663.91	615.71	1329.98
农业机械批发	16.62	9.17	44.81
汽车及零配件批发	338.74	300.63	661.34
摩托车及零配件批发	4.05	3.79	7.43
五金产品批发	6.86	4.75	30.27
电气设备批发	11.80	8.72	28.49
计算机、软件及辅助设备批发	183.99	169.65	344.35
通讯设备批发	31.10	66.47	44.74
广播影视设备批发	1.84	1.13	7.62
其他机械设备及电子产品批发	68.92	51.41	160.92
贸易经纪与代理	3.93	2.04	6.50
贸易代理	1.94	1.13	5.36
一般物品拍卖	1.93	0.85	0.70
艺术品、收藏品拍卖			
艺术品代理			
其他贸易经纪与代理	0.06	0.06	0.44
其他批发业	37.07	24.58	103.83
再生物资回收与批发	13.85	8.09	42.49
宠物食品用品批发			
互联网批发	0.97	0.39	2.04

1-A-4 续表 2

分 组	资产总计	负债合计	营业收入
其他未列明批发业	22.25	16.10	59.29
按登记注册类型分组			
内资企业	4463.73	3156.38	10754.74
国有企业	266.76	115.92	704.69
集体企业	7.60	7.31	12.56
股份合作企业	0.21	0.16	0.82
联营企业	0.31	0.02	0.57
国有联营企业			
集体联营企业	0.31	0.02	0.57
国有与集体联营企业			
其他联营企业			
有限责任公司	2382.97	1861.62	5872.82
国有独资公司	277.80	212.51	385.28
其他有限责任公司	2105.17	1649.11	5487.54
股份有限公司	936.50	600.02	1905.52
私营企业	850.56	565.74	2210.49
私营独资企业	4.65	2.70	34.98
私营合伙企业	0.15	0.11	1.91
私营有限责任公司	817.28	548.78	2111.00
私营股份有限公司	28.47	14.16	62.60
其他企业	18.82	5.58	47.27
港、澳、台商投资企业	397.45	321.28	558.52
与港澳台商合资经营企业	116.41	100.23	17.96
与港澳台商合作经营企业			
港澳台商独资经营企业	259.10	212.69	533.13
港澳台商投资股份有限公司	21.94	8.36	7.43
其他港澳台投资企业			
外商投资企业	196.26	184.29	818.50
中外合资经营企业	122.78	124.80	562.80
中外合作经营企业			
外资企业	69.30	57.63	242.67
外商投资股份有限公司	3.33	1.18	8.97
其他外商投资	0.84	0.69	4.07
按单位规模分组			
大型	2251.83	1546.19	6042.54
中型	1755.68	1348.01	3309.57
小型	705.09	465.22	2274.02
微型	344.84	302.54	505.62

1-A-5　零售业法人企业基本情况

分　组	法　人 单位数 （个）	从业人员 期末人数 （人）	年末零售 营业面积 （万平方米）
零售业	**132453**	**1022755**	**4150.1**
按国民经济行业分组			
综合零售	18106	255034	1476.2
百货零售	12334	118990	837.4
超级市场零售	661	104172	507.5
便利店零售	153	2410	5.4
其他综合零售	4958	29462	125.9
食品、饮料及烟草制品专门零售	21222	137901	474.0
粮油零售	1296	8812	42.3
糕点、面包零售	354	4571	6.4
果品、蔬菜零售	4191	26932	103.5
肉、禽、蛋、奶及水产品零售	5878	35153	146.3
营养和保健品零售	842	4124	9.1
酒、饮料及茶叶零售	3079	21650	69.4
烟草制品零售	395	3094	7.0
其他食品零售	5187	33565	89.9
纺织、服装及日用品专门零售	12775	81523	217.0
纺织品及针织品零售	950	5699	15.4
服装零售	5199	39555	109.8
鞋帽零售	575	5344	8.3
化妆品及卫生用品零售	1002	5272	11.8
厨具卫具及日用杂品零售	801	4460	13.2
钟表、眼镜零售	906	4962	9.7
箱包零售	176	1137	1.6
自行车等代步设备零售	184	855	2.7
其他日用品零售	2982	14239	44.5
文化、体育用品及器材专门零售	6906	40686	116.5
文具用品零售	2392	10979	25.4
体育用品及器材零售	656	3012	8.4
图书、报刊零售	508	3912	8.9
音像制品、电子和数字出版物零售	99	701	1.1
珠宝首饰零售	851	8039	25.9
工艺美术品及收藏品零售	1026	5884	24.7
乐器零售	145	773	2.1

1-A-5 续表 1

分　组	法　人 单位数 （个）	从业人员 期末人数 （人）	年末零售 营业面积 （万平方米）
照相器材零售	81	502	0.6
其他文化用品零售	1148	6884	19.4
医药及医疗器材专门零售	10266	77932	183.5
西药零售	5641	51618	118.8
中药零售	1521	9898	28.2
动物用药品零售	377	1591	4.3
医疗用品及器材零售	2669	14516	31.8
保健辅助治疗器材零售	58	309	0.4
汽车、摩托车、零配件和燃料及其他动力销售	14343	147213	688.7
汽车新车零售	6345	89784	445.3
汽车旧车零售	1231	5170	32.9
汽车零配件零售	3854	23987	68.2
摩托车及零配件零售	691	4446	13.5
机动车燃油零售	2134	22691	123.6
机动车燃气零售	68	1063	5.0
机动车充电销售	20	72	0.3
家用电器及电子产品专门零售	16137	102461	339.7
家用视听设备零售	1624	21206	160.0
日用家电零售	3087	23247	76.5
计算机、软件及辅助设备零售	4585	22307	36.1
通信设备零售	1624	12006	24.7
其他电子产品零售	5217	23695	42.3
五金、家具及室内装饰材料专门零售	17244	97119	399.7
五金零售	5907	30254	85.9
灯具零售	580	2741	8.2
家具零售	2429	17808	130.0
涂料零售	517	2391	6.3
卫生洁具零售	325	2922	8.0
木质装饰材料零售	422	2440	10.2
陶瓷、石材装饰材料零售	748	4610	28.0
其他室内装饰材料零售	6316	33953	123.2
货摊、无店铺及其他零售业	15454	82886	255.0
流动货摊零售	23	62	0.3
互联网零售	5418	26303	45.0
邮购及电视、电话零售	5	113	0.0
自动售货机零售	41	348	1.3

1-A-5　续表 2

分　组	法　人 单位数 （个）	从业人员 期末人数 （人）	年末零售 营业面积 （万平方米）
旧货零售	71	317	1.0
生活用燃料零售	1014	8359	72.2
宠物食品用品零售	83	254	0.9
其他未列明零售业	8799	47130	134.2
按登记注册类型分组			
内资企业	132306	997689	4046.8
国有企业	380	6454	27.5
集体企业	625	12464	59.8
股份合作企业	43	486	1.3
联营企业	103	1185	5.2
国有联营企业	2	23	0.1
集体联营企业	43	690	3.9
国有与集体联营企业	11	126	0.2
其他联营企业	47	346	0.9
有限责任公司	16879	220825	954.0
国有独资公司	53	3435	39.2
其他有限责任公司	16826	217390	914.8
股份有限公司	1279	59446	469.8
私营企业	105210	649113	2327.4
私营独资企业	23562	122743	440.0
私营合伙企业	1143	6436	29.0
私营有限责任公司	79278	500933	1752.6
私营股份有限公司	1227	19001	105.7
其他企业	7787	47716	201.9
港、澳、台商投资企业	74	12562	41.3
与港澳台商合资经营企业	23	3080	11.4
与港澳台商合作经营企业	0	0	0
港澳台商独资经营企业	47	9169	28.9
港澳台商投资股份有限公司	2	12	0.0
其他港澳台投资企业	2	301	1.0
外商投资企业	73	12504	62.1
中外合资经营企业	20	241	0.3
中外合作经营企业	2	987	5.6
外资企业	31	10948	55.8
外商投资股份有限公司	7	257	0.3
其他外商投资	13	71	0.1

1-A-6 限额以上零售业法人企业基本情况

分 组	法 人 单位数 (个)	从业人员 期末人数 (人)	年末零售 营业面积 (万平方米)
零售业	**4904**	**325998**	**1921.4**
按国民经济行业分组			
综合零售	818	145636	1041.6
百货零售	439	55090	602.1
超级市场零售	287	85339	404.4
便利店零售	11	732	3.1
其他综合零售	81	4475	31.9
食品、饮料及烟草制品专门零售	534	22923	92.1
粮油零售	55	1329	10.0
糕点、面包零售	21	2229	2.2
果品、蔬菜零售	63	2514	10.9
肉、禽、蛋、奶及水产品零售	123	4321	16.2
营养和保健品零售	7	179	0.2
酒、饮料及茶叶零售	150	4856	28.7
烟草制品零售	18	1021	3.2
其他食品零售	97	6474	20.7
纺织、服装及日用品专门零售	255	17073	64.4
纺织品及针织品零售	23	564	2.3
服装零售	145	10800	50.7
鞋帽零售	16	2594	3.0
化妆品及卫生用品零售	17	590	1.5
厨具卫具及日用杂品零售	14	295	1.3
钟表、眼镜零售	11	716	0.6
箱包零售	3	130	0.0
自行车等代步设备零售	0	0	0
其他日用品零售	26	1384	5.1
文化、体育用品及器材专门零售	200	7381	31.9
文具用品零售	32	778	2.1
体育用品及器材零售	7	122	0.5
图书、报刊零售	25	1620	3.4
音像制品、电子和数字出版物零售	3	44	0.1
珠宝首饰零售	68	3257	16.5
工艺美术品及收藏品零售	16	323	1.8
乐器零售	5	94	0.4
照相器材零售	6	95	0.2

1-A-6　续表 1

分　　组	法　人 单位数 （个）	从业人员 期末人数 （人）	年末零售 营业面积 （万平方米）
其他文化用品零售	38	1048	6.8
医药及医疗器材专门零售	226	22028	53.4
西药零售	171	19918	49.0
中药零售	29	1549	3.4
动物用药品零售	4	55	0.2
医疗用品及器材零售	21	498	0.8
保健辅助治疗器材零售	1	8	0.0
汽车、摩托车、零配件和燃料及其他动力销售	1437	63347	330.5
汽车新车零售	1122	50528	263.7
汽车旧车零售	16	336	2.2
汽车零配件零售	60	1296	7.2
摩托车及零配件零售	69	1111	3.6
机动车燃油零售	166	9444	52.3
机动车燃气零售	4	632	1.5
机动车充电销售	0	0	0
家用电器及电子产品专门零售	702	25974	152.4
家用视听设备零售	287	12760	104.4
日用家电零售	198	5971	32.3
计算机、软件及辅助设备零售	133	3319	4.9
通信设备零售	62	3542	9.6
其他电子产品零售	22	382	1.3
五金、家具及室内装饰材料专门零售	357	11304	114.4
五金零售	90	1310	22.6
灯具零售	19	235	0.9
家具零售	127	5889	63.9
涂料零售	7	110	0.2
卫生洁具零售	13	1360	1.8
木质装饰材料零售	11	212	1.7
陶瓷、石材装饰材料零售	24	383	3.0
其他室内装饰材料零售	66	1805	20.2
货摊、无店铺及其他零售业	375	10332	40.7
流动货摊零售	0	0	0
互联网零售	246	6584	16.8
邮购及电视、电话零售	2	100	0.0
自动售货机零售	4	125	0.9
旧货零售	1	12	0.3
生活用燃料零售	79	2102	16.5
宠物食品用品零售	0	0	0

1-A-6 续表 2

分 组	法 人 单位数 （个）	从业人员 期末人数 （人）	年末零售 营业面积 （万平方米）
其他未列明零售业	43	1409	6.2
按登记注册类型分组			
内资企业	4850	303309	1823.0
国有企业	78	3786	15.6
集体企业	70	8649	46.9
股份合作企业	7	289	0.7
联营企业	3	342	1.1
国有联营企业	0	0	0
集体联营企业	1	286	1.0
国有与集体联营企业	1	49	0.1
其他联营企业	1	7	0.0
有限责任公司	1325	116157	600.1
国有独资公司	12	2099	6.0
其他有限责任公司	1313	114058	594.2
股份有限公司	100	49870	437.7
私营企业	3248	123278	719.3
私营独资企业	363	7146	44.7
私营合伙企业	24	439	2.4
私营有限责任公司	2801	103680	587.9
私营股份有限公司	60	12013	84.3
其他企业	19	938	1.7
港、澳、台商投资企业	33	10628	37.2
与港澳台商合资经营企业	7	1587	8.0
与港澳台商合作经营企业	0	0	0
港澳台商独资经营企业	25	8759	28.2
港澳台商投资股份有限公司	0	0	0
其他港澳台投资企业	1	282	1.0
外商投资企业	21	12061	61.2
中外合资经营企业	3	108	0.1
中外合作经营企业	1	981	5.6
外资企业	16	10752	55.4
外商投资股份有限公司	1	220	0.1
其他外商投资	0	0	0
按单位规模分组			
大型	86	141664	806.2
中型	1052	113037	603.7
小型	2831	65154	436.1
微型	935	6143	75.4

1-A-7　零售业法人企业财务状况

单位：亿元

分　　组	资产总计	负债合计	营业收入
零售业	**5418.63**	**2896.13**	**8354.29**
按国民经济行业分组			
综合零售	1195.37	710.59	1786.74
百货零售	765.82	446.00	961.22
超级市场零售	314.92	208.60	672.84
便利店零售	8.42	4.06	14.63
其他综合零售	106.22	51.92	138.05
食品、饮料及烟草制品专门零售	687.42	200.08	773.41
粮油零售	52.49	11.85	48.05
糕点、面包零售	10.08	5.62	20.57
果品、蔬菜零售	69.83	18.56	144.85
肉、禽、蛋、奶及水产品零售	97.12	22.52	164.44
营养和保健品零售	15.86	5.05	12.91
酒、饮料及茶叶零售	309.34	84.10	183.43
烟草制品零售	13.85	3.54	22.00
其他食品零售	118.85	48.83	177.15
纺织、服装及日用品专门零售	283.88	134.91	383.76
纺织品及针织品零售	18.90	6.95	28.41
服装零售	147.18	78.70	195.50
鞋帽零售	10.37	3.51	24.25
化妆品及卫生用品零售	14.62	6.33	19.46
厨具卫具及日用杂品零售	16.67	7.44	18.02
钟表、眼镜零售	12.29	3.97	18.75
箱包零售	3.44	1.79	5.65
自行车等代步设备零售	3.28	0.97	3.37
其他日用品零售	57.13	25.24	70.36
文化、体育用品及器材专门零售	186.12	91.29	215.45
文具用品零售	33.32	13.03	45.20
体育用品及器材零售	10.56	4.84	16.33
图书、报刊零售	26.35	12.77	19.74
音像制品、电子和数字出版物零售	3.16	1.51	7.28
珠宝首饰零售	48.17	28.32	53.76
工艺美术品及收藏品零售	22.42	8.35	20.63
乐器零售	3.06	1.27	3.52
照相器材零售	1.47	0.68	2.58

1-A-7 续表 1

分　组	资产总计	负债合计	营业收入
其他文化用品零售	37.60	20.53	46.42
医药及医疗器材专门零售	251.56	124.87	344.19
西药零售	170.30	92.42	232.33
中药零售	25.27	7.77	33.70
动物用药品零售	3.98	0.72	6.17
医疗用品及器材零售	51.16	23.68	70.92
保健辅助治疗器材零售	0.85	0.27	1.06
汽车、摩托车、零配件和燃料及其他动力销售	1374.52	888.71	2581.99
汽车新车零售	1008.13	697.31	1873.43
汽车旧车零售	23.51	9.43	34.65
汽车零配件零售	98.21	43.33	143.16
摩托车及零配件零售	18.77	6.99	33.33
机动车燃油零售	214.70	126.51	489.65
机动车燃气零售	11.03	5.13	7.55
机动车充电销售	0.15	0.02	0.22
家用电器及电子产品专门零售	510.30	269.11	828.16
家用视听设备零售	128.29	64.14	239.17
日用家电零售	118.97	61.95	172.42
计算机、软件及辅助设备零售	87.97	38.28	133.23
通信设备零售	80.41	60.25	176.55
其他电子产品零售	94.66	44.49	106.79
五金、家具及室内装饰材料专门零售	458.94	227.18	525.20
五金零售	133.80	58.62	161.32
灯具零售	9.24	4.22	12.87
家具零售	131.27	85.82	104.76
涂料零售	8.28	3.26	11.40
卫生洁具零售	11.00	6.70	12.40
木质装饰材料零售	10.48	3.61	15.10
陶瓷、石材装饰材料零售	18.34	8.07	19.34
其他室内装饰材料零售	136.53	56.87	188.01
货摊、无店铺及其他零售业	470.51	249.39	915.38
流动货摊零售	0.11	0.02	0.21
互联网零售	197.25	140.83	629.89
邮购及电视、电话零售	0.77	0.69	0.98
自动售货机零售	2.52	1.71	2.16
旧货零售	0.86	0.20	1.10

1-A-7　续表 2

分　组	资产总计	负债合计	营业收入
生活用燃料零售	63.24	25.71	67.17
宠物食品用品零售	0.50	0.16	0.80
其他未列明零售业	205.25	80.07	213.07
按登记注册类型分组			
内资企业	5158.31	2697.42	7887.57
国有企业	57.74	20.42	96.24
集体企业	37.69	18.95	96.62
股份合作企业	2.14	1.26	3.08
联营企业	4.16	1.16	44.13
国有联营企业	0.05	0.00	0.03
集体联营企业	2.57	0.64	40.82
国有与集体联营企业	0.20	0.03	2.04
其他联营企业	1.34	0.48	1.25
有限责任公司	1892.15	1201.89	2981.89
国有独资公司	47.87	27.85	101.67
其他有限责任公司	1844.28	1174.04	2880.23
股份有限公司	457.66	268.29	656.92
私营企业	2597.02	1169.51	3885.70
私营独资企业	326.67	69.71	540.96
私营合伙企业	16.21	2.83	24.76
私营有限责任公司	2181.47	1064.24	3221.17
私营股份有限公司	72.66	32.73	98.81
其他企业	109.76	15.93	123.01
港、澳、台商投资企业	103.00	77.22	217.92
与港澳台商合资经营企业	27.16	19.03	23.31
与港澳台商合作经营企业			
港澳台商独资经营企业	75.27	57.78	192.49
港澳台商投资股份有限公司	0.05	0.03	0.04
其他港澳台投资企业	0.52	0.37	2.07
外商投资企业	157.32	121.49	248.80
中外合资经营企业	3.12	1.27	2.53
中外合作经营企业	11.44	8.12	11.40
外资企业	129.94	103.10	216.16
外商投资股份有限公司	5.53	1.92	1.29
其他外商投资	7.28	7.07	17.42

1-A-8 限额以上零售业法人企业财务状况

单位：亿元

分组	资产总计	负债合计	营业收入
零售业	**2937.03**	**1931.13**	**5313.21**
按国民经济行业分组			
综合零售	826.00	544.45	1302.29
百货零售	552.50	363.82	719.21
超级市场零售	259.47	171.28	537.04
便利店零售	2.96	2.22	5.83
其他综合零售	11.06	7.12	40.22
食品、饮料及烟草制品专门零售	363.11	107.35	403.93
粮油零售	27.82	6.01	17.64
糕点、面包零售	5.34	4.03	12.87
果品、蔬菜零售	14.89	6.79	78.14
肉、禽、蛋、奶及水产品零售	17.97	9.40	68.66
营养和保健品零售	0.50	0.25	1.40
酒、饮料及茶叶零售	253.80	64.82	131.59
烟草制品零售	9.32	2.33	13.11
其他食品零售	33.47	13.72	80.51
纺织、服装及日用品专门零售	85.53	56.64	138.61
纺织品及针织品零售	3.58	1.37	9.03
服装零售	67.27	46.68	93.94
鞋帽零售	4.35	2.06	12.85
化妆品及卫生用品零售	1.74	1.17	2.94
厨具卫具及日用杂品零售	0.87	0.41	4.26
钟表、眼镜零售	2.79	1.64	4.16
箱包零售	0.28	0.24	1.57
自行车等代步设备零售			
其他日用品零售	4.65	3.07	9.86
文化、体育用品及器材专门零售	65.34	45.76	82.00
文具用品零售	3.22	2.14	7.90
体育用品及器材零售	0.43	1.62	4.11
图书、报刊零售	14.37	8.11	11.47
音像制品、电子和数字出版物零售	0.32	0.23	0.42
珠宝首饰零售	28.97	21.38	32.89
工艺美术品及收藏品零售	1.59	0.59	3.65
乐器零售	0.76	0.67	0.98
照相器材零售	0.31	0.15	0.71
其他文化用品零售	15.37	10.87	19.86
医药及医疗器材专门零售	95.24	75.48	148.26

1-A-8　续表 1

分　　组	资产总计	负债合计	营业收入
西药零售	85.62	69.05	128.28
中药零售	6.01	4.18	9.27
动物用药品零售	0.25	0.09	0.49
医疗用品及器材零售	3.35	2.16	10.20
保健辅助治疗器材零售	0.01	0.01	0.03
汽车、摩托车、零配件和燃料及其他动力销售	978.41	727.51	2030.70
汽车新车零售	800.36	600.77	1561.10
汽车旧车零售	2.43	1.15	6.72
汽车零配件零售	12.87	8.63	29.19
摩托车及零配件零售	7.59	4.19	18.75
机动车燃油零售	147.85	109.84	409.63
机动车燃气零售	7.30	2.93	5.32
机动车充电销售			
家用电器及电子产品专门零售	218.19	142.57	467.27
家用视听设备零售	97.45	55.22	195.22
日用家电零售	50.00	30.62	82.99
计算机、软件及辅助设备零售	15.86	8.27	40.74
通信设备零售	53.40	47.89	144.43
其他电子产品零售	1.48	0.57	3.90
五金、家具及室内装饰材料专门零售	134.73	96.59	151.73
五金零售	19.25	9.21	21.87
灯具零售	1.62	1.05	3.79
家具零售	88.46	70.33	60.46
涂料零售	1.35	0.89	1.78
卫生洁具零售	6.18	5.02	6.59
木质装饰材料零售	0.83	0.44	2.51
陶瓷、石材装饰材料零售	3.18	0.84	3.96
其他室内装饰材料零售	13.85	8.80	50.76
货摊、无店铺及其他零售业	170.48	134.78	588.42
流动货摊零售			
互联网零售	135.91	113.72	539.41
邮购及电视、电话零售	0.76	0.69	0.96
自动售货机零售	2.17	1.54	1.62
旧货零售	0.21	0.03	0.24
生活用燃料零售	24.46	14.28	35.10
宠物食品用品零售			
其他未列明零售业	6.97	4.53	11.09

1-A-8 续表 2

分　组	资产总计	负债合计	营业收入
按登记注册类型分组			
内资企业	2706.06	1752.21	4878.80
国有企业	45.54	15.53	81.73
集体企业	23.30	14.67	85.57
股份合作企业	1.30	0.66	2.27
联营企业	1.59	0.74	41.94
国有联营企业			
集体联营企业	1.00	0.39	39.84
国有与集体联营企业	0.06	0.02	1.91
其他联营企业	0.54	0.33	0.19
有限责任公司	1431.33	963.46	2409.95
国有独资公司	33.72	17.74	88.75
其他有限责任公司	1397.61	945.72	2321.21
股份有限公司	415.16	250.36	598.79
私营企业	783.12	504.60	1651.60
私营独资企业	31.14	10.14	119.48
私营合伙企业	1.72	0.49	4.22
私营有限责任公司	703.88	468.10	1457.31
私营股份有限公司	46.38	25.87	70.59
其他企业	4.71	2.19	6.94
港、澳、台商投资企业	87.12	66.75	204.87
与港澳台商合资经营企业	15.49	11.86	14.61
与港澳台商合作经营企业			
港澳台商独资经营企业	71.33	54.66	188.55
港澳台商投资股份有限公司			
其他港澳台投资企业	0.30	0.22	1.71
外商投资企业	143.85	112.17	229.55
中外合资经营企业	2.70	1.16	2.09
中外合作经营企业	11.43	8.12	11.34
外资企业	128.78	102.59	215.00
外商投资股份有限公司	0.95	0.30	1.12
其他外商投资			
按单位规模分组			
大型	1356.99	855.88	1961.06
中型	963.58	707.96	1836.54
小型	539.03	331.86	1311.22
微型	77.44	35.43	204.40

B. 地区部分

1-B-1　分地区批发业法人企业基本情况

地　区	法人单位数 （个）	从业人员期末人数 （人）
全　省	**125530**	**1025954**
武汉市	40232	317725
黄石市	3618	34982
十堰市	8053	64372
宜昌市	13001	112183
襄阳市	10773	102894
鄂州市	3555	35266
荆门市	6184	35405
孝感市	5231	45771
荆州市	9639	81487
黄冈市	4971	35815
咸宁市	2971	29442
随州市	1850	13980
恩施州	8963	45753
仙桃市	2401	29321
潜江市	2035	19031
天门市	1968	21996
神农架	85	531

1-B-2 分地区批发业法人企业基本情况（按国民经济行业分）

(农、林、牧、渔产品批发)

地 区	法人单位数 (个)	从业人员期末人数 (人)
全 省	**20563**	**144347**
武汉市	1895	14698
黄石市	151	1244
十堰市	2020	12410
宜昌市	2506	20514
襄阳市	1957	17089
鄂州市	667	4783
荆门市	2170	12146
孝感市	843	6585
荆州市	2056	16018
黄冈市	1014	6193
咸宁市	589	5441
随州市	485	3509
恩施州	3200	13530
仙桃市	202	2115
潜江市	330	2670
天门市	454	5298
神农架	24	104

1–B–2　续表 1

（食品、饮料及烟草制品批发）

地　区	法人单位数 （个）	从业人员期末人数 （人）
全　省	**23198**	**224327**
武汉市	3901	41469
黄石市	360	3773
十堰市	1730	15435
宜昌市	3288	38122
襄阳市	1769	19701
鄂州市	810	6742
荆门市	1297	8146
孝感市	768	8672
荆州市	3260	31999
黄冈市	967	8107
咸宁市	524	5928
随州市	455	3855
恩施州	3071	18574
仙桃市	350	5093
潜江市	319	5341
天门市	305	3070
神农架	24	300

1-B-2 续表 2

(纺织服装及家庭用品批发)

地 区	法人单位数（个）	从业人员期末人数（人）
全 省	**11095**	**80722**
武汉市	5549	33460
黄石市	286	2627
十堰市	367	2148
宜昌市	1050	5038
襄阳市	1021	9023
鄂州市	143	4253
荆门市	193	872
孝感市	448	3581
荆州市	371	2807
黄冈市	262	1987
咸宁市	217	2150
随州市	68	400
恩施州	329	1644
仙桃市	345	4385
潜江市	129	1136
天门市	315	5211
神农架	2	

1-B-2 续表 3

（文化、体育用品及器材批发）

地 区	法人单位数（个）	从业人员期末人数（人）
全 省	**3303**	**26498**
武汉市	1798	14404
黄石市	73	697
十堰市	122	1153
宜昌市	299	2416
襄阳市	230	2083
鄂州市	32	497
荆门市	118	615
孝感市	226	1760
荆州市	74	405
黄冈市	78	548
咸宁市	60	499
随州市	32	305
恩施州	84	349
仙桃市	43	575
潜江市	19	107
天门市	13	85
神农架	2	

1-B-2 续表 4

(医药及医疗器材批发)

地 区	法人单位数 (个)	从业人员期末人数 (人)
全 省	**5735**	**96328**
武汉市	2247	58654
黄石市	90	1566
十堰市	560	4277
宜昌市	453	5198
襄阳市	285	3675
鄂州市	44	1252
荆门市	149	1156
孝感市	275	3776
荆州市	219	2885
黄冈市	345	3827
咸宁市	129	1881
随州市	70	1095
恩施州	701	4239
仙桃市	83	1575
潜江市	41	741
天门市	36	518
神农架	8	13

1-B-2　续表 5

（矿产品、建材及化工产品批发）

地　区	法人单位数（个）	从业人员期末人数（人）
全　省	**31701**	**255898**
武汉市	11353	83950
黄石市	1693	15503
十堰市	750	6995
宜昌市	2881	25859
襄阳市	2931	28160
鄂州市	1193	12206
荆门市	1509	9043
孝感市	1616	13603
荆州市	2204	16229
黄冈市	1359	9180
咸宁市	852	8269
随州市	382	2223
恩施州	856	4427
仙桃市	844	9968
潜江市	820	6023
天门市	445	4176
神农架	13	84

1-B-2 续表 6

(机械设备、五金产品及电子产品批发)

地 区	法人单位数（个）	从业人员期末人数（人）
全 省	**19695**	**130735**
武汉市	10087	54085
黄石市	611	6912
十堰市	2133	19449
宜昌市	1595	9543
襄阳市	1557	13753
鄂州市	295	2356
荆门市	432	2050
孝感市	509	4162
荆州市	607	4414
黄冈市	454	2740
咸宁市	322	2772
随州市	214	1852
恩施州	345	1346
仙桃市	254	3096
潜江市	161	1094
天门市	114	1098
神农架	5	13

1–B–2　续表 7

（贸易经纪与代理）

地　区	法人单位数（个）	从业人员期末人数（人）
全　省	**2308**	**15079**
武汉市	678	3776
黄石市	68	635
十堰市	63	409
宜昌市	199	1183
襄阳市	148	1444
鄂州市	38	279
荆门市	76	343
孝感市	112	564
荆州市	347	2664
黄冈市	175	840
咸宁市	78	682
随州市	44	123
恩施州	36	110
仙桃市	24	272
潜江市	59	538
天门市	161	1213
神农架	2	4

1–B–2 续表 8

（其他批发业）

地 区	法人单位数 （个）	从业人员期末人数 （人）
全 省	**7932**	**52020**
武汉市	2724	13229
黄石市	286	2025
十堰市	308	2096
宜昌市	730	4310
襄阳市	875	7966
鄂州市	333	2898
荆门市	240	1034
孝感市	434	3068
荆州市	501	4066
黄冈市	317	2393
咸宁市	200	1820
随州市	100	618
恩施州	341	1534
仙桃市	256	2242
潜江市	157	1381
天门市	125	1327
神农架	5	13

1–B–3　分地区批发业法人企业基本情况（按登记注册类型分）

（内资企业）

地　区	法人单位数（个）	从业人员期末人数（人）
全　省	**125371**	**1003248**
武汉市	40132	301971
黄石市	3612	34785
十堰市	8047	63702
宜昌市	12991	111150
襄阳市	10763	102235
鄂州市	3550	31801
荆门市	6181	35328
孝感市	5229	45729
荆州市	9635	80831
黄冈市	4967	35764
咸宁市	2966	29414
随州市	1849	13955
恩施州	8963	45753
仙桃市	2399	29312
潜江市	2035	19031
天门市	1967	21956
神农架	85	531

1-B-3 续表 1

(国有企业)

地　区	法人单位数（个）	从业人员期末人数（人）
全　省	**416**	**20233**
武汉市	75	3110
黄石市	21	688
十堰市	23	1660
宜昌市	33	2028
襄阳市	49	1948
鄂州市	7	221
荆门市	37	920
孝感市	25	1169
荆州市	40	1704
黄冈市	38	1723
咸宁市	27	883
随州市	17	607
恩施州	6	2758
仙桃市	2	185
潜江市	10	218
天门市	5	379
神农架	1	32

1-B-3　续表 2

（集体企业）

地　区	法人单位数（个）	从业人员期末人数（人）
全　省	**456**	**4365**
武汉市	97	745
黄石市	23	228
十堰市	13	143
宜昌市	37	316
襄阳市	49	533
鄂州市	18	161
荆门市	15	83
孝感市	37	384
荆州市	31	345
黄冈市	41	684
咸宁市	16	149
随州市	5	56
恩施州	55	125
仙桃市	4	29
潜江市	9	227
天门市	5	150
神农架	1	7

1-B-3 续表 3

(股份合作企业)

地 区	法人单位数(个)	从业人员期末人数(人)
全 省	**32**	**224**
武汉市	20	65
黄石市		
十堰市	1	7
宜昌市		
襄阳市		
鄂州市		
荆门市		
孝感市	3	8
荆州市		
黄冈市	3	8
咸宁市	1	12
随州市	4	124
恩施州		
仙桃市		
潜江市		
天门市		
神农架		

1-B-3　续表 4

（联营企业）

地　区	法人单位数 （个）	从业人员期末人数 （人）
全　省	**73**	**1057**
武汉市	10	277
黄石市	5	59
十堰市	4	25
宜昌市	7	26
襄阳市	9	152
鄂州市	4	51
荆门市	4	50
孝感市	6	90
荆州市	5	56
黄冈市	6	38
咸宁市	1	2
随州市	1	53
恩施州	7	104
仙桃市	1	8
潜江市	1	42
天门市	2	24
神农架		

1-B-3 续表 5

(有限责任公司)

地 区	法人单位数 (个)	从业人员期末人数 (人)
全 省	**17457**	**174113**
武汉市	10584	91552
黄石市	629	7976
十堰市	612	6860
宜昌市	1225	14221
襄阳市	1263	14495
鄂州市	349	4279
荆门市	237	2997
孝感市	402	4473
荆州市	659	6408
黄冈市	382	5906
咸宁市	172	2805
随州市	191	2262
恩施州	430	3966
仙桃市	133	3121
潜江市	81	1104
天门市	103	1481
神农架	5	207

1-B-3　续表 6

(股份有限公司)

地　区	法人单位数 (个)	从业人员期末人数 (人)
全　省	**1222**	**55955**
武汉市	375	40262
黄石市	40	388
十堰市	41	421
宜昌市	169	3850
襄阳市	96	1973
鄂州市	22	345
荆门市	44	868
孝感市	81	944
荆州市	92	2990
黄冈市	76	1352
咸宁市	30	723
随州市	25	451
恩施州	64	447
仙桃市	15	187
潜江市	8	67
天门市	42	638
神农架	2	49

1-B-3 续表 7

(私营企业)

地 区	法人单位数（个）	从业人员期末人数（人）
全 省	**84191**	**598442**
武汉市	28049	158928
黄石市	2822	25037
十堰市	5142	39698
宜昌市	8232	59362
襄阳市	8145	74151
鄂州市	2113	18996
荆门市	3895	20825
孝感市	4117	34724
荆州市	5386	42125
黄冈市	3538	20943
咸宁市	2158	19782
随州市	1204	8239
恩施州	3835	18061
仙桃市	2228	25699
潜江市	1825	15686
天门市	1454	16010
神农架	48	176

1-B-3 续表 8

(其他企业)

地 区	法人单位数（个）	从业人员期末人数（人）
全 省	**21524**	**148859**
武汉市	922	7032
黄石市	72	409
十堰市	2211	14888
宜昌市	3288	31347
襄阳市	1152	8983
鄂州市	1037	7748
荆门市	1949	9585
孝感市	558	3937
荆州市	3422	27203
黄冈市	883	5110
咸宁市	561	5058
随州市	402	2163
恩施州	4566	20292
仙桃市	16	83
潜江市	101	1687
天门市	356	3274
神农架	28	60

1-B-3 续表 9

(港、澳、台商投资企业)

地 区	法人单位数(个)	从业人员期末人数(人)
全 省	**77**	**11966**
武汉市	49	10802
黄石市	3	22
十堰市	1	58
宜昌市	6	281
襄阳市	6	632
鄂州市	1	10
荆门市	3	77
孝感市	1	16
荆州市	1	8
黄冈市	1	11
咸宁市	3	20
随州市	1	25
恩施州		
仙桃市	1	4
潜江市		
天门市		
神农架		

1–B–3　续表 10

（外商投资企业）

地　区	法人单位数（个）	从业人员期末人数（人）
全　省	**82**	**10740**
武汉市	51	4952
黄石市	3	175
十堰市	5	612
宜昌市	4	752
襄阳市	4	27
鄂州市	4	3455
荆门市		
孝感市	1	26
荆州市	3	648
黄冈市	3	40
咸宁市	2	8
随州市		
恩施州		
仙桃市	1	5
潜江市		
天门市	1	40
神农架		

1-B-4 分地区批发业法人企业财务状况

单位：亿元

地 区	资产总计	负债合计	营业收入
全 省	**8857.72**	**5237.57**	**17493.93**
武汉市	5094.24	3580.96	10596.01
黄石市	242.86	119.33	515.91
十堰市	288.90	131.87	410.34
宜昌市	675.37	334.76	1119.72
襄阳市	450.09	168.72	1070.19
鄂州市	146.00	69.62	346.75
荆门市	322.12	194.47	578.00
孝感市	285.67	110.47	430.24
荆州市	399.25	142.28	861.04
黄冈市	165.53	69.95	306.38
咸宁市	144.90	59.90	242.93
随州市	98.58	34.19	211.42
恩施州	202.53	65.65	270.14
仙桃市	141.67	69.61	257.07
潜江市	67.45	18.77	131.38
天门市	124.90	60.76	142.06
神农架	7.66	6.26	4.33

1-B-5　分地区批发业法人企业财务状况（按国民经济行业分）

（农、林、牧、渔产品批发）　　单位：亿元

地　区	资产总计	负债合计	营业收入
全　省	**810.06**	**332.33**	**982.57**
武汉市	176.34	112.30	201.02
黄石市	8.85	2.52	13.33
十堰市	35.77	5.32	32.96
宜昌市	76.81	17.31	106.38
襄阳市	82.41	13.50	150.05
鄂州市	13.73	3.17	13.48
荆门市	124.79	81.16	93.76
孝感市	40.28	14.03	28.53
荆州市	81.17	29.78	132.29
黄冈市	20.32	4.02	25.99
咸宁市	10.96	1.17	19.32
随州市	23.20	3.85	41.93
恩施州	43.47	5.98	29.48
仙桃市	15.41	10.14	15.15
潜江市	7.46	0.80	15.73
天门市	48.71	27.18	63.04
神农架	0.38	0.10	0.12

1-B-5 续表 1

（食品、饮料及烟草制品批发） 单位：亿元

地 区	资产总计	负债合计	营业收入
全 省	**1377.40**	**627.80**	**2461.75**
武汉市	508.07	326.87	792.61
黄石市	29.57	10.61	51.69
十堰市	68.71	29.14	92.52
宜昌市	169.21	72.91	256.51
襄阳市	83.71	31.88	204.20
鄂州市	24.82	7.34	34.18
荆门市	53.46	16.96	109.02
孝感市	49.16	11.79	78.85
荆州市	143.56	43.50	358.33
黄冈市	40.01	13.33	93.77
咸宁市	27.56	6.87	62.66
随州市	25.24	6.82	55.64
恩施州	80.08	19.98	114.29
仙桃市	21.21	8.60	83.06
潜江市	24.30	4.74	46.43
天门市	25.64	13.90	26.14
神农架	3.09	2.55	1.85

1-B-5　续表 2

（纺织、服装及家庭用品批发）　　单位：亿元

地　区	资产总计	负债合计	营业收入
全　省	**415.26**	**245.60**	**754.75**
武汉市	214.49	161.40	347.17
黄石市	15.31	2.77	19.77
十堰市	6.25	2.28	9.02
宜昌市	35.73	14.90	30.54
襄阳市	30.52	10.46	69.24
鄂州市	31.60	27.46	142.79
荆门市	2.32	0.96	6.02
孝感市	14.23	2.75	30.65
荆州市	10.95	2.45	23.92
黄冈市	6.18	1.23	10.20
咸宁市	6.74	2.67	11.67
随州市	0.91	0.21	1.64
恩施州	5.07	1.04	6.77
仙桃市	17.32	8.64	24.81
潜江市	2.81	0.73	6.72
天门市	14.82	5.66	13.82
神农架			

1-B-5 续表 3

（文化、体育用品及器材批发） 单位：亿元

地 区	资产总计	负债合计	营业收入
全 省	**272.19**	**185.06**	**426.56**
武汉市	189.29	136.56	288.46
黄石市	2.75	1.00	4.57
十堰市	3.27	1.39	4.49
宜昌市	16.38	7.68	19.61
襄阳市	5.61	1.32	16.36
鄂州市	1.24	0.91	1.56
荆门市	35.46	32.63	65.31
孝感市	5.08	0.72	8.53
荆州市	1.52	0.14	3.15
黄冈市	1.05	0.29	2.02
咸宁市	1.25	0.34	1.85
随州市	2.28	0.29	5.18
恩施州	1.09	0.15	1.06
仙桃市	5.43	1.54	3.44
潜江市	0.18	0.02	0.58
天门市	0.31	0.08	0.40
神农架			

1-B-5　续表 4

（医药及医疗器材批发）

单位：亿元

地　区	资产总计	负债合计	营业收入
全　省	**1640.97**	**1142.64**	**2018.45**
武汉市	1316.93	925.62	1612.44
黄石市	15.88	11.88	20.37
十堰市	21.46	13.87	23.90
宜昌市	37.80	25.54	43.32
襄阳市	27.85	18.45	48.79
鄂州市	6.78	4.70	12.26
荆门市	9.72	6.46	11.25
孝感市	58.55	40.54	73.10
荆州市	32.75	21.78	38.96
黄冈市	23.01	14.68	32.41
咸宁市	33.24	24.06	35.59
随州市	7.54	4.12	10.95
恩施州	27.99	17.59	26.55
仙桃市	12.30	6.67	17.66
潜江市	5.86	4.44	5.93
天门市	3.26	2.23	4.95
神农架	0.05		0.02

1-B-5 续表 5

（矿产品、建材及化工产品批发） 单位：亿元

地 区	资产总计	负债合计	营业收入
全 省	**2814.33**	**1673.76**	**8318.32**
武汉市	1702.40	1099.94	5754.19
黄石市	115.34	62.77	343.76
十堰市	48.96	26.60	96.10
宜昌市	276.70	170.79	576.56
襄阳市	136.38	66.18	380.67
鄂州市	50.29	19.07	115.64
荆门市	84.76	51.32	263.26
孝感市	85.17	30.77	151.60
荆州市	88.85	35.98	202.16
黄冈市	52.19	27.62	99.68
咸宁市	41.62	20.40	83.90
随州市	14.44	7.61	32.52
恩施州	31.99	16.61	78.83
仙桃市	45.57	22.05	77.30
潜江市	19.40	6.33	42.03
天门市	16.24	6.23	17.88
神农架	4.03	3.48	2.25

1-B-5　续表 6

（机械设备、五金产品及电子产品批发）　　单位：亿元

地　区	资产总计	负债合计	营业收入
全　省	**1197.04**	**880.29**	**2012.93**
武汉市	862.86	739.01	1422.88
黄石市	31.10	15.90	30.69
十堰市	97.55	50.02	141.35
宜昌市	39.91	17.09	63.56
襄阳市	45.88	12.15	119.37
鄂州市	8.91	3.49	13.16
荆门市	7.79	3.35	22.65
孝感市	16.61	4.20	22.29
荆州市	17.71	4.71	47.41
黄冈市	9.90	3.97	20.20
咸宁市	7.65	2.70	15.98
随州市	21.13	10.53	54.48
恩施州	7.42	3.26	6.97
仙桃市	14.42	7.20	20.83
潜江市	2.49	0.65	5.60
天门市	5.69	2.06	5.51
神农架	0.03	0.01	0.02

1-B-5 续表 7

(贸易经纪与代理) 单位：亿元

地 区	资产总计	负债合计	营业收入
全 省	**85.65**	**42.29**	**121.27**
武汉市	41.95	31.11	57.04
黄石市	8.04	1.39	8.13
十堰市	2.16	1.39	2.31
宜昌市	4.76	1.62	5.25
襄阳市	3.32	0.69	7.55
鄂州市	0.84	0.46	0.86
荆门市	0.85	0.27	1.12
孝感市	2.14	0.33	1.97
荆州市	9.22	1.13	21.41
黄冈市	2.98	0.49	3.49
咸宁市	1.79	0.73	2.93
随州市	0.27	0.03	0.33
恩施州	0.40	0.06	0.35
仙桃市	1.74	0.74	1.64
潜江市	1.39	0.21	2.37
天门市	3.74	1.55	4.48
神农架	0.06	0.10	0.04

1-B-5　续表 8

(其他批发业)　　单位：亿元

地　区	资产总计	负债合计	营业收入
全　省	**244.82**	**107.81**	**397.33**
武汉市	81.92	48.14	120.20
黄石市	16.03	10.48	23.60
十堰市	4.76	1.86	7.70
宜昌市	18.07	6.94	17.99
襄阳市	34.41	14.08	73.97
鄂州市	7.80	3.03	12.82
荆门市	2.98	1.36	5.61
孝感市	14.44	5.34	34.73
荆州市	13.51	2.81	33.42
黄冈市	9.88	4.33	18.63
咸宁市	14.09	0.96	9.03
随州市	3.57	0.72	8.76
恩施州	5.03	0.98	5.86
仙桃市	8.27	4.04	13.18
潜江市	3.56	0.86	5.99
天门市	6.49	1.87	5.83
神农架	0.02	0.01	0.01

1-B-6 分地区批发业法人企业财务状况（按登记注册类型分）

（内资企业）

单位：亿元

地 区	资产总计	负债合计	营业收入
全 省	**8240.16**	**4719.42**	**16084.50**
武汉市	4622.65	3188.76	9629.42
黄石市	242.51	119.25	515.45
十堰市	278.55	125.08	375.31
宜昌市	658.98	321.73	1056.52
襄阳市	404.62	128.54	969.68
鄂州市	116.18	42.63	206.80
荆门市	287.88	161.97	514.76
孝感市	285.51	110.47	430.14
荆州市	390.77	136.08	821.31
黄冈市	165.09	69.86	306.12
咸宁市	144.83	59.87	242.83
随州市	98.50	34.16	211.40
恩施州	202.53	65.65	270.14
仙桃市	141.62	69.60	257.00
潜江市	67.45	18.77	131.38
天门市	124.81	60.74	141.90
神农架	7.66	6.26	4.33

1-B-6　续表 1

（国有企业）　　单位：亿元

地　区	资产总计	负债合计	营业收入
全　省	**320.69**	**149.25**	**739.11**
武汉市	88.03	43.95	173.61
黄石市	12.30	4.29	30.22
十堰市	15.95	7.73	33.56
宜昌市	22.12	8.58	48.76
襄阳市	19.94	7.92	55.88
鄂州市	4.47	2.02	12.22
荆门市	23.33	14.80	63.27
孝感市	19.17	7.64	42.14
荆州市	25.56	13.58	58.71
黄冈市	21.26	9.53	57.92
咸宁市	10.11	5.56	27.40
随州市	7.15	3.25	32.51
恩施州	29.70	11.34	66.59
仙桃市	4.71	1.83	12.03
潜江市	9.66	2.22	12.16
天门市	6.74	4.89	10.89
神农架	0.47	0.11	1.23

1-B-6 续表 2

（集体企业）

单位：亿元

地 区	资产总计	负债合计	营业收入
全 省	**32.12**	**18.30**	**38.00**
武汉市	15.48	10.16	17.16
黄石市	1.27	0.58	1.66
十堰市	0.34	0.25	0.36
宜昌市	1.89	0.10	1.11
襄阳市	2.20	0.71	3.92
鄂州市	0.27	0.08	0.42
荆门市	0.47	0.16	0.94
孝感市	5.24	5.06	2.13
荆州市	1.45	0.20	2.46
黄冈市	1.11	0.42	4.51
咸宁市	0.45	0.27	1.16
随州市	0.45		0.28
恩施州	0.30		0.36
仙桃市	0.10	0.04	0.14
潜江市	0.26	0.05	0.86
天门市	0.65	0.21	0.52
神农架	0.19		0.01

1–B–6　续表 3

(股份合作企业)　　单位：亿元

地　区	资产总计	负债合计	营业收入
全　省	**1.54**	**0.63**	**1.24**
武汉市	0.98	0.57	0.49
黄石市			
十堰市			0.02
宜昌市			
襄阳市			
鄂州市			
荆门市			
孝感市	0.03		0.02
荆州市			
黄冈市	0.02		0.01
咸宁市			
随州市	0.51	0.05	0.71
恩施州			
仙桃市			
潜江市			
天门市			
神农架			

1-B-6 续表 4

(联营企业) 单位：亿元

地 区	资产总计	负债合计	营业收入
全 省	**4.41**	**1.27**	**3.39**
武汉市	0.84	0.74	0.83
黄石市	1.97	0.11	0.33
十堰市	0.11		0.07
宜昌市	0.05		0.08
襄阳市	0.35	0.03	0.45
鄂州市	0.17	0.02	0.38
荆门市	0.08	0.04	0.07
孝感市	0.19	0.02	0.16
荆州市	0.09	0.01	0.36
黄冈市	0.10		0.27
咸宁市			
随州市	0.05	0.06	0.01
恩施州	0.23	0.18	0.15
仙桃市	0.02		0.06
潜江市	0.10	0.03	0.07
天门市	0.06	0.02	0.09
神农架			

1-B-6　续表 5

（有限责任公司）　　单位：亿元

地　区	资产总计	负债合计	营业收入
全　省	**3202.11**	**2306.72**	**7030.03**
武汉市	2256.36	1690.80	5379.46
黄石市	93.73	52.91	230.79
十堰市	75.45	38.28	79.57
宜昌市	249.63	183.17	456.20
襄阳市	79.09	45.96	169.51
鄂州市	16.54	7.14	48.72
荆门市	95.58	77.76	79.06
孝感市	50.91	25.58	70.77
荆州市	61.58	38.57	99.90
黄冈市	38.67	26.34	78.31
咸宁市	37.25	25.07	50.43
随州市	30.53	15.55	79.92
恩施州	49.23	29.27	84.81
仙桃市	17.20	10.60	56.88
潜江市	10.99	8.81	19.06
天门市	37.03	28.56	46.48
神农架	2.34	2.34	0.15

1-B-6 续表 6

(股份有限公司) 单位：亿元

地 区	资产总计	负债合计	营业收入
全 省	**1045.04**	**656.53**	**2014.70**
武汉市	919.07	593.87	1737.61
黄石市	1.87	1.09	2.92
十堰市	3.40	1.75	3.20
宜昌市	8.95	3.53	19.86
襄阳市	34.79	11.86	82.58
鄂州市	3.15	1.26	1.75
荆门市	15.32	11.71	41.70
孝感市	8.79	3.65	9.40
荆州市	7.92	1.98	37.60
黄冈市	9.19	5.52	21.38
咸宁市	13.78	9.06	25.25
随州市	4.91	4.01	19.53
恩施州	1.99	0.58	1.40
仙桃市	6.72	2.77	6.68
潜江市	0.36	0.06	0.39
天门市	1.48	0.51	1.69
神农架	3.34	3.34	1.76

1–B–6　续表 7

(私营企业)　　单位：亿元

地　区	资产总计	负债合计	营业收入
全　省	**3218.45**	**1530.40**	**5637.85**
武汉市	1325.28	845.82	2297.19
黄石市	130.06	60.02	248.43
十堰市	155.48	72.85	220.19
宜昌市	282.34	111.28	404.93
襄阳市	244.26	59.72	603.70
鄂州市	69.51	27.35	119.72
荆门市	120.08	52.68	290.34
孝感市	188.79	67.58	295.58
荆州市	203.78	72.54	424.19
黄冈市	81.15	26.55	125.30
咸宁市	72.46	18.36	119.23
随州市	48.77	10.19	71.60
恩施州	75.62	20.32	75.36
仙桃市	112.68	54.31	180.87
潜江市	41.13	7.26	91.36
天门市	65.94	23.14	68.77
神农架	1.09	0.44	1.09

1-B-6 续表 8

(其他企业)

单位：亿元

地 区	资产总计	负债合计	营业收入
全 省	**415.80**	**56.32**	**620.17**
武汉市	16.61	2.85	23.06
黄石市	1.30	0.26	1.09
十堰市	27.81	4.22	38.36
宜昌市	94.00	15.07	125.58
襄阳市	23.99	2.34	53.65
鄂州市	22.08	4.76	23.61
荆门市	33.02	4.81	39.37
孝感市	12.39	0.94	9.96
荆州市	90.39	9.19	198.08
黄冈市	13.59	1.50	18.42
咸宁市	10.78	1.55	19.35
随州市	6.13	1.04	6.84
恩施州	45.44	3.96	41.46
仙桃市	0.20	0.04	0.33
潜江市	4.95	0.35	7.48
天门市	12.90	3.41	13.46
神农架	0.23	0.02	0.08

1-B-6 续表 9

（港、澳、台商投资企业） 单位：亿元

地 区	资产总计	负债合计	营业收入
全 省	**408.43**	**327.45**	**570.43**
武汉市	315.96	246.87	389.10
黄石市	0.04	0.01	0.14
十堰市	2.35	1.32	7.01
宜昌市	9.98	6.38	9.95
襄阳市	45.42	40.17	100.33
鄂州市	0.03		0.07
荆门市	34.24	32.50	63.25
孝感市	0.05		0.07
荆州市	0.18	0.12	0.33
黄冈市	0.02		0.04
咸宁市	0.06	0.03	0.10
随州市	0.08	0.03	0.01
恩施州			
仙桃市	0.04	0.01	0.03
潜江市			
天门市			
神农架			

1-B-6 续表 10

(外商投资企业)

单位：亿元

地　区	资产总计	负债合计	营业收入
全　省	**209.13**	**190.7**	**838.99**
武汉市	155.63	145.32	577.49
黄石市	0.31	0.06	0.32
十堰市	8	5.48	28.02
宜昌市	6.41	6.65	53.24
襄阳市	0.06	0.01	0.18
鄂州市	29.79	26.99	139.87
荆门市			
孝感市	0.1		0.03
荆州市	8.29	6.08	39.39
黄冈市	0.42	0.09	0.22
咸宁市	0.01		0.01
随州市			
恩施州			
仙桃市	0.01		0.05
潜江市			
天门市	0.1	0.03	0.16
神农架			

1-B-7　分地区零售业法人企业基本情况

地　区	法人单位数（个）	从业人员期末人数（人）	年末零售营业面积（万平方米）
全　省	**132453**	**1022755**	**4150.1**
武汉市	37552	304799	1285.7
黄石市	4478	43847	165.3
十堰市	10185	84378	274.8
宜昌市	12538	89454	322.6
襄阳市	17180	133162	472.9
鄂州市	1421	11466	36.5
荆门市	4968	35806	174.9
孝感市	5320	41284	154.3
荆州市	6953	48676	250.2
黄冈市	8394	53910	238.7
咸宁市	5334	39427	172.9
随州市	3892	32502	141.8
恩施州	9143	44954	203.1
仙桃市	2062	30734	136.7
潜江市	921	9741	46.6
天门市	1858	17538	68.0
神农架	254	1077	5.2

1-B-8 分地区零售业法人企业基本情况（按国民经济行业分）

（综合零售）

地 区	法人单位数（个）	从业人员期末人数（人）	年末零售营业面积（万平方米）
全 省	**18106**	**255034**	**1476.2**
武汉市	2898	86124	665.4
黄石市	608	6440	57.7
十堰市	1534	19585	89.5
宜昌市	1567	16211	59.2
襄阳市	3482	27598	125.3
鄂州市	195	1701	10.0
荆门市	739	14584	60.9
孝感市	833	7847	41.4
荆州市	1078	9857	70.6
黄冈市	1485	14482	67.7
咸宁市	756	6476	32.9
随州市	547	10715	35.3
恩施州	1377	9635	32.7
仙桃市	302	15474	81.8
潜江市	128	2877	15.4
天门市	510	5069	28.5
神农架	67	359	1.9

1-B-8　续表 1

（食品、饮料及烟草制品专门零售）

地　区	法人单位数（个）	从业人员期末人数（人）	年末零售营业面积（万平方米）
全　省	**21222**	**137901**	**474.0**
武汉市	3810	25833	49.6
黄石市	604	5942	26.3
十堰市	3020	19782	46.2
宜昌市	2663	17482	68.2
襄阳市	2745	20570	62.6
鄂州市	157	1039	1.6
荆门市	694	3267	21.1
孝感市	727	4813	10.9
荆州市	958	5815	35.7
黄冈市	1509	9304	39.0
咸宁市	725	5296	25.6
随州市	431	3356	20.9
恩施州	2623	10850	50.6
仙桃市	240	1956	7.4
潜江市	112	993	2.5
天门市	133	1302	4.9
神农架	71	301	1.1

1-B-8 续表 2

(纺织、服装及日用品专门零售)

地 区	法人单位数 (个)	从业人员期末人数 (人)	年末零售营业面积 (万平方米)
全 省	**12775**	**81523**	**217.0**
武汉市	4662	28338	76.6
黄石市	418	4601	6.5
十堰市	633	4792	16.6
宜昌市	1041	4943	12.8
襄阳市	2166	15921	32.3
鄂州市	130	790	1.3
荆门市	302	1328	4.6
孝感市	394	2325	5.8
荆州市	658	3758	12.7
黄冈市	517	2454	6.3
咸宁市	386	2539	8.0
随州市	169	1113	3.6
恩施州	546	2252	14.8
仙桃市	355	2533	8.4
潜江市	121	924	2.3
天门市	269	2899	4.3
神农架	8	13	0.1

1-B-8 续表 3

（文化、体育用品及器材专门零售）

地 区	法人单位数（个）	从业人员期末人数（人）	年末零售营业面积（万平方米）
全 省	**6906**	**40686**	**116.5**
武汉市	2580	12266	26.5
黄石市	168	1327	2.5
十堰市	698	3904	12.4
宜昌市	799	6289	23.4
襄阳市	649	5005	9.2
鄂州市	51	284	0.8
荆门市	307	1649	8.5
孝感市	313	2130	4.0
荆州市	198	1292	3.8
黄冈市	247	1294	3.1
咸宁市	177	1333	4.3
随州市	81	563	2.2
恩施州	493	2367	12.6
仙桃市	86	639	2.0
潜江市	19	121	0.7
天门市	30	208	0.4
神农架	10	15	0.1

1-B-8 续表 4

（医药及医疗器材专门零售）

地 区	法人单位数（个）	从业人员期末人数（人）	年末零售营业面积（万平方米）
全 省	**10266**	**77932**	**183.5**
武汉市	2071	20951	38.0
黄石市	257	2646	4.8
十堰市	544	5067	14.3
宜昌市	959	5995	18.1
襄阳市	944	8896	17.9
鄂州市	83	664	1.3
荆门市	610	2974	10.9
孝感市	825	4798	9.8
荆州市	728	5975	14.9
黄冈市	1067	5089	12.9
咸宁市	790	5249	14.6
随州市	361	1759	4.2
恩施州	622	3781	11.4
仙桃市	190	1604	3.7
潜江市	67	789	2.6
天门市	128	1532	3.5
神农架	20	163	0.5

1-B-8 续表 5

（汽车、摩托车、零配件和燃料及其他动力销售）

地 区	法人单位数（个）	从业人员期末人数（人）	年末零售营业面积（万平方米）
全 省	**14343**	**147213**	**688.7**
武汉市	2596	43394	143.9
黄石市	463	5329	30.0
十堰市	1434	14739	46.3
宜昌市	1107	11523	61.1
襄阳市	1957	17834	87.5
鄂州市	152	1838	9.0
荆门市	678	4656	35.4
孝感市	512	5598	31.3
荆州市	865	7440	44.3
黄冈市	1073	7738	47.4
咸宁市	687	5731	33.1
随州市	1146	7993	37.6
恩施州	1100	6767	42.7
仙桃市	185	2324	10.6
潜江市	155	1674	13.9
天门市	224	2604	14.1
神农架	9	31	0.5

1–B–8 续表 6

（家用电器及电子产品专门零售）

地 区	法人单位数（个）	从业人员期末人数（人）	年末零售营业面积（万平方米）
全 省	**16137**	**102461**	**339.7**
武汉市	6959	37913	145.9
黄石市	564	5190	10.6
十堰市	751	5526	11.2
宜昌市	1291	8049	18.7
襄阳市	1658	12449	44.3
鄂州市	168	1077	2.1
荆门市	522	2755	10.7
孝感市	556	6742	19.2
荆州市	766	4845	17.9
黄冈市	657	4116	13.9
咸宁市	609	4194	14.5
随州市	318	1844	5.2
恩施州	795	3408	11.4
仙桃市	245	2397	8.4
潜江市	95	698	2.4
天门市	157	1181	3.0
神农架	26	77	0.2

1-B-8　续表 7

（五金、家具及室内装饰材料专门零售）

地　区	法人单位数（个）	从业人员期末人数（人）	年末零售营业面积（万平方米）
全　省	**17244**	**97119**	**399.7**
武汉市	6216	27140	101.5
黄石市	809	7948	14.5
十堰市	906	5804	26.1
宜昌市	1184	6516	23.4
襄阳市	2032	14154	55.0
鄂州市	321	2810	8.3
荆门市	557	2331	11.8
孝感市	648	4080	23.5
荆州市	829	4732	28.5
黄冈市	1088	5216	30.4
咸宁市	662	5188	23.4
随州市	471	2927	18.5
恩施州	879	3350	18.2
仙桃市	318	2734	9.1
潜江市	105	667	2.3
天门市	196	1474	4.8
神农架	23	48	0.3

1-B-8 续表 8

（货摊、无店铺及其他零售）

地 区	法人单位数（个）	从业人员期末人数（人）	年末零售营业面积（万平方米）
全 省	**15454**	**82886**	**255.0**
武汉市	5760	22840	38.3
黄石市	587	4424	12.2
十堰市	665	5179	12.2
宜昌市	1927	12446	37.7
襄阳市	1547	10735	38.7
鄂州市	164	1263	2.2
荆门市	559	2262	11.0
孝感市	512	2951	8.4
荆州市	873	4962	21.8
黄冈市	751	4217	18.1
咸宁市	542	3421	16.6
随州市	368	2232	14.4
恩施州	708	2544	8.7
仙桃市	141	1073	5.3
潜江市	119	998	4.4
天门市	211	1269	4.5
神农架	20	70	0.4

1–B–9　分地区零售业法人企业基本情况（按登记注册类型分）

(内资企业)

地　区	法人单位数（个）	从业人员期末人数（人）	年末零售营业面积（万平方米）
全　省	**132306**	**997689**	**4046.8**
武汉市	37473	285651	1206.3
黄石市	4475	43797	165.1
十堰市	10181	84352	274.8
宜昌市	12531	88195	316.1
襄阳市	17165	133041	472.4
鄂州市	1420	11419	34.2
荆门市	4963	35612	171.8
孝感市	5317	40801	151.1
荆州市	6951	48447	249.6
黄冈市	8386	53290	237.4
咸宁市	5333	39422	172.9
随州市	3887	30176	136.6
恩施州	9139	44934	203.0
仙桃市	2056	30624	136.6
潜江市	919	9550	46.5
天门市	1856	17301	67.1
神农架	254	1077	5.2

1-B-9 续表 1

(国有企业)

地　区	法人单位数（个）	从业人员期末人数（人）	年末零售营业面积（万平方米）
全　省	**380**	**6454**	**27.5**
武汉市	65	1281	2.0
黄石市	17	293	3.0
十堰市	20	114	0.6
宜昌市	32	824	0.9
襄阳市	49	754	3.5
鄂州市	3	15	0.4
荆门市	19	199	1.1
孝感市	26	166	1.3
荆州市	21	254	1.2
黄冈市	58	979	4.2
咸宁市	37	535	4.4
随州市	20	946	4.2
恩施州	5	4	0.1
仙桃市	1	2	
潜江市	6	82	0.3
天门市	1	6	
神农架			

1-B-9　续表 2

（集体企业）

地　区	法人单位数 （个）	从业人员期末人数 （人）	年末零售营业面积 （万平方米）
全　省	**625**	**12464**	**59.8**
武汉市	106	927	11.0
黄石市	22	247	0.6
十堰市	26	145	0.5
宜昌市	52	304	1.1
襄阳市	78	693	3.0
鄂州市	30	309	0.8
荆门市	19	6156	26.6
孝感市	54	545	2.2
荆州市	30	156	0.5
黄冈市	104	1848	5.9
咸宁市	32	286	1.0
随州市	32	569	5.1
恩施州	30	109	1.1
仙桃市			
潜江市	5	138	0.4
天门市	4	32	0.1
神农架	1		

1-B-9 续表 3

（股份合作企业）

地 区	法人单位数（个）	从业人员期末人数（人）	年末零售营业面积（万平方米）
全 省	**43**	**486**	**1.3**
武汉市	23	272	0.6
黄石市	3	97	0.1
十堰市			
宜昌市	1	23	
襄阳市	1	5	
鄂州市			
荆门市			
孝感市	4	7	
荆州市			
黄冈市	4	37	0.2
咸宁市	2	18	
随州市	2	17	0.2
恩施州	2	7	
仙桃市			
潜江市			
天门市	1	3	
神农架			

1–B–9　续表 4

（联营企业）

地　区	法人单位数（个）	从业人员期末人数（人）	年末零售营业面积（万平方米）
全　省	**103**	**1185**	**5.2**
武汉市	9	10	0.1
黄石市	2	9	0.1
十堰市	12	84	0.3
宜昌市	5	51	
襄阳市	18	173	0.4
鄂州市	8	41	0.1
荆门市	4	11	0.1
孝感市	3	42	0.1
荆州市	2	8	
黄冈市	25	355	2.6
咸宁市	6	329	1.2
随州市	3	50	0.1
恩施州	5	15	0.1
仙桃市			
潜江市			
天门市	1	7	
神农架			

1-B-9 续表 5

(有限责任公司)

地 区	法人单位数（个）	从业人员期末人数（人）	年末零售营业面积（万平方米）
全 省	**16879**	**220825**	**954.0**
武汉市	8281	91820	389.3
黄石市	879	14601	70.2
十堰市	801	17467	89.0
宜昌市	1208	17437	82.1
襄阳市	1941	22680	91.5
鄂州市	198	1649	7.6
荆门市	312	7080	18.9
孝感市	515	6439	35.4
荆州市	714	8516	35.9
黄冈市	605	9084	41.8
咸宁市	292	3653	18.5
随州市	369	6147	17.2
恩施州	478	6953	37.1
仙桃市	112	5356	4.7
潜江市	61	909	8.7
天门市	85	789	4.9
神农架	28	245	1.4

1-B-9　续表 6

(股份有限公司)

地　区	法人单位数 (个)	从业人员期末人数 (人)	年末零售营业面积 (万平方米)
全　省	**1279**	**59446**	**469.8**
武汉市	296	45620	411.2
黄石市	29	824	2.5
十堰市	55	595	1.5
宜昌市	178	1215	7.8
襄阳市	172	1943	7.9
鄂州市	18	516	1.1
荆门市	36	131	0.7
孝感市	81	1343	8.9
荆州市	100	1625	4.9
黄冈市	103	2118	9.7
咸宁市	50	842	4.9
随州市	50	432	3.2
恩施州	64	1351	2.9
仙桃市	10	327	0.5
潜江市	6	184	0.2
天门市	28	306	1.3
神农架	3	74	0.3

1–B–9 续表 7

(私营企业)

地 区	法人单位数(个)	从业人员期末人数(人)	年末零售营业面积(万平方米)
全 省	**105210**	**649113**	**2327.4**
武汉市	28296	143584	388.8
黄石市	3483	27539	88.2
十堰市	7638	54172	159.8
宜昌市	9659	58652	176.5
襄阳市	14143	101285	347.2
鄂州市	1117	8530	24.0
荆门市	4307	20649	111.3
孝感市	4359	30569	100.3
荆州市	5867	36686	189.7
黄冈市	6876	35321	160.6
咸宁市	4652	31897	131.6
随州市	3317	21551	96.6
恩施州	6832	29048	121.3
仙桃市	1929	24918	131.3
潜江市	831	8141	36.9
天门市	1709	15900	60.1
神农架	195	671	3.4

1-B-9　续表 8

（其他企业）

地　区	法人单位数（个）	从业人员期末人数（人）	年末零售营业面积（万平方米）
全　省	**7787**	**47716**	**201.9**
武汉市	397	2137	3.3
黄石市	40	187	0.5
十堰市	1629	11775	23.1
宜昌市	1396	9689	47.7
襄阳市	763	5508	18.9
鄂州市	46	359	0.3
荆门市	266	1386	13.0
孝感市	275	1690	2.8
荆州市	217	1202	17.3
黄冈市	611	3548	12.4
咸宁市	262	1862	11.3
随州市	94	464	10.0
恩施州	1723	7447	40.3
仙桃市	4	21	0.2
潜江市	10	96	0.1
天门市	27	258	0.6
神农架	27	87	0.1

1-B-9 续表 9

（港、澳、台商投资企业）

地 区	法人单位数（个）	从业人员期末人数（人）	年末零售营业面积（万平方米）
全 省	**74**	**12562**	**41.3**
武汉市	40	7970	23.6
黄石市	2	25	
十堰市	1	3	
宜昌市	2	257	0.9
襄阳市	4	52	0.3
鄂州市	1	47	2.3
荆门市	3	152	3.0
孝感市	3	483	3.2
荆州市	1	222	0.6
黄冈市	7	594	1.2
咸宁市			
随州市	3	2307	5.2
恩施州			
仙桃市	3	22	
潜江市	2	191	0.1
天门市	2	237	0.9
神农架			

1-B-9　续表 10

（外商投资企业）

地　区	法人单位数（个）	从业人员期末人数（人）	年末零售营业面积（万平方米）
全　省	**73**	**12504**	**62.1**
武汉市	39	11178	55.8
黄石市	1	25	0.1
十堰市	3	23	
宜昌市	5	1002	5.7
襄阳市	11	69	0.2
鄂州市			
荆门市	2	42	0.1
孝感市			
荆州市	1	7	
黄冈市	1	26	
咸宁市	1	5	
随州市	2	19	
恩施州	4	20	
仙桃市	3	88	0.1
潜江市			
天门市			
神农架			

1-B-10 分地区零售业法人企业基本情况（按零售业态分）

（有店铺零售）

地　区	法人单位数（个）	从业人员期末人数（人）	年末零售营业面积（万平方米）
全　省	**101440**	**864483**	**3717.5**
武汉市	24361	252918	1169.7
黄石市	3912	39524	157.3
十堰市	7833	69349	251.7
宜昌市	8914	65802	242.1
襄阳市	15312	118482	437.0
鄂州市	1121	9306	34.6
荆门市	4002	32026	159.0
孝感市	4233	34949	144.0
荆州市	5952	42310	226.8
黄冈市	6897	46206	216.7
咸宁市	4588	34858	156.2
随州市	2772	25634	118.8
恩施州	6914	37280	171.7
仙桃市	1951	29953	131.3
潜江市	809	8685	38.1
天门市	1678	16255	57.5
神农架	191	946	4.9

注：零售业态普查设计为多选，下表同。

1-B-10　续表 1

（食杂店）

地　区	法人单位数 （个）	从业人员期末人数 （人）	年末零售营业面积 （万平方米）
全　省	**7571**	**42487**	**118.0**
武汉市	1677	8637	15.1
黄石市	382	2571	6.6
十堰市	784	4163	11.0
宜昌市	655	3852	8.8
襄阳市	1443	9715	24.1
鄂州市	52	398	3.0
荆门市	191	633	3.3
孝感市	218	1222	3.1
荆州市	378	2285	9.3
黄冈市	583	2834	12.0
咸宁市	292	1817	6.4
随州市	140	630	2.0
恩施州	479	1638	6.0
仙桃市	99	712	2.3
潜江市	56	457	0.8
天门市	121	860	3.6
神农架	21	63	0.4

1-B-10 续表 2

（便利店）

地 区	法人单位数（个）	从业人员期末人数（人）	年末零售营业面积（万平方米）
全 省	**9796**	**61550**	**166.7**
武汉市	1672	9627	17.3
黄石市	378	3147	12.5
十堰市	952	9954	24.3
宜昌市	972	6799	12.6
襄阳市	1875	12225	33.3
鄂州市	142	1177	2.5
荆门市	380	1291	5.5
孝感市	419	2400	6.3
荆州市	654	3761	14.9
黄冈市	811	2993	12.1
咸宁市	332	1863	5.8
随州市	192	956	4.4
恩施州	520	1456	6.0
仙桃市	155	1046	2.5
潜江市	90	841	1.6
天门市	226	1943	4.9
神农架	26	71	0.2

1-B-10　续表 3

(折扣店)

地　区	法人单位数(个)	从业人员期末人数(人)	年末零售营业面积(万平方米)
全　省	**1995**	**12763**	**41.6**
武汉市	352	1482	11.3
黄石市	72	498	0.9
十堰市	140	912	1.6
宜昌市	150	693	1.7
襄阳市	676	4963	14.8
鄂州市	24	155	0.6
荆门市	77	231	1.1
孝感市	57	253	0.9
荆州市	74	502	2.2
黄冈市	73	434	1.3
咸宁市	83	527	1.5
随州市	27	91	0.5
恩施州	71	268	0.7
仙桃市	41	588	1.0
潜江市	9	69	0.1
天门市	66	1087	1.4
神农架	3	10	

1-B-10 续表 4

(超市)

地 区	法人单位数（个）	从业人员期末人数（人）	年末零售营业面积（万平方米）
全 省	**3298**	**51946**	**166.7**
武汉市	444	9894	12.5
黄石市	139	2164	9.0
十堰市	221	2610	7.4
宜昌市	318	3993	17.4
襄阳市	514	5801	22.1
鄂州市	23	257	0.7
荆门市	157	2246	11.2
孝感市	166	2524	10.3
荆州市	257	4760	17.6
黄冈市	278	4595	17.0
咸宁市	189	2556	10.3
随州市	100	3168	7.1
恩施州	289	3859	13.3
仙桃市	71	858	3.7
潜江市	21	970	1.9
天门市	101	1502	4.4
神农架	10	189	0.9

1-B-10　续表 5

（大型超市）

地　区	法人单位数（个）	从业人员期末人数（人）	年末零售营业面积（万平方米）
全　省	**140**	**86057**	**502.8**
武汉市	31	49153	267.4
黄石市	4	168	3.7
十堰市	8	4813	32.9
宜昌市	10	3682	15.4
襄阳市	12	2554	25.0
鄂州市	1		0.9
荆门市	6	551	5.7
孝感市	10	3913	20.5
荆州市	8	414	11.6
黄冈市	15	3196	14.0
咸宁市	9	755	8.2
随州市	6	3497	10.1
恩施州	11	3134	10.1
仙桃市	2	9130	69.2
潜江市	1	581	1.9
天门市	6	516	6.3
神农架			

1-B-10 续表 6

（仓储会员店）

地 区	法人单位数（个）	从业人员期末人数（人）	年末零售营业面积（万平方米）
全 省	**526**	**3750**	**20.9**
武汉市	38	214	0.5
黄石市	15	196	0.4
十堰市	53	381	1.0
宜昌市	92	738	3.4
襄阳市	115	896	7.3
鄂州市	10	84	0.2
荆门市	23	97	2.1
孝感市	18	110	1.2
荆州市	49	259	1.1
黄冈市	32	219	0.6
咸宁市	26	168	1.5
随州市	12	183	0.6
恩施州	36	147	0.9
仙桃市	2	17	0.1
潜江市	1	5	
天门市	4	36	0.2
神农架			

1–B–10　续表 7

(百货店)

地　区	法人单位数（个）	从业人员期末人数（人）	年末零售营业面积（万平方米）
全　省	**12392**	**92243**	**421.6**
武汉市	2800	20956	102.3
黄石市	352	3290	24.5
十堰市	1200	7430	19.4
宜昌市	958	5349	23.6
襄阳市	2420	17295	73.1
鄂州市	133	1264	3.3
荆门市	460	7942	38.4
孝感市	492	3009	14.0
荆州市	699	3739	37.4
黄冈市	772	5016	19.6
咸宁市	424	2475	12.3
随州市	282	3657	15.4
恩施州	769	3128	14.5
仙桃市	292	4775	11.0
潜江市	79	869	6.8
天门市	239	1999	5.8
神农架	21	50	0.3

1-B-10 续表 8

（专业店）

地　区	法人单位数（个）	从业人员期末人数（人）	年末零售营业面积（万平方米）
全　省	**34770**	**240680**	**913.3**
武汉市	9294	66060	217.4
黄石市	1270	12488	40.5
十堰市	2091	16932	54.4
宜昌市	3061	20241	71.8
襄阳市	4367	32869	120.4
鄂州市	359	3207	11.8
荆门市	1631	8462	51.6
孝感市	1433	10139	36.6
荆州市	2276	14358	62.3
黄冈市	2199	12645	57.0
咸宁市	1736	12858	60.8
随州市	974	5442	26.5
恩施州	2505	11669	50.0
仙桃市	639	5506	20.6
潜江市	334	2789	12.1
天门市	556	4788	18.5
神农架	45	227	0.9

1-B-10　续表 9

（专卖店）

地　区	法人单位数（个）	从业人员期末人数（人）	年末零售营业面积（万平方米）
全　省	**23935**	**198766**	**688.2**
武汉市	5982	61855	164.1
黄石市	1036	10789	30.5
十堰市	1933	17376	53.7
宜昌市	2037	14647	53.9
襄阳市	3129	25828	89.9
鄂州市	257	1739	7.2
荆门市	869	5539	28.7
孝感市	1125	8474	28.5
荆州市	1223	9378	42.7
黄冈市	1714	10867	41.9
咸宁市	1151	8311	32.5
随州市	844	5501	33.4
恩施州	1565	8630	41.4
仙桃市	548	4956	16.9
潜江市	189	1838	11.6
天门市	287	2787	9.9
神农架	46	251	1.4

1-B-10 续表 10

（家居建材商店）

地 区	法人单位数（个）	从业人员期末人数（人）	年末零售营业面积（万平方米）
全 省	**4120**	**28089**	**163.7**
武汉市	1363	7919	51.4
黄石市	155	2308	4.7
十堰市	201	1366	5.9
宜昌市	413	2667	16.4
襄阳市	395	2700	9.0
鄂州市	86	735	1.3
荆门市	129	571	3.7
孝感市	173	1562	14.9
荆州市	201	1492	13.5
黄冈市	264	1654	9.3
咸宁市	231	1885	9.6
随州市	105	1082	11.1
恩施州	275	1103	9.2
仙桃市	56	477	1.3
潜江市	14	141	0.5
天门市	47	394	1.5
神农架	12	33	0.3

1-B-10　续表 11

（购物中心）

地　区	法人单位数（个）	从业人员期末人数（人）	年末零售营业面积（万平方米）
全　省	**568**	**27418**	**400.1**
武汉市	142	13403	297.3
黄石市	30	723	20.3
十堰市	36	1620	28.9
宜昌市	47	1550	8.4
襄阳市	72	835	4.1
鄂州市	3	57	2.3
荆门市	30	4116	6.4
孝感市	27	443	3.3
荆州市	24	146	1.4
黄冈市	44	885	14.9
咸宁市	42	775	3.7
随州市	11	580	2.0
恩施州	35	471	5.3
仙桃市	10	1638	0.8
潜江市	2	7	0.1
天门市	10	131	0.5
神农架	3	38	0.2

1-B-10 续表 12

(厂家直销中心)

地 区	法人单位数 (个)	从业人员期末人数 (人)	年末零售营业面积 (万平方米)
全 省	**2329**	**18734**	**114.0**
武汉市	566	3718	13.2
黄石市	79	1182	3.8
十堰市	214	1792	11.2
宜昌市	201	1591	8.6
襄阳市	294	2801	13.8
鄂州市	31	233	0.9
荆门市	49	347	1.3
孝感市	95	900	4.5
荆州市	109	1216	12.7
黄冈市	112	868	17.1
咸宁市	73	868	3.6
随州市	79	847	5.7
恩施州	359	1777	14.3
仙桃市	36	250	2.1
潜江市	13	118	0.4
天门市	15	212	0.5
神农架	4	14	0.3

1-B-10 续表 13

(无店铺零售)

地 区	法人单位数 (个)	从业人员期末人数 (人)	年末零售营业面积 (万平方米)
全 省	**28170**	**144483**	**326.0**
武汉市	11954	47223	60.2
黄石市	562	4227	7.1
十堰市	2251	14125	21.0
宜昌市	3333	21869	73.5
襄阳市	1681	13472	30.8
鄂州市	264	1907	1.6
荆门市	879	3471	15.1
孝感市	937	5523	7.5
荆州市	909	5676	15.0
黄冈市	1311	6870	15.4
咸宁市	647	3998	15.1
随州市	1084	6617	13.9
恩施州	1960	6680	26.5
仙桃市	86	648	4.7
潜江市	96	955	8.1
天门市	157	1098	10.1
神农架	59	124	0.3

1-B-10 续表 14

(电视购物)

地 区	法人单位数（个）	从业人员期末人数（人）	年末零售营业面积（万平方米）
全 省	**98**	**577**	**1.1**
武汉市	30	225	0.2
黄石市	4	25	0.1
十堰市	10	40	0.1
宜昌市	16	88	0.2
襄阳市	7	36	0.1
鄂州市	1	4	
荆门市	4	12	0.1
孝感市	5	29	0.1
荆州市			
黄冈市	7	32	0.1
咸宁市	2	9	
随州市	1	6	
恩施州	9	64	0.1
仙桃市			
潜江市	1	4	
天门市	1	3	
神农架			

1-B-10　续表 15

(邮购)

地　区	法人单位数（个）	从业人员期末人数（人）	年末零售营业面积（万平方米）
全　省	**481**	**2462**	**4.7**
武汉市	174	655	1.2
黄石市	9	82	0.1
十堰市	31	173	0.1
宜昌市	93	745	0.7
襄阳市	37	203	0.2
鄂州市	2	9	
荆门市	17	60	0.7
孝感市	23	94	0.1
荆州市	22	82	0.2
黄冈市	16	81	0.1
咸宁市	17	98	1.1
随州市	12	83	0.2
恩施州	15	65	0.1
仙桃市	1	2	
潜江市			
天门市	11	28	
神农架	1	2	

1-B-10 续表 16

(网上商店)

地 区	法人单位数（个）	从业人员期末人数（人）	年末零售营业面积（万平方米）
全 省	**4408**	**22718**	**45.5**
武汉市	1883	7471	7.3
黄石市	119	794	0.9
十堰市	159	1209	1.6
宜昌市	844	5626	12.2
襄阳市	184	1340	1.7
鄂州市	28	230	0.1
荆门市	214	771	1.3
孝感市	166	784	1.6
荆州市	218	1288	2.9
黄冈市	104	440	0.9
咸宁市	127	759	1.9
随州市	99	879	2.3
恩施州	131	445	1.2
仙桃市	29	143	0.1
潜江市	23	118	0.1
天门市	78	420	9.4
神农架	2	1	

1-B-10 续表 17

(自动售货亭)

地 区	法人单位数 (个)	从业人员期末人数 (人)	年末零售营业面积 (万平方米)
全 省	**122**	**771**	**1.3**
武汉市	29	268	0.2
黄石市	10	66	0.1
十堰市	7	33	0.1
宜昌市	18	74	0.4
襄阳市	14	79	0.2
鄂州市	2	18	
荆门市	4	19	0.1
孝感市	6	53	
荆州市	3	13	
黄冈市	9	48	
咸宁市	4	19	
随州市	3	32	
恩施州	10	29	
仙桃市	1	15	
潜江市			
天门市	1	4	
神农架	1	1	

1-B-10 续表 18

(电话购物)

地 区	法人单位数(个)	从业人员期末人数(人)	年末零售营业面积(万平方米)
全 省	**356**	**1790**	**3.4**
武汉市	83	437	0.6
黄石市	9	83	0.1
十堰市	43	286	0.7
宜昌市	63	288	0.5
襄阳市	36	206	0.3
鄂州市	9	36	
荆门市	7	22	
孝感市	9	36	0.1
荆州市	11	39	0.1
黄冈市	15	69	0.4
咸宁市	26	147	0.3
随州市	11	33	
恩施州	32	90	0.2
仙桃市			
潜江市	1	13	
天门市	1	5	
神农架			

1-B-10　续表 19

(其他)

地　区	法人单位数（个）	从业人员期末人数（人）	年末零售营业面积（万平方米）
全　省	**22705**	**116165**	**270.0**
武汉市	9755	38167	50.7
黄石市	411	3177	5.8
十堰市	2001	12384	18.5
宜昌市	2299	15048	59.6
襄阳市	1403	11608	28.3
鄂州市	222	1610	1.5
荆门市	633	2587	13.0
孝感市	728	4527	5.5
荆州市	655	4254	11.8
黄冈市	1160	6200	13.8
咸宁市	471	2966	11.9
随州市	958	5584	11.3
恩施州	1763	5987	25.0
仙桃市	55	488	4.5
潜江市	71	820	7.9
天门市	65	638	0.7
神农架	55	120	0.2

1-B-11 分地区零售业法人企业财务状况

单位：亿元

地 区	资产总计	负债合计	营业收入
全 省	**5418.63**	**2896.13**	**8354.29**
武汉市	2606.46	1784.43	3887.58
黄石市	371.11	120.09	347.68
十堰市	291.47	140.67	406.88
宜昌市	340.36	157.05	497.89
襄阳市	453.03	152.16	823.46
鄂州市	54.01	22.68	101.21
荆门市	122.25	57.26	223.92
孝感市	187.33	75.88	302.03
荆州市	194.08	74.04	390.25
黄冈市	186.55	64.73	322.70
咸宁市	116.02	35.55	267.92
随州市	121.40	52.27	241.75
恩施州	164.27	61.96	212.11
仙桃市	101.76	52.27	184.92
潜江市	31.82	18.05	58.20
天门市	70.95	24.40	82.63
神农架	5.78	2.64	3.16

1-B-12　分地区零售业法人企业财务状况（按国民经济行业分）

(综合零售)　　　　单位：亿元

地　区	资产总计	负债合计	营业收入
全　省	**1195.37**	**710.59**	**1786.74**
武汉市	680.27	445.89	865.30
黄石市	19.79	7.91	50.98
十堰市	69.18	47.43	113.75
宜昌市	67.83	48.91	72.56
襄阳市	84.63	27.97	153.97
鄂州市	5.97	2.43	9.29
荆门市	27.97	16.33	75.24
孝感市	34.76	16.94	51.39
荆州市	31.71	13.69	71.82
黄冈市	38.39	16.47	83.74
咸宁市	16.40	6.16	36.24
随州市	30.53	17.15	68.28
恩施州	25.20	12.71	35.40
仙桃市	35.85	18.53	67.25
潜江市	9.36	5.57	10.75
天门市	15.57	5.85	19.85
神农架	1.96	0.63	0.93

1-B-12 续表 1

（食品、饮料及烟草制品专门零售）

单位：亿元

地 区	资产总计	负债合计	营业收入
全 省	**687.42**	**200.08**	**773.41**
武汉市	143.29	66.78	170.57
黄石市	245.55	58.20	107.12
十堰市	35.67	7.50	48.53
宜昌市	53.20	14.57	58.96
襄阳市	65.64	17.12	114.77
鄂州市	2.22	0.70	3.15
荆门市	11.95	3.22	11.06
孝感市	16.37	3.94	24.95
荆州市	25.14	5.89	44.39
黄冈市	24.00	5.45	51.63
咸宁市	12.74	2.76	56.11
随州市	11.50	4.63	28.54
恩施州	26.07	3.91	23.15
仙桃市	6.75	3.09	18.91
潜江市	2.04	0.52	4.13
天门市	3.86	1.15	6.35
神农架	1.44	0.62	1.12

1–B–12　续表 2

（纺织、服装及日用品专门零售）　　　　单位：亿元

地　区	资产总计	负债合计	营业收入
全　省	**283.88**	**134.91**	**383.76**
武汉市	146.30	89.67	160.97
黄石市	9.74	4.79	15.95
十堰市	11.87	5.05	18.76
宜昌市	11.34	3.04	20.04
襄阳市	40.52	13.49	71.04
鄂州市	1.98	0.37	2.59
荆门市	3.73	1.46	5.80
孝感市	10.95	2.75	11.98
荆州市	13.05	3.75	24.00
黄冈市	5.21	1.06	8.80
咸宁市	4.67	0.68	7.76
随州市	2.49	0.98	4.24
恩施州	5.19	1.46	6.33
仙桃市	8.56	3.93	14.10
潜江市	0.99	0.23	4.26
天门市	7.22	2.17	7.10
神农架	0.07	0.01	0.02

1-B-12 续表 3

（文化、体育用品及器材专门零售）

单位：亿元

地　区	资产总计	负债合计	营业收入
全　省	**186.12**	**91.29**	**215.45**
武汉市	77.00	52.73	72.12
黄石市	4.38	1.37	6.19
十堰市	11.04	3.51	13.46
宜昌市	29.41	12.05	30.44
襄阳市	18.93	7.67	31.25
鄂州市	0.76	0.28	0.96
荆门市	6.33	1.79	10.10
孝感市	10.39	0.74	11.03
荆州市	4.65	1.16	11.90
黄冈市	3.25	0.74	4.47
咸宁市	2.66	0.47	4.50
随州市	2.57	1.46	2.82
恩施州	11.03	5.70	8.81
仙桃市	2.70	1.19	6.16
潜江市	0.20	0.03	0.60
天门市	0.49	0.17	0.61
神农架	0.32	0.26	0.03

1-B-12　续表 4

（医药及医疗器材专门零售）　　单位：亿元

地　区	资产总计	负债合计	营业收入
全　省	**251.56**	**124.87**	**344.19**
武汉市	77.58	54.89	97.36
黄石市	7.02	2.88	11.53
十堰市	19.88	12.81	18.10
宜昌市	16.46	5.60	24.43
襄阳市	22.84	8.34	41.40
鄂州市	2.05	0.75	2.54
荆门市	15.12	7.86	15.96
孝感市	15.38	4.94	21.19
荆州市	23.84	12.60	38.03
黄冈市	12.61	1.62	17.73
咸宁市	11.20	2.70	16.85
随州市	3.31	0.59	8.05
恩施州	13.69	4.99	15.00
仙桃市	5.78	2.74	8.71
潜江市	1.01	0.31	2.27
天门市	3.32	0.90	4.69
神农架	0.45	0.35	0.35

1-B-12 续表 5

（汽车、摩托车、零配件和燃料及其他动力销售） 单位：亿元

地 区	资产总计	负债合计	营业收入
全 省	**1374.52**	**888.71**	**2581.99**
武汉市	740.70	562.91	1347.88
黄石市	34.98	22.79	77.73
十堰市	81.23	39.76	112.59
宜昌市	80.53	48.17	156.65
襄阳市	96.22	46.37	196.49
鄂州市	13.46	8.34	24.11
荆门市	32.29	17.70	62.54
孝感市	42.09	25.91	104.97
荆州市	43.09	19.33	110.66
黄冈市	43.32	19.28	80.86
咸宁市	25.35	11.68	49.88
随州市	47.87	20.91	92.30
恩施州	50.03	22.38	84.81
仙桃市	13.62	8.31	32.57
潜江市	8.11	5.52	21.25
天门市	21.46	9.32	26.53
神农架	0.16	0.04	0.19

1-B-12　续表 6

(家用电器及电子产品专门零售)　　单位：亿元

地　区	资产总计	负债合计	营业收入
全　省	**510.30**	**269.11**	**828.16**
武汉市	287.27	186.06	449.95
黄石市	14.50	6.79	26.77
十堰市	18.49	6.75	28.69
宜昌市	23.14	8.59	43.40
襄阳市	39.41	12.05	77.50
鄂州市	3.68	1.02	4.91
荆门市	7.46	3.18	22.69
孝感市	27.82	13.32	36.61
荆州市	17.65	6.89	36.74
黄冈市	20.41	5.49	25.65
咸宁市	12.59	3.52	22.85
随州市	4.81	1.93	10.20
恩施州	10.46	3.95	16.99
仙桃市	9.14	4.92	13.35
潜江市	3.94	2.82	5.01
天门市	9.36	1.74	6.70
神农架	0.17	0.08	0.13

1-B-12 续表 7

（五金、家具及室内装饰材料专门零售） 单位：亿元

地 区	资产总计	负债合计	营业收入
全 省	**458.94**	**227.18**	**525.20**
武汉市	216.06	149.83	146.67
黄石市	19.68	7.96	33.74
十堰市	24.01	11.48	27.92
宜昌市	18.61	5.84	29.88
襄阳市	50.63	11.26	81.07
鄂州市	10.79	3.30	15.57
荆门市	7.87	2.53	12.27
孝感市	19.07	6.11	19.18
荆州市	17.01	5.92	25.38
黄冈市	16.55	4.11	23.06
咸宁市	18.81	4.94	55.48
随州市	8.55	1.66	16.24
恩施州	14.13	4.97	13.82
仙桃市	11.25	5.25	15.79
潜江市	1.11	0.57	3.53
天门市	4.58	1.45	5.46
神农架	0.24	0.02	0.14

1-B-12 续表 8

（货摊、无店铺及其他零售业）

单位：亿元

地 区	资产总计	负债合计	营业收入
全 省	**470.51**	**249.39**	**915.38**
武汉市	237.99	175.67	576.74
黄石市	15.46	7.40	17.67
十堰市	20.10	6.38	25.09
宜昌市	39.84	10.27	61.52
襄阳市	34.21	7.88	55.98
鄂州市	13.10	5.49	38.09
荆门市	9.53	3.19	8.26
孝感市	10.50	1.25	20.72
荆州市	17.95	4.81	27.35
黄冈市	22.81	10.50	26.77
咸宁市	11.59	2.65	18.27
随州市	9.76	2.96	11.06
恩施州	8.47	1.89	7.80
仙桃市	8.10	4.31	8.08
潜江市	5.07	2.48	6.40
天门市	5.09	1.64	5.33
神农架	0.97	0.62	0.25

1-B-13 分地区零售业法人企业财务状况（按登记注册类型分）

（内资企业）　　单位：亿元

地　区	资产总计	负债合计	营业收入
全　省	**5158.31**	**2697.42**	**7887.57**
武汉市	2385.03	1612.92	3472.44
黄石市	371.04	120.05	347.60
十堰市	291.36	140.66	406.72
宜昌市	328.58	148.30	485.18
襄阳市	452.17	151.79	822.59
鄂州市	53.58	22.15	98.93
荆门市	120.71	56.49	221.97
孝感市	185.24	73.17	296.44
荆州市	193.35	73.59	388.29
黄冈市	180.72	62.15	317.08
咸宁市	116.02	35.55	267.91
随州市	111.68	44.34	226.85
恩施州	164.20	61.96	212.03
仙桃市	99.72	51.62	183.15
潜江市	28.61	15.94	55.63
天门市	70.55	24.10	81.60
神农架	5.78	2.64	3.16

1-B-13　续表 1

（国有企业）　　单位：亿元

地　区	资产总计	负债合计	营业收入
全　省	**57.74**	**20.42**	**96.24**
武汉市	32.20	6.90	11.30
黄石市	2.37	0.36	9.30
十堰市	0.72	0.28	0.43
宜昌市	7.25	6.71	23.26
襄阳市	2.35	0.72	4.73
鄂州市	0.09	0.01	0.10
荆门市	1.33	0.49	1.65
孝感市	0.74	0.50	4.31
荆州市	2.33	0.65	3.26
黄冈市	2.69	1.32	7.59
咸宁市	2.68	0.65	6.24
随州市	2.65	1.67	23.76
恩施州	0.03	0.01	0.04
仙桃市	0.01		0.01
潜江市	0.29	0.15	0.24
天门市	0.01		0.03
神农架			

1-B-13 续表 2

（集体企业）

单位：亿元

地 区	资产总计	负债合计	营业收入
全 省	**37.69**	**18.95**	**96.62**
武汉市	8.52	6.13	6.75
黄石市	1.13	0.19	1.91
十堰市	0.77	0.11	0.29
宜昌市	1.41	0.26	1.34
襄阳市	2.79	0.74	5.61
鄂州市	1.51	0.76	1.03
荆门市	10.91	7.22	40.74
孝感市	2.31	1.22	12.01
荆州市	0.52	0.08	0.77
黄冈市	4.49	1.20	11.19
咸宁市	0.93	0.09	1.40
随州市	1.94	0.80	12.84
恩施州	0.26	0.11	0.32
仙桃市			
潜江市	0.13	0.02	0.35
天门市	0.06	0.01	0.08
神农架			

1-B-13　续表 3

（股份合作企业）　　单位：亿元

地　区	资产总计	负债合计	营业收入
全　省	**2.14**	**1.26**	**3.08**
武汉市	1.21	0.77	1.40
黄石市	0.58	0.45	0.44
十堰市			
宜昌市	0.15	0.02	0.19
襄阳市	0.01		0.01
鄂州市			
荆门市			
孝感市	0.04		0.03
荆州市			
黄冈市	0.07		0.14
咸宁市	0.03		0.06
随州市	0.05	0.02	0.78
恩施州	0.01		0.02
仙桃市			
潜江市			
天门市			0.01
神农架			

1-B-13 续表 4

(联营企业) 单位：亿元

地 区	资产总计	负债合计	营业收入
全 省	**4.16**	**1.16**	**44.13**
武汉市	0.01		0.02
黄石市	0.04	0.02	0.01
十堰市	0.16	0.02	0.20
宜昌市	0.25	0.07	0.08
襄阳市	0.96	0.41	0.78
鄂州市	0.03	0.11	0.08
荆门市	0.05		0.05
孝感市	0.07		0.04
荆州市	0.01		0.06
黄冈市	1.34	0.09	0.85
咸宁市	1.04	0.39	39.99
随州市	0.06	0.02	1.91
恩施州	0.09	0.02	0.04
仙桃市			
潜江市			
天门市	0.02	0.01	0.01
神农架			

1-B-13　续表 5

(有限责任公司)　　单位：亿元

地　区	资产总计	负债合计	营业收入
全　省	**1892.15**	**1201.89**	**2981.89**
武汉市	1071.09	794.01	1881.33
黄石市	286.44	88.57	178.18
十堰市	88.97	61.39	141.25
宜昌市	95.72	62.36	147.93
襄阳市	87.18	43.75	169.78
鄂州市	11.07	2.34	9.50
荆门市	25.56	16.98	40.98
孝感市	31.25	14.66	52.88
荆州市	49.08	29.40	99.08
黄冈市	32.00	18.63	70.17
咸宁市	14.57	8.07	34.55
随州市	29.01	16.88	46.79
恩施州	37.56	26.94	60.99
仙桃市	19.07	12.56	34.44
潜江市	4.44	3.31	6.53
天门市	7.12	0.74	6.16
神农架	2.02	1.30	1.37

1-B-13 续表 6

(股份有限公司) 单位：亿元

地 区	资产总计	负债合计	营业收入
全 省	**457.66**	**268.29**	**656.92**
武汉市	372.80	221.02	429.70
黄石市	8.73	5.73	31.74
十堰市	2.14	0.69	3.45
宜昌市	6.19	2.44	8.65
襄阳市	4.69	1.21	8.31
鄂州市	11.26	9.51	48.49
荆门市	0.47	0.05	0.52
孝感市	13.53	9.20	46.25
荆州市	8.69	3.70	15.64
黄冈市	11.16	6.27	27.38
咸宁市	6.22	3.67	10.92
随州市	4.26	0.53	6.92
恩施州	5.03	3.12	7.52
仙桃市	0.64	0.16	4.49
潜江市	0.88	0.84	6.10
天门市	0.85	0.15	0.67
神农架	0.09	0.02	0.17

1-B-13　续表 7

（私营企业）　　单位：亿元

地　区	资产总计	负债合计	营业收入
全　省	**2597.02**	**1169.51**	**3885.70**
武汉市	893.32	582.56	1135.34
黄石市	71.44	24.68	125.52
十堰市	180.84	76.53	238.68
宜昌市	186.00	70.69	277.61
襄阳市	342.03	103.27	613.13
鄂州市	28.96	9.19	38.71
荆门市	75.82	31.08	134.82
孝感市	133.20	46.93	176.37
荆州市	127.99	39.24	263.53
黄冈市	122.36	33.98	187.59
咸宁市	86.69	22.02	169.21
随州市	71.98	24.16	132.83
恩施州	109.28	30.65	131.45
仙桃市	79.90	38.86	144.00
潜江市	22.65	11.61	41.90
天门市	61.05	22.76	73.44
神农架	3.51	1.29	1.56

1-B-13 续表 8

(其他企业) 单位：亿元

地 区	资产总计	负债合计	营业收入
全 省	**109.76**	**15.93**	**123.01**
武汉市	5.88	1.52	6.61
黄石市	0.31	0.05	0.49
十堰市	17.75	1.63	22.42
宜昌市	31.61	5.76	26.12
襄阳市	12.15	1.69	20.26
鄂州市	0.66	0.23	1.02
荆门市	6.56	0.68	3.20
孝感市	4.10	0.66	4.55
荆州市	4.73	0.51	5.95
黄冈市	6.60	0.67	12.17
咸宁市	3.85	0.65	5.55
随州市	1.73	0.27	1.02
恩施州	11.93	1.11	11.65
仙桃市	0.09	0.04	0.21
潜江市	0.21	0.01	0.52
天门市	1.43	0.42	1.21
神农架	0.16	0.02	0.07

1–B–13　续表 9

（港、澳、台商投资企业）　　单位：亿元

地　区	资产总计	负债合计	营业收入
全　省	**103.00**	**77.22**	**217.92**
武汉市	79.25	59.60	180.93
黄石市	0.04	0.04	0.05
十堰市	0.01		0.01
宜昌市	0.30	0.62	1.28
襄阳市	0.57	0.29	0.43
鄂州市	0.43	0.53	2.29
荆门市	1.01	0.45	1.56
孝感市	2.09	2.71	5.59
荆州市	0.71	0.45	1.92
黄冈市	5.22	2.13	5.30
咸宁市			
随州市	9.65	7.93	14.86
恩施州			
仙桃市	0.11	0.06	0.11
潜江市	3.21	2.11	2.57
天门市	0.39	0.30	1.03
神农架			

1-B-13 续表 10

(外商投资企业) 单位：亿元

地 区	资产总计	负债合计	营业收入
全 省	**157.32**	**121.49**	**248.80**
武汉市	142.17	111.91	234.20
黄石市	0.03		0.02
十堰市	0.10	0.01	0.16
宜昌市	11.48	8.13	11.42
襄阳市	0.29	0.08	0.44
鄂州市			
荆门市	0.53	0.33	0.39
孝感市			
荆州市	0.01		0.04
黄冈市	0.61	0.46	0.33
咸宁市	0.01		0.01
随州市	0.07		0.04
恩施州	0.08		0.08
仙桃市	1.94	0.58	1.66
潜江市			
天门市			
神农架			

1-B-14　分地区零售业法人企业财务状况（按零售业态分）

（有店铺零售）　　　　单位：亿元

地　区	资产总计	负债合计	营业收入
全　省	**4632.43**	**2462.62**	**6991.32**
武汉市	2199.85	1494.29	3076.34
黄石市	355.76	112.50	325.89
十堰市	248.78	126.45	348.96
宜昌市	264.95	123.26	387.20
襄阳市	413.99	140.95	750.73
鄂州市	40.26	17.01	61.63
荆门市	103.26	49.40	204.47
孝感市	152.53	64.21	264.82
荆州市	170.65	65.10	348.88
黄冈市	152.67	51.64	284.62
咸宁市	104.37	32.45	249.57
随州市	86.91	34.44	186.81
恩施州	140.75	58.08	190.68
仙桃市	97.36	50.49	176.70
潜江市	29.25	17.29	54.13
天门市	66.91	23.18	77.09
神农架	4.19	1.87	2.80

1-B-14 续表 1

（食杂店）

单位：亿元

地 区	资产总计	负债合计	营业收入
全 省	**134.69**	**38.39**	**192.91**
武汉市	42.77	17.57	44.64
黄石市	8.77	2.90	15.74
十堰市	9.54	2.40	11.16
宜昌市	9.69	2.18	12.20
襄阳市	29.61	6.10	47.97
鄂州市	1.00	0.35	1.27
荆门市	1.91	0.43	2.63
孝感市	3.25	0.54	5.29
荆州市	6.34	1.00	12.55
黄冈市	6.79	1.22	10.79
咸宁市	3.75	0.65	6.49
随州市	1.31	0.46	8.42
恩施州	4.07	0.59	4.59
仙桃市	1.85	0.82	4.11
潜江市	0.79	0.32	1.89
天门市	3.15	0.86	3.11
神农架	0.08	0.01	0.07

1-B-14　续表 2

(便利店)　　　　单位：亿元

地　区	资产总计	负债合计	营业收入
全　省	**195.35**	**73.01**	**342.33**
武汉市	33.30	19.20	42.21
黄石市	10.65	2.53	15.82
十堰市	25.42	14.51	51.74
宜昌市	16.57	5.05	22.26
襄阳市	35.52	7.48	67.49
鄂州市	10.05	6.24	20.17
荆门市	3.00	0.54	3.66
孝感市	12.47	7.44	48.12
荆州市	10.39	1.46	19.01
黄冈市	7.05	1.01	11.07
咸宁市	4.68	0.89	5.94
随州市	4.90	0.45	8.28
恩施州	4.87	0.90	4.64
仙桃市	4.91	2.09	6.20
潜江市	1.86	1.10	8.22
天门市	9.49	2.10	7.43
神农架	0.22		0.09

1-B-14 续表 3

(折扣店) 单位：亿元

地　区	资产总计	负债合计	营业收入
全　省	**46.79**	**19.02**	**67.26**
武汉市	15.90	7.93	22.86
黄石市	1.14	0.37	1.69
十堰市	3.42	0.99	3.93
宜昌市	1.75	0.22	1.73
襄阳市	14.05	5.87	23.52
鄂州市	1.46	0.82	0.55
荆门市	0.37	0.07	0.73
孝感市	0.95	0.16	0.88
荆州市	1.22	0.28	2.50
黄冈市	0.96	0.16	1.93
咸宁市	1.06	0.14	1.67
随州市	0.28	0.07	0.20
恩施州	0.57	0.06	0.69
仙桃市	2.22	1.39	2.29
潜江市	0.15	0.06	0.28
天门市	1.25	0.43	1.80
神农架	0.03	0.01	0.02

1-B-14　续表 4

(超市)　　单位：亿元

地　区	资产总计	负债合计	营业收入
全　省	**172.74**	**89.71**	**321.52**
武汉市	41.32	34.68	84.85
黄石市	6.67	3.08	15.08
十堰市	6.49	3.16	11.00
宜昌市	11.44	4.36	21.21
襄阳市	21.69	6.66	43.00
鄂州市	0.39	0.08	0.77
荆门市	8.03	5.13	13.21
孝感市	10.68	4.83	19.50
荆州市	12.63	4.53	28.51
黄冈市	11.11	4.26	24.49
咸宁市	4.73	1.44	12.99
随州市	8.94	2.23	16.44
恩施州	8.59	3.35	14.19
仙桃市	6.70	4.82	5.38
潜江市	6.43	4.08	4.96
天门市	6.37	2.66	5.36
神农架	0.54	0.35	0.57

1-B-14 续表 5

(大型超市) 单位：亿元

地 区	资产总计	负债合计	营业收入
全 省	**281.58**	**188.95**	**554.74**
武汉市	180.12	113.20	350.17
黄石市	0.28	0.09	1.57
十堰市	17.22	14.69	22.88
宜昌市	9.09	7.61	17.71
襄阳市	4.85	3.42	10.16
鄂州市			
荆门市	1.99	1.65	7.39
孝感市	11.53	9.57	21.29
荆州市	2.08	1.21	1.49
黄冈市	12.78	10.46	34.93
咸宁市	4.52	3.11	11.54
随州市	8.72	7.28	15.80
恩施州	8.99	7.89	12.99
仙桃市	16.88	7.42	41.14
潜江市	1.10	0.88	1.72
天门市	1.44	0.47	3.97
神农架			

1–B–14　续表 6

（仓储会员店）　　单位：亿元

地　区	资产总计	负债合计	营业收入
全　省	**11.84**	**4.33**	**16.89**
武汉市	1.09	0.83	1.85
黄石市	0.32	0.13	0.49
十堰市	0.94	0.37	1.10
宜昌市	2.68	0.73	3.26
襄阳市	2.69	1.05	4.77
鄂州市	0.25	0.16	0.24
荆门市	0.59	0.14	0.54
孝感市	0.84	0.54	0.49
荆州市	1.00	0.06	1.41
黄冈市	0.48	0.02	0.87
咸宁市	0.37	0.09	0.49
随州市	0.11	0.06	0.38
恩施州	0.37	0.12	0.82
仙桃市	0.06	0.03	0.06
潜江市			0.02
天门市	0.05	0.02	0.09
神农架			

1-B-14 续表 7

(百货店) 单位：亿元

地 区	资产总计	负债合计	营业收入
全 省	**439.71**	**244.06**	**694.88**
武汉市	215.95	152.12	295.42
黄石市	8.55	3.40	28.43
十堰市	18.42	7.52	27.08
宜昌市	25.24	13.90	22.98
襄阳市	52.97	15.29	88.87
鄂州市	4.08	1.07	6.03
荆门市	17.34	9.82	50.73
孝感市	11.73	4.64	17.94
荆州市	17.86	8.23	41.67
黄冈市	12.48	2.71	25.25
咸宁市	8.23	2.26	9.29
随州市	13.17	8.02	38.36
恩施州	12.53	4.94	10.53
仙桃市	14.49	7.78	22.16
潜江市	1.21	0.46	2.72
天门市	5.24	1.81	7.31
神农架	0.21	0.08	0.10

1-B-14 续表 8

(专业店) 单位：亿元

地 区	资产总计	负债合计	营业收入
全 省	**1527.39**	**741.94**	**2057.27**
武汉市	700.35	458.23	908.76
黄石市	217.83	54.97	135.76
十堰市	63.09	25.57	80.80
宜昌市	92.34	46.00	138.74
襄阳市	110.93	33.98	204.67
鄂州市	12.98	4.78	17.97
荆门市	35.65	11.60	61.97
孝感市	46.88	20.15	67.11
荆州市	56.08	21.07	109.62
黄冈市	42.95	11.71	76.62
咸宁市	34.22	10.02	70.53
随州市	18.83	5.70	40.97
恩施州	41.67	13.41	55.56
仙桃市	26.88	14.56	50.26
潜江市	10.82	5.82	18.55
天门市	14.75	3.65	18.88
神农架	1.14	0.71	0.50

1-B-14 续表 9

(专卖店) 单位：亿元

地 区	资产总计	负债合计	营业收入
全 省	**1133.92**	**653.26**	**2063.41**
武汉市	543.34	391.94	1029.08
黄石市	40.51	22.79	67.43
十堰市	69.27	34.03	97.21
宜昌市	68.23	31.03	115.38
襄阳市	111.37	47.22	219.89
鄂州市	6.46	2.08	8.71
荆门市	29.46	17.42	54.09
孝感市	38.37	11.14	65.34
荆州市	45.93	19.89	101.21
黄冈市	40.77	16.28	78.09
咸宁市	24.15	7.51	41.75
随州市	21.62	7.91	35.33
恩施州	46.66	20.35	75.06
仙桃市	17.66	8.84	34.18
潜江市	6.18	4.01	13.56
天门市	22.58	10.34	26.09
神农架	1.33	0.50	1.01

1-B-14　续表 10

（家居建材商店）　单位：亿元

地　区	资产总计	负债合计	营业收入
全　省	**173.75**	**107.42**	**134.95**
武汉市	97.90	80.92	39.18
黄石市	8.24	5.69	10.32
十堰市	4.79	1.76	5.93
宜昌市	6.99	2.25	11.89
襄阳市	8.03	1.42	13.15
鄂州市	2.37	0.70	2.94
荆门市	2.09	0.98	2.30
孝感市	7.68	2.71	5.91
荆州市	6.37	3.00	8.66
黄冈市	6.47	1.50	8.83
咸宁市	11.50	2.66	11.67
随州市	3.49	0.82	4.62
恩施州	3.41	1.16	4.05
仙桃市	2.78	1.25	2.99
潜江市	0.21	0.15	0.79
天门市	1.20	0.45	1.64
神农架	0.22	0.02	0.09

1-B-14 续表 11

(购物中心)

单位：亿元

地 区	资产总计	负债合计	营业收入
全 省	**355.58**	**224.19**	**347.74**
武汉市	298.85	193.01	222.39
黄石市	3.91	1.55	10.74
十堰市	16.08	11.50	25.32
宜昌市	13.32	8.48	14.06
襄阳市	5.18	2.80	4.92
鄂州市	0.45	0.53	2.32
荆门市	1.25	0.77	4.77
孝感市	3.01	0.19	1.93
荆州市	1.32	0.26	1.55
黄冈市	4.62	0.99	6.83
咸宁市	2.30	0.90	42.17
随州市	0.89	0.23	2.17
恩施州	2.12	2.01	3.23
仙桃市	1.68	0.80	4.81
潜江市	0.05	0.01	0.05
天门市	0.32	0.10	0.38
神农架			

1–B–14 续表 12

（厂家直销中心） 单位：亿元

地 区	资产总计	负债合计	营业收入
全 省	**159.12**	**78.34**	**197.43**
武汉市	28.95	24.68	34.92
黄石市	48.90	14.98	22.81
十堰市	14.09	9.95	10.82
宜昌市	7.62	1.45	5.78
襄阳市	17.08	9.67	22.33
鄂州市	0.77	0.21	0.65
荆门市	1.57	0.86	2.45
孝感市	5.14	2.30	11.01
荆州市	9.43	4.13	20.71
黄冈市	6.21	1.33	4.91
咸宁市	4.87	2.78	35.04
随州市	4.65	1.21	15.85
恩施州	6.89	3.31	4.33
仙桃市	1.25	0.70	3.12
潜江市	0.45	0.39	1.39
天门市	1.07	0.29	1.03
神农架	0.18	0.12	0.28

1-B-14 续表 13

(无店铺零售) 单位：亿元

地 区	资产总计	负债合计	营业收入
全 省	**729.29**	**407.16**	**1307.29**
武汉市	383.97	276.85	791.17
黄石市	14.87	7.31	20.92
十堰市	40.72	13.38	54.84
宜昌市	70.99	32.83	103.88
襄阳市	35.89	10.76	67.47
鄂州市	13.05	5.28	39.01
荆门市	18.23	7.66	18.38
孝感市	28.56	10.59	33.77
荆州市	21.73	8.49	38.36
黄冈市	29.63	11.70	33.63
咸宁市	10.65	2.92	16.28
随州市	28.45	11.59	54.20
恩施州	21.37	3.66	18.95
仙桃市	3.84	1.53	7.60
潜江市	2.19	0.74	3.65
天门市	3.59	1.08	4.83
神农架	1.56	0.77	0.35

1-B-14　续表 14

（电视购物）　　单位：亿元

地　区	资产总计	负债合计	营业收入
全　省	**2.74**	**1.83**	**5.08**
武汉市	1.95	1.66	2.66
黄石市	0.05	0.02	0.78
十堰市	0.06	0.01	0.10
宜昌市	0.17	0.01	0.31
襄阳市	0.06	0.01	0.10
鄂州市			
荆门市	0.02	0.01	0.03
孝感市	0.03		0.11
荆州市			
黄冈市	0.14	0.07	0.70
咸宁市	0.05	0.01	0.05
随州市	0.05		0.08
恩施州	0.14	0.02	0.11
仙桃市			
潜江市			0.03
天门市			0.01
神农架			

1-B-14 续表 15

(邮购)

单位：亿元

地 区	资产总计	负债合计	营业收入
全 省	**5.14**	**1.61**	**13.19**
武汉市	1.33	0.65	1.89
黄石市	0.16	0.05	0.27
十堰市	0.38	0.10	0.45
宜昌市	1.61	0.52	7.24
襄阳市	0.39	0.03	1.02
鄂州市	0.01		0.06
荆门市	0.13		0.14
孝感市	0.19	0.03	0.27
荆州市	0.24	0.07	0.35
黄冈市	0.15		0.21
咸宁市	0.14	0.01	0.35
随州市	0.10	0.01	0.51
恩施州	0.15	0.04	0.28
仙桃市	0.01		
潜江市			
天门市	0.16	0.09	0.15
神农架			

1-B-14　续表 16

(网上商店)　　单位：亿元

地　区	资产总计	负债合计	营业收入
全　省	**194.82**	**143.76**	**646.83**
武汉市	136.36	124.73	524.24
黄石市	1.48	0.41	3.18
十堰市	4.84	0.83	9.15
宜昌市	15.68	4.24	31.97
襄阳市	3.33	1.18	6.10
鄂州市	8.46	3.81	33.28
荆门市	2.16	0.51	2.91
孝感市	3.27	0.42	10.28
荆州市	3.86	1.40	7.60
黄冈市	0.90	0.17	1.48
咸宁市	2.59	0.65	3.81
随州市	8.29	4.33	8.65
恩施州	1.18	0.32	1.70
仙桃市	0.49	0.22	0.54
潜江市	0.19	0.02	0.55
天门市	1.72	0.53	1.41
神农架	0.01		

1-B-14 续表 17

(自动售货亭) 单位：亿元

地 区	资产总计	负债合计	营业收入
全 省	**3.73**	**2.16**	**3.15**
武汉市	2.57	1.93	1.55
黄石市	0.09	0.02	0.17
十堰市	0.03		0.04
宜昌市	0.31	0.05	0.20
襄阳市	0.29	0.10	0.33
鄂州市	0.01		0.05
荆门市	0.03		0.04
孝感市	0.02		0.21
荆州市	0.02		0.05
黄冈市	0.20		0.19
咸宁市	0.04	0.01	0.08
随州市	0.05	0.02	0.07
恩施州	0.03		0.10
仙桃市	0.04	0.02	0.05
潜江市			
天门市			
神农架			

1-B-14　续表 18

（电话购物）　　单位：亿元

地　区	资产总计	负债合计	营业收入
全　省	**5.21**	**1.83**	**6.98**
武汉市	1.61	1.04	1.89
黄石市	0.29	0.07	0.32
十堰市	0.62	0.11	0.68
宜昌市	0.88	0.11	0.77
襄阳市	0.92	0.29	1.76
鄂州市	0.13	0.07	0.10
荆门市	0.02		0.04
孝感市	0.16		0.15
荆州市	0.14	0.02	0.21
黄冈市	0.09	0.05	0.15
咸宁市	0.15	0.01	0.60
随州市	0.08	0.01	0.06
恩施州	0.11	0.03	0.19
仙桃市			
潜江市			0.04
天门市			0.02
神农架			

1-B-14 续表 19

(其他) 单位：亿元

地 区	资产总计	负债合计	营业收入
全 省	**517.65**	**255.96**	**632.06**
武汉市	240.16	146.83	258.93
黄石市	12.79	6.74	16.21
十堰市	34.79	12.32	44.43
宜昌市	52.34	27.90	63.39
襄阳市	30.90	9.14	58.17
鄂州市	4.42	1.40	5.52
荆门市	15.87	7.14	15.22
孝感市	24.90	10.13	22.74
荆州市	17.47	7.00	30.15
黄冈市	28.14	11.40	30.91
咸宁市	7.69	2.23	11.39
随州市	19.87	7.23	44.83
恩施州	19.76	3.25	16.56
仙桃市	3.31	1.29	7.01
潜江市	1.99	0.72	3.02
天门市	1.71	0.46	3.23
神农架	1.54	0.77	0.35

第2篇

住宿和餐饮业企业基本情况及财务状况篇

A. 行业部分

2-A-1　住宿业法人企业基本情况

分　组	法人单位数（个）	从业人员期末人数（人）
住宿业	**5269**	**94357**
按国民经济行业分组		
旅游饭店	1325	47960
一般旅馆	3140	39123
经济型连锁酒店	498	7853
其他一般旅馆	2642	31270
民宿服务	325	2004
露营地服务	2	11
其他住宿业	477	5259
按登记注册类型分组		
内资企业	5244	90056
国有企业	72	3055
集体企业	65	1457
股份合作企业	3	14
联营企业	8	235
国有联营企业	1	170
集体联营企业	4	59
国有与集体联营企业	2	3
其他联营企业	1	3
有限责任公司	941	27216
国有独资公司	13	1393
其他有限责任公司	928	25823
股份有限公司	83	2816
私营企业	4049	55153
私营独资企业	864	5156
私营合伙企业	122	1150
私营有限责任公司	2990	47992
私营股份有限公司	73	855
其他企业	23	110
港、澳、台商投资企业	16	2949
与港澳台商合资经营企业	2	440
与港澳台商合作经营企业	1	296
港澳台商独资经营企业	9	1466
港澳台商投资股份有限公司	4	747
其他港澳台投资企业		
外商投资企业	9	1352
中外合资经营企业	2	625
中外合作经营企业		
外资企业	4	402
外商投资股份有限公司	2	313
其他外商投资	1	12
按星级分组		
一星	104	1151
二星	209	2505
三星	502	12996
四星	180	12826
五星	51	7037
其他	4223	57842

2-A-2 限额以上住宿业法人企业基本情况

分组	法人单位数（个）	从业人员期末人数（人）
住宿业	**865**	**56547**
按国民经济行业分组		
旅游饭店	412	38025
一般旅馆	428	17101
经济型连锁酒店	100	4007
其他一般旅馆	328	13094
民宿服务	2	55
露营地服务		
其他住宿业	23	1366
按登记注册类型分组		
内资企业	845	52529
国有企业	24	2446
集体企业	8	940
股份合作企业		
联营企业	1	170
国有联营企业	1	170
集体联营企业		
国有与集体联营企业		
其他联营企业		
有限责任公司	251	20164
国有独资公司	10	1075
其他有限责任公司	241	19089
股份有限公司	18	2153
私营企业	543	26656
私营独资企业	36	937
私营合伙企业	8	297
私营有限责任公司	493	25114
私营股份有限公司	6	308
其他企业		
港、澳、台商投资企业	12	2678
与港澳台商合资经营企业	1	180
与港澳台商合作经营企业	1	296
港澳台商独资经营企业	7	1455
港澳台商投资股份有限公司	3	747
其他港澳台投资企业		
外商投资企业	8	1340
中外合资经营企业	2	625
中外合作经营企业		
外资企业	4	402
外商投资股份有限公司	2	313
其他外商投资		
按星级分组		
一星	4	301
二星	24	1051
三星	140	8889
四星	84	11242
五星	24	6068
其他	589	28996

2-A-3　住宿业法人企业财务状况

单位：亿元

分　　组	资产总计	负债合计	营业收入
住宿业	**480.46**	**263.22**	**193.56**
按国民经济行业分组			
旅游饭店	293.12	170.56	97.88
一般旅馆	135.08	67.54	82.51
经济型连锁酒店	23.62	11.72	16.03
其他一般旅馆	111.45	55.81	66.47
民宿服务	31.01	15.47	3.12
露营地服务	0.93	0.18	0.01
其他住宿业	20.33	9.48	10.04
按登记注册类型分组			
内资企业	453.96	245.10	183.49
国有企业	8.20	3.47	4.88
集体企业	7.06	2.93	3.80
股份合作企业	0.04		0.04
联营企业	0.94	4.05	0.31
国有联营企业	0.68	0.90	0.23
集体联营企业	0.24	3.14	0.06
国有与集体联营企业	0.01		0.01
其他联营企业			0.01
有限责任公司	155.94	94.15	56.29
国有独资公司	21.57	9.50	3.13
其他有限责任公司	134.37	84.65	53.15
股份有限公司	24.31	11.75	5.38
私营企业	257.13	128.71	112.55
私营独资企业	21.16	5.13	14.10
私营合伙企业	3.57	1.20	2.40
私营有限责任公司	227.20	121.13	94.04
私营股份有限公司	5.21	1.26	2.01
其他企业	0.35	0.03	0.24
港、澳、台商投资企业	13.12	7.76	6.86
与港澳台商合资经营企业	4.48	0.08	1.28
与港澳台商合作经营企业	0.41	0.25	0.80
港澳台商独资经营企业	5.47	4.71	3.10
港澳台商投资股份有限公司	2.77	2.73	1.68
其他港澳台投资企业			
外商投资企业	13.38	10.36	3.21
中外合资经营企业	6.94	2.73	1.58
中外合作经营企业			
外资企业	2.91	2.83	0.83
外商投资股份有限公司	3.51	4.80	0.77
其他外商投资	0.01		0.03
按星级分组			
一星	3.82	3.63	3.18
二星	8.80	4.44	5.91
三星	49.22	24.23	23.75
四星	83.88	54.61	26.17
五星	44.68	23.84	16.41
其他	290.06	152.48	118.13

2-A-4 住宿业法人企业财务状况

单位：亿元

分 组	资产总计	负债合计	营业收入
住宿业	**337.53**	**212.45**	**125.65**
按国民经济行业分组			
旅游饭店	241.22	150.51	81.35
一般旅馆	65.83	43.79	40.78
经济型连锁酒店	9.78	6.76	9.18
其他一般旅馆	56.06	37.03	31.60
民宿服务	23.50	14.65	0.08
露营地服务			
其他住宿业	6.98	3.50	3.44
按登记注册类型分组			
内资企业	314.29	194.34	116.17
国有企业	5.70	2.96	3.54
集体企业	5.44	2.60	2.78
股份合作企业			
联营企业	0.68	0.90	0.23
国有联营企业	0.68	0.90	0.23
集体联营企业			
国有与集体联营企业			
其他联营企业			
有限责任公司	133.78	84.64	44.80
国有独资公司	20.39	8.84	2.44
其他有限责任公司	113.39	75.81	42.36
股份有限公司	21.63	11.09	4.14
私营企业	147.06	92.14	60.68
私营独资企业	5.83	2.45	4.97
私营合伙企业	0.76	0.42	0.77
私营有限责任公司	138.46	88.33	54.05
私营股份有限公司	2.01	0.93	0.89
其他企业			
港、澳、台商投资企业	9.88	7.76	6.30
与港澳台商合资经营企业	1.24	0.08	0.74
与港澳台商合作经营企业	0.41	0.25	0.80
港澳台商独资经营企业	5.46	4.71	3.08
港澳台商投资股份有限公司	2.77	2.73	1.68
其他港澳台投资企业			
外商投资企业	13.37	10.36	3.17
中外合资经营企业	6.94	2.73	1.58
中外合作经营企业			
外资企业	2.91	2.83	0.83
外商投资股份有限公司	3.51	4.80	0.77
其他外商投资			
按星级分组			
一星	1.79	2.05	1.23
二星	4.90	3.16	2.68
三星	34.90	18.67	16.15
四星	74.40	50.82	23.84
五星	42.63	23.27	14.77
其他	178.91	114.48	66.97

2-A-5　餐饮业法人企业基本情况

分　组	法人单位数（个）	从业人员期末人数（人）	年末餐饮营业面积（万平方米）
餐饮业	**12350**	**185459**	**722.3**
按国民经济行业分组			
正餐服务	10850	150732	654.3
快餐服务	445	21041	35.9
饮料及冷饮服务	196	4319	8.1
茶馆服务	48	245	1.1
咖啡馆服务	45	3046	4.2
酒吧服务	38	324	1.5
其他饮料及冷饮服务	65	704	1.3
餐饮配送及外卖送餐服务	151	4760	5.3
餐饮配送服务	125	4601	5.0
外卖送餐服务	26	159	0.3
其他餐饮业	708	4607	18.8
小吃服务	345	1784	6.8
其他未列明餐饮业	363	2823	12.0
按登记注册类型分组			
内资企业	12303	162615	688.8
国有企业	98	1231	5.9
集体企业	70	724	3.7
股份合作企业	6	63	0.1
联营企业	12	273	0.8
国有联营企业	1	20	0.1
集体联营企业	2	178	0.5
国有与集体联营企业	2	6	
其他联营企业	7	69	0.2
有限责任公司	1905	38445	134.9
国有独资公司	6	1671	1.0
其他有限责任公司	1899	36774	133.9
股份有限公司	145	3599	11.7
私营企业	9959	117374	526.2
私营独资企业	2712	19097	112.2
私营合伙企业	265	2468	13.7
私营有限责任公司	6844	93430	387.3
私营股份有限公司	138	2379	13.0
其他企业	108	906	5.4
港、澳、台商投资企业	24	20453	31.2
与港澳台商合资经营企业	6	562	1.5
与港澳台商合作经营企业			
港澳台商独资经营企业	16	19837	29.6
港澳台商投资股份有限公司			
其他港澳台投资企业	2	54	0.1
外商投资企业	23	2391	2.3
中外合资经营企业	6	562	0.6
中外合作经营企业			
外资企业	13	1793	1.5
外商投资股份有限公司	1	8	0.1
其他外商投资	3	28	

2-A-6 限额以上餐饮业法人企业基本情况

分组	法人单位数（个）	从业人员期末人数（人）	年末餐饮营业面积（万平方米）
餐饮业	**1479**	**101693**	**311.6**
按国民经济行业分组			
正餐服务	1438	76365	278.8
快餐服务	19	18115	26.4
饮料及冷饮服务	5	3366	3.5
茶馆服务			
咖啡馆服务	3	2868	3.0
酒吧服务	1	76	0.5
其他饮料及冷饮服务	1	422	
餐饮配送及外卖送餐服务	14	3798	2.3
餐饮配送服务	14	3798	2.3
外卖送餐服务			
其他餐饮业	3	49	0.7
小吃服务	3	49	0.7
其他未列明餐饮业			
按登记注册类型分组			
内资企业	1457	79239	278.7
国有企业	12	671	1.9
集体企业	3	117	0.4
股份合作企业			
联营企业	1	160	0.5
国有联营企业			
集体联营企业	1	160	0.5
国有与集体联营企业			
其他联营企业			
有限责任公司	332	24560	75.7
国有独资公司	3	1465	0.7
其他有限责任公司	329	23095	75.1
股份有限公司	19	2170	5.6
私营企业	1086	51383	194.0
私营独资企业	204	4327	25.7
私营合伙企业	9	255	2.1
私营有限责任公司	857	46032	162.2
私营股份有限公司	16	769	4.1
其他企业	4	178	0.7
港、澳、台商投资企业	13	20320	31.0
与港澳台商合资经营企业	3	508	1.5
与港澳台商合作经营企业			
港澳台商独资经营企业	10	19812	29.5
港澳台商投资股份有限公司			
其他港澳台投资企业			
外商投资企业	9	2134	1.9
中外合资经营企业	1	540	0.6
中外合作经营企业			
外资企业	8	1594	1.3
外商投资股份有限公司			
其他外商投资			
按单位规模分组			
大型	19	33662	37.7
中型	97	20570	53.6
小型	1261	46685	211.8
微型	102	776	8.6

2-A-7　餐饮业法人企业财务状况

单位：亿元

分　　组	资产总计	负债合计	营业收入
餐饮业	**488.02**	**267.94**	**427.64**
按国民经济行业分组			
正餐服务	435.66	237.08	341.89
快餐服务	17.55	11.09	49.79
饮料及冷饮服务	13.11	7.31	14.15
茶馆服务	1.10	0.19	0.48
咖啡馆服务	10.47	6.17	11.56
酒吧服务	0.46	0.12	0.46
其他饮料及冷饮服务	1.08	0.82	1.66
餐饮配送及外卖送餐服务	12.25	7.66	12.93
餐饮配送服务	11.91	7.59	12.50
外卖送餐服务	0.35	0.07	0.43
其他餐饮业	9.44	4.80	8.88
小吃服务	4.45	2.82	3.92
其他未列明餐饮业	4.99	1.98	4.96
按登记注册类型分组			
内资企业	457.08	247.18	364.91
国有企业	2.68	0.89	2.44
集体企业	6.59	4.10	1.83
股份合作企业	0.01	0.01	0.08
联营企业	2.92	0.56	0.80
国有联营企业	0.01		0.01
集体联营企业	2.80	0.54	0.67
国有与集体联营企业	0.02		0.01
其他联营企业	0.10	0.02	0.10
有限责任公司	101.45	69.09	83.90
国有独资公司	2.49	1.48	1.54
其他有限责任公司	98.96	67.61	82.36
股份有限公司	9.72	2.95	8.54
私营企业	330.44	169.08	264.62
私营独资企业	45.21	8.98	55.09
私营合伙企业	3.75	0.73	4.99
私营有限责任公司	270.27	154.41	199.91
私营股份有限公司	11.21	4.96	4.63
其他企业	3.26	0.51	2.71
港、澳、台商投资企业	26.97	18.47	55.16
与港澳台商合资经营企业	5.23	6.26	1.05
与港澳台商合作经营企业			
港澳台商独资经营企业	21.72	12.14	54.07
港澳台商投资股份有限公司			
其他港澳台投资企业	0.03	0.07	0.04
外商投资企业	3.97	2.29	7.58
中外合资经营企业	0.35	0.27	0.89
中外合作经营企业			
外资企业	3.58	1.93	6.58
外商投资股份有限公司	0.02	0.08	0.06
其他外商投资	0.01		0.04

2-A-8 限额以上餐饮业法人企业财务状况

单位：亿元

分　组	资产总计	负债合计	营业收入
餐饮业	**302.79**	**211.90**	**265.13**
按国民经济行业分组			
正餐服务	268.58	188.89	198.59
快餐服务	12.62	9.11	43.94
饮料及冷饮服务	11.05	6.73	12.30
茶馆服务			
咖啡馆服务	10.25	6.08	11.20
酒吧服务	0.13	0.03	0.09
其他饮料及冷饮服务	0.67	0.63	1.01
餐饮配送及外卖送餐服务	10.38	6.99	10.19
餐饮配送服务	10.38	6.99	10.19
外卖送餐服务			
其他餐饮业	0.16	0.17	0.11
小吃服务	0.16	0.17	0.11
其他未列明餐饮业			
按登记注册类型分组			
内资企业	272.25	191.46	203.37
国有企业	1.58	0.65	1.33
集体企业	5.49	3.97	0.60
股份合作企业			
联营企业	2.77	0.54	0.65
国有联营企业			
集体联营企业	2.77	0.54	0.65
国有与集体联营企业			
其他联营企业			
有限责任公司	68.27	55.51	56.81
国有独资公司	2.08	1.43	1.41
其他有限责任公司	66.19	54.08	55.40
股份有限公司	6.59	2.30	6.36
私营企业	186.75	128.35	136.67
私营独资企业	11.74	3.92	21.73
私营合伙企业	0.81	0.20	0.78
私营有限责任公司	170.76	122.11	112.38
私营股份有限公司	3.44	2.12	1.78
其他企业	0.80	0.14	0.94
港、澳、台商投资企业	26.90	18.35	55.03
与港澳台商合资经营企业	5.21	6.22	1.02
与港澳台商合作经营企业			
港澳台商独资经营企业	21.70	12.13	54.00
港澳台商投资股份有限公司			
其他港澳台投资企业			
外商投资企业	3.63	2.09	6.74
中外合资经营企业	0.34	0.27	0.85
中外合作经营企业			
外资企业	3.29	1.82	5.89
外商投资股份有限公司			
其他外商投资			
按单位规模分组			
大型	83.19	71.37	82.95
中型	78.28	66.23	52.14
小型	138.82	73.43	125.09
微型	2.50	0.87	4.95

B. 地区部分

2-B-1　分地区住宿业法人企业基本情况

地　区	法人单位数（个）	年末从业人数（人）
全　省	**5269**	**94357**
武汉市	1698	31375
黄石市	151	3143
十堰市	246	5208
宜昌市	467	9291
襄阳市	399	7121
鄂州市	50	1509
荆门市	155	3396
孝感市	180	4818
荆州市	289	4595
黄冈市	318	5067
咸宁市	259	4777
随州市	107	2127
恩施州	641	7527
仙桃市	148	2129
潜江市	44	816
天门市	45	467
神农架	72	991

2-B-2 分地区住宿业法人企业基本情况（按国民经济行业分）

（旅游饭店）

地 区	法人单位数（个）	从业人员期末人数（人）
全 省	**1325**	**47960**
武汉市	479	18441
黄石市	31	1385
十堰市	78	2929
宜昌市	141	5694
襄阳市	78	2381
鄂州市	21	1103
荆门市	43	1576
孝感市	48	2320
荆州市	48	1757
黄冈市	66	2167
咸宁市	60	2639
随州市	18	746
恩施州	118	3020
仙桃市	14	209
潜江市	17	601
天门市	12	155
神农架	53	837

2-B-2　续表 1

（一般旅馆）

地　区	法人单位数 （个）	从业人员期末人数 （人）
全　省	**3140**	**39123**
武汉市	1021	11239
黄石市	105	1536
十堰市	146	2039
宜昌市	278	3153
襄阳市	270	4230
鄂州市	25	377
荆门市	98	1728
孝感市	119	1814
荆州市	211	2640
黄冈市	203	2545
咸宁市	173	1820
随州市	62	877
恩施州	234	2663
仙桃市	123	1812
潜江市	26	210
天门市	30	296
神农架	16	144

2-B-2 续表 2

(民宿服务)

地 区	法人单位数（个）	从业人员期末人数（人）
全 省	**325**	**2004**
武汉市	25	118
黄石市	5	76
十堰市	4	36
宜昌市	10	61
襄阳市	17	150
鄂州市	1	17
荆门市		
孝感市	1	41
荆州市	2	28
黄冈市	3	16
咸宁市	7	81
随州市	6	31
恩施州	238	1277
仙桃市	5	69
潜江市		
天门市	1	3
神农架		

2–B–2　续表 3

（露营地服务）

地　区	法人单位数（个）	从业人员期末人数（人）
全　省	**2**	**11**
武汉市		
黄石市		
十堰市		
宜昌市		
襄阳市		
鄂州市		
荆门市		
孝感市		
荆州市		
黄冈市		
咸宁市	1	6
随州市		
恩施州		
仙桃市	1	5
潜江市		
天门市		
神农架		

2–B–2 续表 4

（其他住宿业）

地 区	法人单位数（个）	从业人员期末人数（人）
全 省	**477**	**5259**
武汉市	173	1577
黄石市	10	146
十堰市	18	204
宜昌市	38	383
襄阳市	34	360
鄂州市	3	12
荆门市	14	92
孝感市	12	643
荆州市	28	170
黄冈市	46	339
咸宁市	18	231
随州市	21	473
恩施州	51	567
仙桃市	5	34
潜江市	1	5
天门市	2	13
神农架	3	10

2-B-3　分地区住宿业法人企业基本情况（按登记注册类型分）

（内资企业）

地　区	法人单位数 （个）	从业人员期末人数 （人）
全　省	**5244**	**90056**
武汉市	1683	28159
黄石市	151	3143
十堰市	246	5208
宜昌市	466	9086
襄阳市	398	6995
鄂州市	50	1509
荆门市	154	3350
孝感市	180	4818
荆州市	288	4558
黄冈市	315	4820
咸宁市	259	4777
随州市	107	2127
恩施州	640	7423
仙桃市	146	1809
潜江市	44	816
天门市	45	467
神农架	72	991

2-B-3 续表 1

(国有企业)

地 区	法人单位数 (个)	从业人员期末人数 (人)
全 省	**72**	**3055**
武汉市	22	1089
黄石市	2	82
十堰市	5	423
宜昌市	6	132
襄阳市	6	490
鄂州市		
荆门市	1	152
孝感市	4	152
荆州市	5	109
黄冈市	3	10
咸宁市	10	172
随州市		
恩施州	3	204
仙桃市		
潜江市	1	5
天门市	2	16
神农架	2	19

2-B-3　续表 2

（集体企业）

地　区	法人单位数（个）	从业人员期末人数（人）
全　省	**65**	**1457**
武汉市	12	510
黄石市		
十堰市	6	164
宜昌市	10	67
襄阳市	6	57
鄂州市		
荆门市	2	48
孝感市	5	9
荆州市	2	10
黄冈市	2	329
咸宁市	4	19
随州市	2	8
恩施州	13	226
仙桃市		
潜江市		
天门市		
神农架	1	10

2-B-3 续表 3

（股份合作企业）

地 区	法人单位数（个）	从业人员期末人数（人）
全 省	**3**	**14**
武汉市		
黄石市		
十堰市		
宜昌市		
襄阳市		
鄂州市		
荆门市		
孝感市		
荆州市		
黄冈市		
咸宁市	3	14
随州市		
恩施州		
仙桃市		
潜江市		
天门市		
神农架		

2-B-3　续表 4

（联营企业）

地　区	法人单位数（个）	从业人员期末人数（人）
全　省	**8**	**235**
武汉市	2	214
黄石市		
十堰市		
宜昌市		
襄阳市		
鄂州市		
荆门市		
孝感市	1	3
荆州市		
黄冈市		
咸宁市	4	18
随州市		
恩施州		
仙桃市		
潜江市		
天门市		
神农架	1	

2-B-3 续表 5

(有限责任公司)

地 区	法人单位数 (个)	从业人员期末人数 (人)
全 省	**941**	**27216**
武汉市	476	12359
黄石市	36	1758
十堰市	26	863
宜昌市	60	1806
襄阳市	88	2116
鄂州市	12	504
荆门市	14	494
孝感市	29	963
荆州市	50	1448
黄冈市	24	686
咸宁市	30	1047
随州市	17	941
恩施州	47	1644
仙桃市	2	17
潜江市	9	210
天门市	7	87
神农架	14	273

2-B-3　续表 6

(股份有限公司)

地　区	法人单位数（个）	从业人员期末人数（人）
全　省	**83**	**2816**
武汉市	24	968
黄石市	2	21
十堰市	5	244
宜昌市	15	539
襄阳市	5	42
鄂州市	1	5
荆门市	1	10
孝感市	4	148
荆州市	4	34
黄冈市	8	163
咸宁市	4	376
随州市	2	12
恩施州	6	54
仙桃市		
潜江市		
天门市	1	4
神农架	1	196

2-B-3 续表 7

(私营企业)

地 区	法人单位数 (个)	从业人员期末人数 (人)
全 省	**4049**	**55153**
武汉市	1145	13013
黄石市	111	1282
十堰市	203	3510
宜昌市	371	6527
襄阳市	292	4286
鄂州市	37	1000
荆门市	136	2646
孝感市	137	3543
荆州市	227	2957
黄冈市	277	3624
咸宁市	203	3127
随州市	83	1161
恩施州	561	5231
仙桃市	144	1792
潜江市	34	601
天门市	35	360
神农架	53	493

2-B-3　续表 8

（其他企业）

地　区	法人单位数（个）	从业人员期末人数（人）
全　省	**23**	**110**
武汉市	2	6
黄石市		
十堰市	1	4
宜昌市	4	15
襄阳市	1	4
鄂州市		
荆门市		
孝感市		
荆州市		
黄冈市	1	8
咸宁市	1	4
随州市	3	5
恩施州	10	64
仙桃市		
潜江市		
天门市		
神农架		

2-B-3 续表 9

（港、澳、台商投资企业）

地 区	法人单位数 （个）	从业人员期末人数 （人）
全 省	**16**	**2949**
武汉市	10	2292
黄石市		
十堰市		
宜昌市		
襄阳市		
鄂州市		
荆门市		
孝感市		
荆州市	1	37
黄冈市	2	196
咸宁市		
随州市		
恩施州	1	104
仙桃市	2	320
潜江市		
天门市		
神农架		

2–B–3　续表 10

（外商投资企业）

地　区	法人单位数（个）	从业人员期末人数（人）
全　省	**9**	**1352**
武汉市	5	924
黄石市		
十堰市		
宜昌市	1	205
襄阳市	1	126
鄂州市		
荆门市	1	46
孝感市		
荆州市		
黄冈市	1	51
咸宁市		
随州市		
恩施州		
仙桃市		
潜江市		
天门市		
神农架		

2–B–4 分地区住宿业法人企业基本情况（按星级分）

（一星）

地 区	法人单位数（个）	从业人员期末人数（人）
全 省	**104**	**1151**
武汉市	12	175
黄石市	8	84
十堰市	15	269
宜昌市	10	91
襄阳市	9	85
鄂州市		
荆门市	5	87
孝感市	6	47
荆州市	10	82
黄冈市	11	97
咸宁市	2	10
随州市	1	2
恩施州	2	6
仙桃市	5	63
潜江市	1	8
天门市	4	35
神农架	3	10

2-B-4　续表 1

（二星）

地　区	法人单位数（个）	从业人员期末人数（人）
全　省	**209**	**2505**
武汉市	28	208
黄石市	20	253
十堰市	22	305
宜昌市	8	159
襄阳市	22	212
鄂州市	4	67
荆门市	6	156
孝感市	9	107
荆州市	22	164
黄冈市	20	174
咸宁市	8	265
随州市	3	109
恩施州	16	158
仙桃市	10	81
潜江市		
天门市	2	18
神农架	9	69

2-B-4 续表 2

(三星)

地 区	法人单位数 (个)	从业人员期末人数 (人)
全 省	**502**	**12996**
武汉市	91	1971
黄石市	20	533
十堰市	46	1685
宜昌市	44	1559
襄阳市	51	1367
鄂州市	13	513
荆门市	21	824
孝感市	28	851
荆州市	25	633
黄冈市	40	744
咸宁市	28	593
随州市	12	200
恩施州	42	683
仙桃市	20	568
潜江市	2	29
天门市	7	69
神农架	12	174

2-B-4　续表 3

(四星)

地　区	法人单位数 (个)	从业人员期末人数 (人)
全　省	**180**	**12826**
武汉市	38	2935
黄石市	10	761
十堰市	10	489
宜昌市	13	1256
襄阳市	19	735
鄂州市	4	268
荆门市	8	376
孝感市	5	639
荆州市	7	800
黄冈市	16	906
咸宁市	12	976
随州市	9	733
恩施州	21	1220
仙桃市	3	303
潜江市	1	185
天门市	1	8
神农架	3	236

2–B–4 续表 4

（五星）

地 区	法人单位数（个）	从业人员期末人数（人）
全 省	**51**	**7037**
武汉市	20	4615
黄石市	2	526
十堰市	1	168
宜昌市	5	360
襄阳市	4	187
鄂州市		
荆门市	2	34
孝感市	3	29
荆州市	1	131
黄冈市	3	337
咸宁市	4	405
随州市	1	180
恩施州	2	56
仙桃市		
潜江市		
天门市	2	9
神农架	1	

2–B–4　续表 5

（其他）

地　区	法人单位数（个）	从业人员期末人数（人）
全　省	**4223**	**57842**
武汉市	1509	21471
黄石市	91	986
十堰市	152	2292
宜昌市	387	5866
襄阳市	294	4535
鄂州市	29	661
荆门市	113	1919
孝感市	129	3145
荆州市	224	2785
黄冈市	228	2809
咸宁市	205	2528
随州市	81	903
恩施州	558	5404
仙桃市	110	1114
潜江市	40	594
天门市	29	328
神农架	44	502

2-B-5 分地区住宿业法人企业财务状况

单位：亿元

地 区	资产总计	负债合计	营业收入
全 省	**480.46**	**263.22**	**193.56**
武汉市	149.39	109.34	64.4
黄石市	16.1	8.79	6.21
十堰市	18.73	11.91	8.83
宜昌市	44.48	22.76	19.14
襄阳市	21.34	8.6	19.53
鄂州市	6.78	2.72	2.54
荆门市	11.76	5.64	8.88
孝感市	20.29	11.61	8.49
荆州市	24.19	10.43	8.1
黄冈市	22.64	9.32	10.03
咸宁市	31.77	15.58	9.12
随州市	15.14	4.64	5.91
恩施州	43.03	15.19	11.75
仙桃市	32.45	17.92	5.71
潜江市	3.26	1.67	2.09
天门市	1.56	0.42	1.38
神农架	17.55	6.67	1.46

2-B-6　分地区住宿业法人企业财务状况（按国民经济行业分）

（旅游饭店）　　单位：亿元

地　区	资产总计	负债合计	营业收入
全　省	**293.12**	**170.56**	**97.88**
武汉市	108.67	78.79	40.47
黄石市	9.24	5.74	3.21
十堰市	11.62	7.47	4.71
宜昌市	28.93	15.00	10.80
襄阳市	8.63	4.43	6.22
鄂州市	5.63	2.35	1.58
荆门市	4.75	3.13	3.78
孝感市	12.23	6.75	5.04
荆州市	11.64	7.66	2.75
黄冈市	12.35	5.02	4.49
咸宁市	23.52	13.30	4.86
随州市	8.72	1.48	1.37
恩施州	26.10	10.66	5.02
仙桃市	0.94	0.38	0.29
潜江市	2.68	1.58	1.61
天门市	0.45	0.16	0.34
神农架	17.02	6.66	1.35

2-B-6 续表 1

(一般旅馆)

单位：亿元

地 区	资产总计	负债合计	营业收入
全 省	**135.08**	**67.54**	**82.51**
武汉市	35.27	27.32	21.15
黄石市	5.35	2.75	2.68
十堰市	6.53	4.26	3.66
宜昌市	13.37	7.20	7.57
襄阳市	11.14	3.84	12.22
鄂州市	1.11	0.36	0.88
荆门市	6.61	2.30	4.99
孝感市	5.88	2.93	3.21
荆州市	11.11	2.46	4.88
黄冈市	8.89	4.04	4.76
咸宁市	7.56	2.15	3.65
随州市	3.76	1.32	2.00
恩施州	9.44	3.57	3.99
仙桃市	6.96	2.68	5.27
潜江市	0.56	0.09	0.46
天门市	1.05	0.26	1.02
神农架	0.51	0.01	0.11

2-B-6　续表 2

（民宿服务）　　　　单位：亿元

地　区	资产总计	负债合计	营业收入
全　省	**31.01**	**15.47**	**3.12**
武汉市	0.64	0.19	0.18
黄石市	0.65	0.19	0.10
十堰市	0.16	0.08	0.03
宜昌市	0.39	0.05	0.12
襄阳市	0.34	0.05	0.29
鄂州市	0.01	0.01	0.03
荆门市			
孝感市			0.01
荆州市	0.06	0.03	0.07
黄冈市	0.02	0.02	0.04
咸宁市	0.25	0.05	0.16
随州市	0.11	0.01	0.03
恩施州	4.86	0.16	1.99
仙桃市	23.52	14.63	0.07
潜江市			
天门市			
神农架			

2-B-6 续表 3

（露营地服务）

单位：亿元

地 区	资产总计	负债合计	营业收入
全 省	**0.93**	**0.18**	**0.01**
武汉市			
黄石市			
十堰市			
宜昌市			
襄阳市			
鄂州市			
荆门市			
孝感市			
荆州市			
黄冈市			
咸宁市	0.02		0.01
随州市			
恩施州			
仙桃市	0.91	0.18	
潜江市			
天门市			
神农架			

2-B-6 续表 4

(其他住宿业) 单位：亿元

地 区	资产总计	负债合计	营业收入
全 省	**20.33**	**9.48**	**10.04**
武汉市	4.81	3.04	2.60
黄石市	0.86	0.11	0.22
十堰市	0.41	0.10	0.42
宜昌市	1.79	0.52	0.65
襄阳市	1.23	0.29	0.80
鄂州市	0.04	0.01	0.06
荆门市	0.40	0.20	0.11
孝感市	2.17	1.92	0.23
荆州市	1.38	0.28	0.39
黄冈市	1.38	0.23	0.73
咸宁市	0.44	0.08	0.44
随州市	2.55	1.84	2.51
恩施州	2.63	0.79	0.74
仙桃市	0.11	0.05	0.08
潜江市	0.02		0.02
天门市	0.05		0.02
神农架	0.03		

2-B-7 分地区住宿业法人企业财务状况（按登记注册类型分）

（内资企业）

单位：亿元

地 区	资产总计	负债合计	营业收入
全 省	**453.96**	**245.10**	**183.49**
武汉市	128.56	94.79	56.65
黄石市	16.10	8.79	6.21
十堰市	18.73	11.91	8.83
宜昌市	42.55	21.50	18.81
襄阳市	20.83	8.11	19.27
鄂州市	6.78	2.72	2.54
荆门市	11.06	4.76	8.79
孝感市	20.29	11.61	8.49
荆州市	23.91	10.26	7.90
黄冈市	22.50	9.19	9.75
咸宁市	31.77	15.58	9.12
随州市	15.14	4.64	5.91
恩施州	42.61	14.66	11.49
仙桃市	30.76	17.80	4.81
潜江市	3.26	1.67	2.09
天门市	1.56	0.42	1.38
神农架	17.55	6.67	1.46

2-B-7　续表 1

（国有企业）　　　　单位：亿元

地　区	资产总计	负债合计	营业收入
全　省	**8.20**	**3.47**	**4.88**
武汉市	2.85	1.01	1.88
黄石市	0.06	0.02	0.09
十堰市	1.20	0.55	0.38
宜昌市	0.71	0.29	0.21
襄阳市	1.19	0.78	1.24
鄂州市			
荆门市	0.19	0.39	0.19
孝感市	0.15	0.03	0.18
荆州市	0.24		0.06
黄冈市	0.03		0.03
咸宁市	1.10	0.09	0.25
随州市			
恩施州	0.32	0.24	0.28
仙桃市			
潜江市	0.03		0.02
天门市	0.04		0.04
神农架	0.10	0.06	0.02

2–B–7 续表 2

(集体企业) 单位：亿元

地 区	资产总计	负债合计	营业收入
全 省	**7.06**	**2.93**	**3.80**
武汉市	2.99	1.00	1.19
黄石市			
十堰市	0.31	0.20	0.26
宜昌市	0.85	0.17	0.30
襄阳市	0.24	0.12	0.14
鄂州市			
荆门市	0.10	0.05	0.41
孝感市	0.07		0.04
荆州市	0.03	0.03	0.01
黄冈市	1.50	1.31	0.94
咸宁市	0.03		0.05
随州市	0.03		0.02
恩施州	0.88	0.04	0.45
仙桃市			
潜江市			
天门市			
神农架	0.03		

2–B–7　续表 3

(股份合作企业)　　　　　　　　　　　　　　　　　　　　单位：亿元

地　区	资产总计	负债合计	营业收入
全　省	**0.04**		**0.04**
武汉市			
黄石市			
十堰市			
宜昌市			
襄阳市			
鄂州市			
荆门市			
孝感市			
荆州市			
黄冈市			
咸宁市	0.04		0.04
随州市			
恩施州			
仙桃市			
潜江市			
天门市			
神农架			

2-B-7 续表 4

（联营企业） 单位：亿元

地 区	资产总计	负债合计	营业收入
全 省	**0.94**	**4.05**	**0.31**
武汉市	0.81	4.04	0.23
黄石市			
十堰市			
宜昌市			
襄阳市			
鄂州市			
荆门市			
孝感市	0.01		0.01
荆州市			
黄冈市			
咸宁市	0.12	0.01	0.07
随州市			
恩施州			
仙桃市			
潜江市			
天门市			
神农架			

2-B-7　续表 5

(有限责任公司)　　单位：亿元

地　区	资产总计	负债合计	营业收入
全　省	**155.94**	**94.15**	**56.29**
武汉市	65.15	45.46	27.44
黄石市	10.13	5.62	3.56
十堰市	4.18	3.95	1.32
宜昌市	11.24	4.17	3.32
襄阳市	5.26	2.67	5.13
鄂州市	1.15	0.74	1.00
荆门市	1.01	0.60	1.40
孝感市	4.11	3.86	1.65
荆州市	9.61	5.94	2.50
黄冈市	5.49	1.07	1.40
咸宁市	8.19	5.47	2.47
随州市	9.08	3.04	1.38
恩施州	17.32	8.40	2.72
仙桃市	0.02	0.01	0.03
潜江市	0.71	0.50	0.40
天门市	0.38	0.25	0.18
神农架	2.93	2.40	0.39

2-B-7 续表 6

(股份有限公司)

单位：亿元

地 区	资产总计	负债合计	营业收入
全 省	**24.31**	**11.75**	**5.38**
武汉市	5.92	3.80	1.83
黄石市	0.02	0.01	0.06
十堰市	0.69	0.57	0.60
宜昌市	2.39	0.23	0.99
襄阳市	0.04	0.01	0.07
鄂州市			
荆门市	0.02		0.02
孝感市	0.59	0.29	0.28
荆州市	0.53		0.05
黄冈市	0.56	0.04	0.25
咸宁市	5.70	3.45	0.53
随州市	0.02	0.01	0.02
恩施州	0.36	0.21	0.09
仙桃市			
潜江市			
天门市	0.07		0.02
神农架	7.40	3.14	0.56

2-B-7　续表 7

（私营企业）　　单位：亿元

地　区	资产总计	负债合计	营业收入
全　省	**257.13**	**128.71**	**112.55**
武汉市	50.83	39.49	24.07
黄石市	5.90	3.15	2.50
十堰市	12.33	6.65	6.24
宜昌市	27.28	16.62	13.93
襄阳市	14.10	4.53	12.69
鄂州市	5.63	1.98	1.53
荆门市	9.74	3.72	6.77
孝感市	15.36	7.42	6.33
荆州市	13.51	4.28	5.28
黄冈市	14.91	6.78	7.12
咸宁市	16.59	6.56	5.70
随州市	5.97	1.58	4.49
恩施州	23.57	5.75	7.84
仙桃市	30.74	17.79	4.78
潜江市	2.52	1.16	1.68
天门市	1.06	0.17	1.14
神农架	7.10	1.07	0.48

2–B–7 续表 8

(其他企业) 单位：亿元

地 区	资产总计	负债合计	营业收入
全 省	**0.35**	**0.03**	**0.24**
武汉市	0.02		0.01
黄石市			
十堰市	0.01		0.03
宜昌市	0.09	0.01	0.06
襄阳市	0.01	0.01	0.01
鄂州市			
荆门市			
孝感市			
荆州市			
黄冈市	0.01		
咸宁市			0.01
随州市	0.05		
恩施州	0.17	0.01	0.12
仙桃市			
潜江市			
天门市			
神农架			

2-B-7 续表 9

（港、澳、台商投资企业） 单位：亿元

地 区	资产总计	负债合计	营业收入
全 省	**13.12**	**7.76**	**6.86**
武汉市	10.65	6.83	5.28
黄石市			
十堰市			
宜昌市			
襄阳市			
鄂州市			
荆门市			
孝感市			
荆州市	0.28	0.17	0.19
黄冈市	0.08	0.11	0.24
咸宁市			
随州市			
恩施州	0.42	0.53	0.26
仙桃市	1.69	0.12	0.89
潜江市			
天门市			
神农架			

2-B-7 续表 10

(外商投资企业) 单位：亿元

地　区	资产总计	负债合计	营业收入
全　省	**13.38**	**10.36**	**3.21**
武汉市	10.17	7.72	2.47
黄石市			
十堰市			
宜昌市	1.93	1.26	0.34
襄阳市	0.51	0.49	0.27
鄂州市			
荆门市	0.70	0.87	0.09
孝感市			
荆州市			
黄冈市	0.07	0.02	0.04
咸宁市			
随州市			
恩施州			
仙桃市			
潜江市			
天门市			
神农架			

2-B-8　分地区住宿业法人企业财务状况（按星级分）

(一星)　　单位：亿元

地　区	资产总计	负债合计	营业收入
全　省	**3.82**	**3.63**	**3.18**
武汉市	0.43	0.41	0.53
黄石市	0.16	0.01	0.21
十堰市	1.50	1.81	0.40
宜昌市	0.18	0.06	0.15
襄阳市	0.13	0.02	0.21
鄂州市			
荆门市	0.40	0.05	0.93
孝感市	0.29	0.09	0.13
荆州市	0.15	0.06	0.14
黄冈市	0.31	1.11	0.26
咸宁市	0.02		0.02
随州市	0.01		
恩施州	0.01		0.01
仙桃市	0.10	0.01	0.04
潜江市			0.02
天门市	0.12		0.13
神农架	0.02		

2–B–8 续表 1

(二星)

单位：亿元

地 区	资产总计	负债合计	营业收入
全 省	**8.80**	**4.44**	**5.91**
武汉市	0.32	0.07	0.38
黄石市	1.16	0.55	0.59
十堰市	0.59	0.33	0.69
宜昌市	0.23	0.13	0.36
襄阳市	0.29	0.06	0.46
鄂州市	0.28	0.02	0.20
荆门市	0.39	0.11	0.88
孝感市	1.28	1.41	0.20
荆州市	0.52	0.11	0.45
黄冈市	0.59	0.24	0.33
咸宁市	1.49	0.83	0.28
随州市	0.45	0.17	0.39
恩施州	0.64	0.15	0.42
仙桃市	0.25	0.14	0.17
潜江市			
天门市	0.10	0.05	0.07
神农架	0.23	0.06	0.06

2-B-8　续表 2

(三星)　　单位：亿元

地　区	资产总计	负债合计	营业收入
全　省	**49.22**	**24.23**	**23.75**
武汉市	9.10	5.20	3.89
黄石市	3.15	1.30	0.88
十堰市	4.01	2.38	2.67
宜昌市	6.51	3.08	2.25
襄阳市	4.41	1.69	3.80
鄂州市	1.22	0.91	0.83
荆门市	1.14	0.86	1.22
孝感市	3.32	2.24	1.42
荆州市	1.47	0.72	1.13
黄冈市	2.79	0.61	1.77
咸宁市	3.71	0.91	1.30
随州市	2.59	1.62	0.34
恩施州	2.69	1.54	0.93
仙桃市	1.69	0.81	0.97
潜江市	0.05	0.02	0.04
天门市	0.18	0.05	0.17
神农架	1.20	0.31	0.15

2-B-8 续表 3

(四星) 单位：亿元

地 区	资产总计	负债合计	营业收入
全 省	**83.88**	**54.61**	**26.17**
武汉市	15.67	16.80	5.61
黄石市	4.43	3.19	1.95
十堰市	1.93	1.29	0.66
宜昌市	7.83	1.90	2.69
襄阳市	2.11	2.19	1.22
鄂州市	1.08	0.91	0.28
荆门市	1.76	1.17	1.19
孝感市	3.03	2.57	1.73
荆州市	8.18	6.42	1.28
黄冈市	3.84	2.68	1.60
咸宁市	11.02	7.27	1.51
随州市	6.54	0.94	2.28
恩施州	5.97	3.14	1.88
仙桃市	1.68	0.31	0.90
潜江市	0.93	0.52	0.76
天门市	0.04		0.03
神农架	7.83	3.30	0.61

2-B-8　续表 4

(五星)　　单位：亿元

地　区	资产总计	负债合计	营业收入
全　省	**44.68**	**23.84**	**16.41**
武汉市	35.23	17.26	11.73
黄石市	0.93	0.55	0.51
十堰市	0.97	0.83	0.10
宜昌市	1.11	0.26	0.97
襄阳市	0.30	0.10	0.60
鄂州市			
荆门市	0.15	0.16	0.02
孝感市	0.22	0.02	
荆州市	0.13	0.14	0.17
黄冈市	0.42	0.18	0.80
咸宁市	3.25	2.82	0.99
随州市	1.81	1.51	0.44
恩施州	0.13		0.06
仙桃市			
潜江市			
天门市	0.02	0.01	0.02
神农架			

2-B-8 续表 5

(其他)

单位：亿元

地 区	资产总计	负债合计	营业收入
全 省	**290.06**	**152.48**	**118.13**
武汉市	88.64	69.60	42.26
黄石市	6.28	3.19	2.06
十堰市	9.73	5.27	4.30
宜昌市	28.62	17.33	12.73
襄阳市	14.11	4.55	13.24
鄂州市	4.20	0.89	1.23
荆门市	7.91	3.28	4.64
孝感市	12.15	5.27	5.01
荆州市	13.73	3.00	4.93
黄冈市	14.69	4.50	5.27
咸宁市	12.28	3.76	5.02
随州市	3.75	0.40	2.46
恩施州	33.59	10.36	8.45
仙桃市	28.74	16.65	3.63
潜江市	2.27	1.13	1.28
天门市	1.10	0.30	0.96
神农架	8.27	3.00	0.64

2–B–9　分地区餐饮业法人企业基本情况

地　区	法人单位数（个）	从业人员期末人数（人）	年末餐饮营业面积（万平方米）
全　省	**12350**	**185459**	**722.3**
武汉市	3941	86055	213.8
黄石市	548	7677	29.5
十堰市	765	8303	39.0
宜昌市	1000	9300	53.9
襄阳市	1613	16062	82.8
鄂州市	163	2782	11.7
荆门市	391	6110	34.2
孝感市	440	7059	31.1
荆州市	717	9232	47.6
黄冈市	658	9189	47.3
咸宁市	568	5383	33.2
随州市	246	4817	27.5
恩施州	742	6820	35.5
仙桃市	144	2085	7.2
潜江市	102	1237	9.6
天门市	296	3190	17.3
神农架	16	158	1.0

2-B-10 分地区餐饮业法人企业基本情况（按国民经济行业分）

(正餐服务)

地　区	法人单位数（个）	从业人员期末人数（人）	年末餐饮营业面积（万平方米）
全　省	**10850**	**150732**	**654.3**
武汉市	3215	57189	168.1
黄石市	484	7147	28.7
十堰市	694	7888	37.6
宜昌市	901	8783	50.6
襄阳市	1462	14954	78.2
鄂州市	146	2574	10.7
荆门市	356	5508	32.9
孝感市	410	6760	29.9
荆州市	682	9001	47.0
黄冈市	603	8813	46.0
咸宁市	486	4846	31.4
随州市	230	4712	27.2
恩施州	676	6341	33.7
仙桃市	133	1904	6.8
潜江市	97	1204	9.2
天门市	260	2951	15.3
神农架	15	157	1.0

2-B-10　续表 1

（快餐服务）

地　区	法人单位数（个）	从业人员期末人数（人）	年末餐饮营业面积（万平方米）
全　省	**445**	**21041**	**35.9**
武汉市	185	19005	29.0
黄石市	14	101	0.1
十堰市	26	130	0.4
宜昌市	31	205	1.7
襄阳市	47	296	1.1
鄂州市	1	10	
荆门市	11	360	0.6
孝感市	9	77	0.4
荆州市	11	106	0.3
黄冈市	20	130	0.5
咸宁市	49	312	1.1
随州市	9	61	0.2
恩施州	18	129	0.3
仙桃市	5	63	0.1
潜江市			
天门市	9	56	0.1
神农架			

2-B-10 续表 2

(饮料及冷饮服务)

地 区	法人单位数(个)	从业人员期末人数(人)	年末餐饮营业面积(万平方米)
全 省	**196**	**4319**	**8.1**
武汉市	109	3708	5.3
黄石市	7	50	0.1
十堰市	3	13	0.1
宜昌市	20	115	0.6
襄阳市	11	105	0.2
鄂州市	2	22	
荆门市	5	14	0.1
孝感市	3	14	0.1
荆州市	5	20	
黄冈市	5	21	0.2
咸宁市	8	56	0.2
随州市	1	3	
恩施州	10	118	0.9
仙桃市	1	16	
潜江市	3	21	0.1
天门市	2	22	0.1
神农架	1	1	

2-B-10　续表 3

（餐饮配送及外卖送餐服务）

地　区	法人单位数（个）	从业人员期末人数（人）	年末餐饮营业面积（万平方米）
全　省	**151**	**4760**	**5.3**
武汉市	82	4123	3.4
黄石市	4	64	0.1
十堰市	2	20	0.1
宜昌市	7	30	0.1
襄阳市	11	71	0.2
鄂州市	7	82	0.1
荆门市	2	21	
孝感市	3	68	0.1
荆州市	5	28	0.2
黄冈市	6	31	
咸宁市	4	29	0.3
随州市	2	27	0.1
恩施州	8	107	0.1
仙桃市	1	16	0.1
潜江市	1	7	0.2
天门市	6	36	0.3
神农架			

2-B-10 续表 4

(其他餐饮业)

地 区	法人单位数 (个)	从业人员期末人数 (人)	年末餐饮营业面积 (万平方米)
全 省	**708**	**4607**	**18.8**
武汉市	350	2030	8.0
黄石市	39	315	0.5
十堰市	40	252	0.9
宜昌市	41	167	0.9
襄阳市	82	636	3.1
鄂州市	7	94	0.8
荆门市	17	207	0.6
孝感市	15	140	0.6
荆州市	14	77	0.2
黄冈市	24	194	0.6
咸宁市	21	140	0.3
随州市	4	14	0.1
恩施州	30	125	0.4
仙桃市	4	86	0.2
潜江市	1	5	0.1
天门市	19	125	1.5
神农架			

2-B-11　分地区餐饮业法人企业基本情况（按登记注册类型分）

（内资企业）

地　区	法人单位数（个）	从业人员期末人数（人）	年末餐饮营业面积（万平方米）
全　省	**12303**	**162615**	**688.8**
武汉市	3902	63535	180.9
黄石市	547	7671	29.5
十堰市	765	8303	39.0
宜昌市	998	9285	53.7
襄阳市	1613	16062	82.8
鄂州市	162	2769	11.5
荆门市	390	5915	34.2
孝感市	439	6971	30.8
荆州市	716	9228	47.6
黄冈市	658	9189	47.3
咸宁市	568	5383	33.2
随州市	246	4817	27.5
恩施州	741	6817	35.4
仙桃市	144	2085	7.2
潜江市	102	1237	9.6
天门市	296	3190	17.3
神农架	16	158	1.0

2-B-11 续表 1

（国有企业）

地 区	法人单位数（个）	从业人员期末人数（人）	年末餐饮营业面积（万平方米）
全 省	**98**	**1231**	**5.9**
武汉市	4	199	0.3
黄石市	2	35	0.1
十堰市	14	113	1.0
宜昌市	8	31	0.8
襄阳市	17	177	0.6
鄂州市	1		
荆门市	1	9	
孝感市	5	22	0.1
荆州市	10	132	0.7
黄冈市	12	142	0.7
咸宁市	12	78	0.4
随州市	2	166	0.2
恩施州	3	75	0.5
仙桃市			
潜江市			
天门市	6	39	0.5
神农架	1	13	

2–B–11　续表 2

（集体企业）

地　区	法人单位数（个）	从业人员期末人数（人）	年末餐饮营业面积（万平方米）
全　省	**70**	**724**	**3.7**
武汉市	4	70	0.1
黄石市	4	37	0.2
十堰市	5	33	0.1
宜昌市	11	98	0.3
襄阳市	9	104	0.4
鄂州市	1	4	
荆门市	3	45	0.1
孝感市	1		
荆州市	4	38	0.1
黄冈市	6	54	1.1
咸宁市	16	119	0.6
随州市			
恩施州	1	73	0.5
仙桃市			
潜江市	1	8	0.1
天门市	4	41	0.1
神农架			

2-B-11 续表 3

（股份合作企业）

地 区	法人单位数（个）	从业人员期末人数（人）	年末餐饮营业面积（万平方米）
全 省	**6**	**63**	**0.1**
武汉市	2	31	0.1
黄石市			
十堰市			
宜昌市	1	7	
襄阳市			
鄂州市			
荆门市	1	3	
孝感市			
荆州市			
黄冈市			
咸宁市	1	8	
随州市			
恩施州	1	14	
仙桃市			
潜江市			
天门市			
神农架			

2-B-11　续表 4

（联营企业）

地　区	法人单位数（个）	从业人员期末人数（人）	年末餐饮营业面积（万平方米）
全　省	**12**	**273**	**0.8**
武汉市	2	180	0.6
黄石市			
十堰市	1	3	
宜昌市	1	18	
襄阳市	1	5	0.1
鄂州市	1	51	0.1
荆门市			
孝感市			
荆州市	1	3	
黄冈市			
咸宁市			
随州市			
恩施州			
仙桃市			
潜江市			
天门市	5	13	0.1
神农架			

2-B-11 续表 5

(有限责任公司)

地 区	法人单位数（个）	从业人员期末人数（人）	年末餐饮营业面积（万平方米）
全 省	**1905**	**38445**	**134.9**
武汉市	1096	22671	56.9
黄石市	85	2374	7.8
十堰市	72	1137	6.3
宜昌市	97	1147	8.3
襄阳市	203	2937	15.2
鄂州市	22	512	1.8
荆门市	17	675	3.3
孝感市	55	1641	5.6
荆州市	71	1142	7.4
黄冈市	51	1378	5.5
咸宁市	12	207	1.7
随州市	24	641	3.0
恩施州	59	1153	7.7
仙桃市	11	315	0.5
潜江市	12	208	1.3
天门市	16	300	2.6
神农架	2	7	

2-B-11 续表 6

(股份有限公司)

地 区	法人单位数（个）	从业人员期末人数（人）	年末餐饮营业面积（万平方米）
全 省	**145**	**3599**	**11.7**
武汉市	40	1631	2.5
黄石市	6	77	0.6
十堰市	9	263	1.0
宜昌市	12	237	1.9
襄阳市	10	133	0.4
鄂州市	2	72	0.6
荆门市	1	23	0.1
孝感市	10	505	1.1
荆州市	11	133	0.4
黄冈市	13	183	1.6
咸宁市	6	65	0.4
随州市	3	90	0.3
恩施州	4	29	0.1
仙桃市	1	5	
潜江市	1	5	
天门市	16	148	0.8
神农架			

2-B-11 续表 7

(私营企业)

地 区	法人单位数（个）	从业人员期末人数（人）	年末餐饮营业面积（万平方米）
全 省	**9959**	**117374**	**526.2**
武汉市	2747	38703	120.3
黄石市	444	5007	20.1
十堰市	656	6709	30.3
宜昌市	851	7647	41.9
襄阳市	1361	12606	65.5
鄂州市	134	2124	8.9
荆门市	365	5153	30.7
孝感市	364	4757	23.7
荆州市	616	7767	38.9
黄冈市	560	7327	37.6
咸宁市	509	4833	29.9
随州市	216	3918	24.0
恩施州	659	5283	25.2
仙桃市	131	1761	6.6
潜江市	88	1016	8.2
天门市	245	2625	13.3
神农架	13	138	1.0

2-B-11　续表 8

（其他企业）

地　区	法人单位数（个）	从业人员期末人数（人）	年末餐饮营业面积（万平方米）
全　省	**108**	**906**	**5.4**
武汉市	7	50	0.2
黄石市	6	141	0.7
十堰市	8	45	0.2
宜昌市	17	100	0.5
襄阳市	12	100	0.7
鄂州市	1	6	
荆门市	2	7	0.1
孝感市	4	46	0.3
荆州市	3	13	0.1
黄冈市	16	105	0.8
咸宁市	12	73	0.2
随州市	1	2	
恩施州	14	190	1.4
仙桃市	1	4	0.1
潜江市			
天门市	4	24	
神农架			

2-B-11 续表 9

（港、澳、台商投资企业）

地 区	法人单位数（个）	从业人员期末人数（人）	年末餐饮营业面积（万平方米）
全 省	**24**	**20453**	**31.2**
武汉市	20	20336	30.6
黄石市	1	6	
十堰市			
宜昌市	1	10	0.1
襄阳市			
鄂州市	1	13	0.2
荆门市			
孝感市	1	88	0.3
荆州市			
黄冈市			
咸宁市			
随州市			
恩施州			
仙桃市			
潜江市			
天门市			
神农架			

2-B-11　续表 10

（外商投资企业）

地　区	法人单位数（个）	从业人员期末人数（人）	年末餐饮营业面积（万平方米）
全　省	**23**	**2391**	**2.3**
武汉市	19	2184	2.3
黄石市			
十堰市			
宜昌市	1	5	
襄阳市			
鄂州市			
荆门市	1	195	
孝感市			
荆州市	1	4	
黄冈市			
咸宁市			
随州市			
恩施州	1	3	
仙桃市			
潜江市			
天门市			
神农架			

2-B-12 分地区餐饮业法人企业财务状况

单位：亿元

地 区	资产总计	负债合计	营业收入
全 省	**488.02**	**267.94**	**427.64**
武汉市	192.46	151.44	187.64
黄石市	19.04	8.71	19.03
十堰市	18.71	6.70	16.19
宜昌市	21.96	8.72	19.06
襄阳市	36.76	8.56	48.80
鄂州市	11.60	9.49	8.59
荆门市	19.81	9.89	16.15
孝感市	35.16	20.74	14.25
荆州市	34.62	12.25	22.63
黄冈市	33.92	13.29	18.20
咸宁市	12.79	2.22	10.27
随州市	14.03	3.60	16.10
恩施州	20.42	6.74	11.64
仙桃市	5.10	2.47	3.98
潜江市	2.69	0.61	3.46
天门市	8.51	2.17	11.49
神农架	0.42	0.33	0.16

2-B-13　分地区餐饮业法人企业财务状况（按国民经济行业分）

（正餐服务）　　　　单位：亿元

地　区	资产总计	负债合计	营业收入
全　省	**435.66**	**237.08**	**341.89**
武汉市	150.53	122.69	114.58
黄石市	18.13	8.43	17.44
十堰市	17.96	6.42	15.19
宜昌市	21.25	8.57	17.88
襄阳市	34.49	8.19	46.34
鄂州市	11.19	9.38	8.01
荆门市	19.12	9.51	14.79
孝感市	34.27	20.65	13.65
荆州市	34.29	12.22	22.10
黄冈市	33.11	13.26	17.44
咸宁市	11.71	2.09	9.25
随州市	13.95	3.60	15.92
恩施州	19.66	6.65	10.99
仙桃市	4.87	2.43	3.79
潜江市	2.64	0.61	3.38
天门市	8.07	2.06	10.98
神农架	0.42	0.33	0.16

2-B-13 续表 1

(快餐服务)

单位：亿元

地 区	资产总计	负债合计	营业收入
全 省	**17.55**	**11.09**	**49.79**
武汉市	14.69	10.56	45.26
黄石市	0.10	0.05	0.22
十堰市	0.22	0.03	0.28
宜昌市	0.32	0.04	0.51
襄阳市	0.53	0.07	0.83
鄂州市	0.01		0.05
荆门市	0.38	0.19	0.96
孝感市	0.12	0.04	0.09
荆州市	0.10	0.02	0.23
黄冈市	0.33	0.01	0.28
咸宁市	0.39	0.02	0.56
随州市	0.04		0.10
恩施州	0.18	0.03	0.24
仙桃市	0.07	0.01	0.09
潜江市			
天门市	0.07	0.03	0.08
神农架			

2-B-13 续表 2

(饮料及冷饮服务) 单位：亿元

地 区	资产总计	负债合计	营业收入
全 省	**13.11**	**7.31**	**14.15**
武汉市	11.53	7.09	12.96
黄石市	0.04	0.01	0.10
十堰市	0.03		0.02
宜昌市	0.10	0.06	0.23
襄阳市	0.29	0.10	0.22
鄂州市	0.09		0.10
荆门市	0.01		0.03
孝感市	0.36		0.06
荆州市	0.03		0.04
黄冈市	0.13		0.06
咸宁市	0.05	0.01	0.09
随州市			
恩施州	0.38	0.03	0.14
仙桃市	0.02		0.02
潜江市	0.03		0.04
天门市	0.03		0.05
神农架			

2-B-13 续表 3

（餐饮配送及外卖送餐服务）

单位：亿元

地 区	资产总计	负债合计	营业收入
全 省	**12.25**	**7.66**	**12.93**
武汉市	11.12	7.37	11.47
黄石市	0.21	0.12	0.30
十堰市	0.01		0.06
宜昌市	0.05	0.02	0.06
襄阳市	0.12	0.02	0.18
鄂州市	0.19	0.02	0.28
荆门市	0.05		0.07
孝感市	0.06	0.02	0.03
荆州市	0.06		0.06
黄冈市	0.04		0.09
咸宁市	0.18	0.04	0.09
随州市	0.01		0.04
恩施州	0.05	0.02	0.06
仙桃市	0.02		0.02
潜江市	0.02		0.02
天门市	0.07	0.02	0.10
神农架			

2-B-13　续表 4

(其他餐饮业)　　单位：亿元

地　区	资产总计	负债合计	营业收入
全　省	**9.44**	**4.80**	**8.88**
武汉市	4.59	3.73	3.37
黄石市	0.56	0.09	0.96
十堰市	0.49	0.25	0.64
宜昌市	0.25	0.03	0.38
襄阳市	1.32	0.18	1.23
鄂州市	0.14	0.08	0.16
荆门市	0.25	0.19	0.31
孝感市	0.35	0.04	0.42
荆州市	0.15	0.01	0.20
黄冈市	0.31	0.02	0.32
咸宁市	0.46	0.06	0.29
随州市	0.02		0.04
恩施州	0.16		0.21
仙桃市	0.13	0.02	0.06
潜江市			0.02
天门市	0.28	0.07	0.28
神农架			

2-B-14 分地区餐饮业法人企业财务状况（按登记注册类型分）

（内资企业） 单位：亿元

地 区	资产总计	负债合计	营业收入
全 省	**457.08**	**247.18**	**364.91**
武汉市	162.42	131.23	125.99
黄石市	19.03	8.71	19.00
十堰市	18.71	6.70	16.19
宜昌市	21.95	8.71	19.02
襄阳市	36.76	8.56	48.80
鄂州市	11.59	9.48	8.56
荆门市	19.49	9.73	15.39
孝感市	34.63	20.37	14.03
荆州市	34.61	12.25	22.62
黄冈市	33.92	13.29	18.20
咸宁市	12.79	2.22	10.27
随州市	14.03	3.60	16.10
恩施州	20.42	6.74	11.63
仙桃市	5.10	2.47	3.98
潜江市	2.69	0.61	3.46
天门市	8.51	2.17	11.49
神农架	0.42	0.33	0.16

2–B–14　续表 1

(国有企业)　　单位：亿元

地　区	资产总计	负债合计	营业收入
全　省	**2.68**	**0.89**	**2.44**
武汉市	0.15	0.19	0.28
黄石市	0.05	0.03	0.48
十堰市	0.10	0.03	0.25
宜昌市	0.39	0.11	0.07
襄阳市	0.81	0.21	0.31
鄂州市			
荆门市		0.01	0.02
孝感市	0.03	0.01	0.03
荆州市	0.37	0.13	0.25
黄冈市	0.33	0.04	0.21
咸宁市	0.09	0.01	0.14
随州市	0.24	0.12	0.18
恩施州	0.05	0.02	0.16
仙桃市			
潜江市			
天门市	0.04		0.07
神农架	0.01		

2-B-14 续表 2

（集体企业） 单位：亿元

地 区	资产总计	负债合计	营业收入
全 省	**6.59**	**4.10**	**1.83**
武汉市	5.11	3.77	0.55
黄石市	0.16		0.05
十堰市	0.05	0.01	0.06
宜昌市	0.16	0.04	0.20
襄阳市	0.47	0.23	0.15
鄂州市	0.01		0.01
荆门市	0.07		0.07
孝感市			
荆州市	0.03		0.05
黄冈市	0.10	0.01	0.09
咸宁市	0.15	0.02	0.25
随州市			
恩施州	0.27	0.01	0.29
仙桃市			
潜江市			0.02
天门市	0.01		0.05
神农架			

2-B-14 续表 3

(股份合作企业) 单位：亿元

地 区	资产总计	负债合计	营业收入
全 省	**0.01**	**0.01**	**0.08**
武汉市	0.01		0.03
黄石市			
十堰市			
宜昌市			0.01
襄阳市			
鄂州市			
荆门市			
孝感市			
荆州市			
黄冈市			
咸宁市			0.02
随州市			
恩施州			0.02
仙桃市			
潜江市			
天门市			
神农架			

2-B-14 续表 4

（联营企业） 单位：亿元

地 区	资产总计	负债合计	营业收入
全 省	**2.92**	**0.56**	**0.80**
武汉市	2.78	0.54	0.66
黄石市			
十堰市	0.01		
宜昌市	0.02		0.02
襄阳市			0.02
鄂州市	0.06		0.04
荆门市			
孝感市			
荆州市	0.01		0.01
黄冈市			
咸宁市			
随州市			
恩施州			
仙桃市			
潜江市			
天门市	0.03	0.02	0.03
神农架			

2–B–14　续表 5

(有限责任公司)　　单位：亿元

地　区	资产总计	负债合计	营业收入
全　省	**101.45**	**69.09**	**83.90**
武汉市	45.86	36.58	45.18
黄石市	4.89	2.80	5.41
十堰市	3.87	1.90	2.34
宜昌市	3.30	0.98	2.50
襄阳市	6.95	2.14	8.64
鄂州市	6.67	7.58	3.19
荆门市	3.07	2.56	1.54
孝感市	10.31	6.74	2.88
荆州市	2.65	1.58	2.22
黄冈市	3.52	1.94	1.91
咸宁市	0.67	0.35	0.22
随州市	1.00	0.26	1.60
恩施州	5.12	2.22	2.30
仙桃市	1.29	0.97	0.42
潜江市	0.37	0.07	0.38
天门市	1.58	0.10	3.15
神农架	0.35	0.32	0.02

2-B-14 续表 6

(股份有限公司) 单位：亿元

地 区	资产总计	负债合计	营业收入
全 省	**9.72**	**2.95**	**8.54**
武汉市	3.19	1.23	4.69
黄石市	0.11	0.05	0.21
十堰市	0.92	0.54	0.67
宜昌市	0.87	0.50	0.81
襄阳市	0.35	0.03	0.36
鄂州市	0.23	0.16	0.21
荆门市	0.11	0.01	0.02
孝感市	2.32	0.22	0.53
荆州市	0.32	0.04	0.17
黄冈市	0.75	0.10	0.31
咸宁市	0.11	0.01	0.09
随州市	0.14	0.02	0.13
恩施州	0.03	0.01	0.03
仙桃市	0.03	0.02	0.02
潜江市			0.02
天门市	0.23	0.04	0.27
神农架			

2-B-14　续表 7

（私营企业）　　　　单位：亿元

地　区	资产总计	负债合计	营业收入
全　省	**330.44**	**169.08**	**264.62**
武汉市	105.08	88.92	74.51
黄石市	13.18	5.76	12.58
十堰市	13.68	4.24	12.81
宜昌市	16.77	6.86	15.24
襄阳市	27.74	5.84	38.43
鄂州市	4.59	1.74	5.10
荆门市	16.23	7.15	13.73
孝感市	21.80	13.40	10.54
荆州市	31.20	10.49	19.91
黄冈市	28.82	11.17	15.43
咸宁市	11.68	1.82	9.41
随州市	12.64	3.21	14.18
恩施州	14.27	4.43	8.18
仙桃市	3.77	1.48	3.54
潜江市	2.32	0.54	3.04
天门市	6.61	2.01	7.85
神农架	0.06	0.01	0.14

2-B-14 续表 8

(其他企业) 单位：亿元

地 区	资产总计	负债合计	营业收入
全 省	**3.26**	**0.51**	**2.71**
武汉市	0.25	0.01	0.10
黄石市	0.64	0.06	0.27
十堰市	0.09		0.05
宜昌市	0.43	0.21	0.17
襄阳市	0.43	0.10	0.89
鄂州市	0.03		0.01
荆门市			0.01
孝感市	0.17	0.01	0.05
荆州市	0.02	0.01	0.02
黄冈市	0.40	0.04	0.24
咸宁市	0.10	0.01	0.14
随州市			
恩施州	0.68	0.05	0.66
仙桃市			0.01
潜江市			
天门市	0.01		0.06
神农架			

2-B-14　续表 9

（港、澳、台商投资企业）　　　　单位：亿元

地　区	资产总计	负债合计	营业收入
全　省	**26.97**	**18.47**	**55.16**
武汉市	26.41	18.08	54.86
黄石市			0.03
十堰市			
宜昌市	0.01	0.01	0.02
襄阳市			
鄂州市	0.02	0.01	0.03
荆门市			
孝感市	0.53	0.37	0.22
荆州市			
黄冈市			
咸宁市			
随州市			
恩施州			
仙桃市			
潜江市			
天门市			
神农架			

2–B–14 续表 10

（外商投资企业） 单位：亿元

地　区	资产总计	负债合计	营业收入
全　省	**3.97**	**2.29**	**7.58**
武汉市	3.63	2.12	6.79
黄石市			
十堰市			
宜昌市			0.02
襄阳市			
鄂州市			
荆门市	0.33	0.17	0.76
孝感市			
荆州市	0.01		0.01
黄冈市			
咸宁市			
随州市			
恩施州			
仙桃市			
潜江市			
天门市			
神农架			

第3篇

房地产开发经营业生产经营及财务状况篇

3-1 各地区按登记注册类型

地 区	总 计	内资企业					
			国有企业	集体企业	股份合作企业	国有联营企业	集体联营企业
全 省	**8991**	**8858**	**66**	**18**	**1**	**1**	
武汉市	2538	2438	25	8		1	
黄石市	367	366	4	1	1		
十堰市	558	552	2	1			
宜昌市	550	548	4	1			
襄阳市	713	705	4	2			
鄂州市	366	365	1				
荆门市	467	465	2				
孝感市	494	493	3				
荆州市	552	551	6				
黄冈市	741	740	8	3			
咸宁市	589	588	2				
随州市	224	222	3	1			
恩施州	456	456					
仙桃市	169	166	1	1			
潜江市	61	59					
天门市	124	122					
神农架	22	22	1				

注：表3–1、3–2、3–3统计范围为全部房地产开发经营业法人单位，本篇其他表统计范围为有开发经营活动的房地产开发经营业法人单位。

分房地产开发企业个数

单位：个

国有与集体联营企业	其他联营企业	国有独资公司	其他有限责任公司	股份有限公司	私营独资企业	私营合伙企业	私营有限责任公司
		128	**3020**	**257**	**7**	**31**	**5177**
		73	1142	67		2	1100
		3	143	2			204
		4	144	15			368
		12	200	17		26	277
		5	254	32	1		396
		3	94	6			242
		2	91	9	1		353
		5	150	15	1		310
		5	175	23	2	1	335
		7	215	25	1	2	463
		5	126	22			427
			67	8	1		137
		2	118	8			318
			27	4			130
			19	1			39
		1	49	2			66
		1	6	1			12

3-1 续表

地区			港、澳、台商投资企业				
	私营股份有限公司	其他内资企业		合资经营企业（港、澳、台资）	合作经营企业（港、澳、台资）	港、澳、台商独资经营企业	港、澳、台商投资股份有限公司
全　省	**152**		**95**	**40**	**3**	**45**	**3**
武汉市	20		70	27	3	34	3
黄石市	8						
十堰市	18		6	3		3	
宜昌市	11		2	1		1	
襄阳市	11		4	3		1	
鄂州市	19		1			1	
荆门市	7		1	1			
孝感市	9		1			1	
荆州市	4		1			1	
黄冈市	16		1				
咸宁市	6		1	1			
随州市	5		2	1		1	
恩施州	10						
仙桃市	3		1	1			
潜江市			2			2	
天门市	4		2	2			
神农架	1						

单位：个

其他港、澳、台投资企业	外商投资企业	中外合资经营企业	中外合作经营企业	独资企业	外商投资股份有限公司	其他外商投资企业
4	**38**	**17**		**16**	**1**	**4**
3	30	12		13	1	4
	1			1		
	4	4				
	1	1				
1						
	2			2		

3-2 各地区按登记注册类型分

地 区	总 计	内资企业					
			国有企业	集体企业	股份合作企业	国有联营企业	集体联营企业
全 省	**193428**	**188700**	**2348**	**341**	**9**	**3**	
武汉市	60864	57557	1087	97		3	
黄石市	7164	7134	41	18	9		
十堰市	10449	10225	48	7			
宜昌市	13579	13568	10	9			
襄阳市	20659	20008	88	107			
鄂州市	5417	5405					
荆门市	7928	7887	109				
孝感市	11420	11400	96				
荆州市	9415	9388	134				
黄冈市	13761	13738	603	26			
咸宁市	10836	10827	53				
随州市	3136	3069	64	6			
恩施州	9441	9441					
仙桃市	4963	4725	15	71			
潜江市	1799	1799					
天门市	2311	2243					
神农架	286	286					

房地产开发企业年末从业人数

单位：个

国有与集体联营企业	其他联营企业	国有独资公司	其他有限责任公司	股份有限公司	私营独资企业	私营合伙企业	私营有限责任公司
		4820	**78257**	**7504**	**64**	**230**	**92210**
		3476	27994	3274		1	21383
		128	3568	64			3216
		202	3882	342			5421
		222	7225	282		216	5424
		257	8905	1186	4		8766
		204	1272	115			3673
		29	2389	92	5		5187
		50	4358	299			6467
		81	3684	390	34	3	4975
		67	4566	317	21	10	7709
		90	3117	342			7055
			1097	103			1713
		12	3231	219			5818
			1170	257			3135
			559	75			1165
			1132	68			1009
		2	108	79			94

3-2 续表

地 区			港、澳、台商投资企业				
	私营股份有限公司	其他内资企业		合资经营企业（港、澳、台资）	合作经营企业（港、澳、台资）	港、澳、台商独资经营企业	港、澳、台商投资股份有限公司
全 省	**2914**		**2960**	**1279**	**43**	**1454**	**57**
武汉市	242		2237	800	43	1233	57
黄石市	90						
十堰市	323		224	103		121	
宜昌市	180		11	10		1	
襄阳市	695		114	104		10	
鄂州市	141		12			12	
荆门市	76		3	3			
孝感市	130		20			20	
荆州市	87		27			27	
黄冈市	419		23				
咸宁市	170		9	9			
随州市	86		67	37		30	
恩施州	161						
仙桃市	77		145	145			
潜江市							
天门市	34		68	68			
神农架	3						

单位：个

其他港、澳、台投资企业	外商投资企业	中外合资经营企业	中外合作经营企业	独资企业	外商投资股份有限公司	其他外商投资企业
127	**1768**	**974**		**587**	**19**	**188**
104	1070	399		464	19	188
	30			30		
	537	537				
	38	38				
23						
	93			93		

3-3 各地区按登记注册类型

地区	总计	内资企业					
			国有企业	集体企业	股份合作企业	国有联营企业	集体联营企业
全省	**379848501**	**362841187**	**5191792**	**368228**	**281**	**2694**	
武汉市	256619670	241466879	4714751	171535		2694	
黄石市	10884424	10692361	35713	21657	281		
十堰市	7212756	6490777	1168	87			
宜昌市	18032436	18029793	230	4667			
襄阳市	19001927	18639596	13216	147111			
鄂州市	5572898	5517279					
荆门市	6313128	6291431	114941				
孝感市	8798456	8791041	66026				
荆州市	12450247	12439161	43493				
黄冈市	11929909	11920912	18269	22912			
咸宁市	6702702	6701967	173400				
随州市	3146532	3039007	7082	255			
恩施州	7551455	7551455					
仙桃市	2098722	1751776	3505	5			
潜江市	1352620	1352620					
天门市	1718616	1703131					
神农架	462004	462004					

分房地产开发企业资产总计

单位：万元

国有与集体联营企业	其他联营企业	国有独资公司	其他有限责任公司	股份有限公司	私营独资企业	私营合伙企业	私营有限责任公司
		38608264	**204546026**	**18473294**	**62424**	**4461**	**93358678**
		30814848	136432706	15084940		2	53731523
		3510157	4662289	42361			2383583
		378481	3115856	148945			2647492
		2477414	11503634	235089		3847	3492395
		128337	14416166	301593	24		3433773
		5740	1840775	87409			3436584
		55337	2208884	49899	1787		3730111
		199833	4394923	274197			3812446
		106626	8279265	964560	1691	282	2971069
		562761	7225708	262171	58922	330	3527671
		275352	2863831	269066			3029501
			1574113	52011			1340775
		66920	3185071	373225			3790882
			812587	194479			718756
			675911	7258			669451
			1053770	51849			581906
		26459	300537	74245			60759

3-3 续表

地 区	私营股份有限公司	其他内资企业	港、澳、台商投资企业	合资经营企业（港、澳、台资）	合作经营企业（港、澳、台资）	港、澳、台商独资经营企业	港、澳、台商投资股份有限公司
全 省	**2225044**		**11910172**	**3471229**	**887263**	**5452874**	**1215753**
武汉市	513879		10613553	2910487	887263	4725993	1215753
黄石市	36321						
十堰市	198748		721979	203028		518951	
宜昌市	312518		2643	1431		1213	
襄阳市	199376		137230	44954		92276	
鄂州市	146770		55619			55619	
荆门市	130473		9872	9872			
孝感市	43616		7415			7415	
荆州市	72175		11086			11086	
黄冈市	242168		8997				
咸宁市	90817		736	736			
随州市	64771		107525	67205		40321	
恩施州	135357						
仙桃市	22445		218032	218032			
潜江市							
天门市	15606		15485	15485			
神农架	3						

单位：万元

其他港、澳、台投资企业	外商投资企业	中外合资经营企业	中外合作经营企业	独资企业	外商投资股份有限公司	其他外商投资企业
883054	**5097141**	**1351927**		**2562201**	**25415**	**1157598**
874057	4539238	1115000		2241225	25415	1157598
	192062			192062		
	225101	225101				
	11825	11825				
8997						
	128914			128914		

3-4 房地产开发企业主要指标情况

指　　标	计量单位	2018年	2017年	2018年比 2017年增减（%）
企业个数	**个**	**4300**	**4059**	**5.9**
大型企业	个	42	18	133.3
中型企业	个	2053	1433	43.3
小微型企业	个	2205	2608	−15.5
资产总计	**亿元**	**32880**	**26823**	**22.6**
大型企业	亿元	4023	2298	75.1
中型企业	亿元	19156	13737	39.4
小微型企业	亿元	9701	10788	−10.1
房屋建筑面积				
施工面积	万平方米	31281	30510	2.5
#住宅	万平方米	23363	22480	3.9
#办公楼	万平方米	1154	1157	−0.3
#商业营业用房	万平方米	3444	3762	−8.4
新开工面积	万平方米	8455	7772	8.8
#住宅	万平方米	6661	5962	11.7
#办公楼	万平方米	261	268	−2.6
#商业营业用房	万平方米	677	903	−25.1
竣工面积	万平方米	2770	3220	−14.0
#住宅	万平方米	2088	2434	−14.2
#办公楼	万平方米	92	62	48.5
#商业营业用房	万平方米	352	475	−25.7
房屋竣工价值	**亿元**	**848**	**994**	**−14.7**
商品房销售				
商品房销售面积	万平方米	8858	8155	8.6
#住宅	万平方米	8095	7364	9.9
#办公楼	万平方米	195	177	10.3
#商业营业用房	万平方米	428	483	−11.4
商品房销售额	亿元	7526	6259	20.2
#住宅	亿元	6586	5380	22.4
#办公楼	亿元	329	256	28.9
#商业营业用房	亿元	503	522	−3.6
商品房待售面积	万平方米	1769	1848	−4.3
#住宅	万平方米	963	1026	−6.1
#办公楼	万平方米	89	65	36.0
#商业营业用房	万平方米	514	562	−8.6
负债合计	**亿元**	**25500**	**21369**	**19.3**

3-5　各地区按资质等级分房地产开发企业个数

单位：个

地　区	总　计	一　级	二　级	三　级	四　级	暂　定	其　他
全　省	**4300**	**72**	**420**	**591**	**966**	**2001**	**250**
武汉市	1234	38	229	196	2	717	52
黄石市	208	2	10	31	22	138	5
十堰市	260	1	26	33	125	71	4
宜昌市	253	5	15	34	9	170	20
襄阳市	407	3	33	50	66	228	27
鄂州市	120		7	28	61	19	5
荆门市	205	6	11	26	58	88	16
孝感市	204	4	23	38	77	49	13
荆州市	192	4	9	22	40	88	29
黄冈市	413	4	20	42	180	132	35
咸宁市	247	1	4	25	81	118	18
随州市	107	1	6	14	49	34	3
恩施州	261	2	14	31	133	68	13
仙桃市	58	1	7	10	31	9	
潜江市	45		4	7	15	16	3
天门市	82		2	4	15	54	7
神农架	4				2	2	

3-6 各地区按资质等级分房地产开发企业年末从业人数

单位：个

地 区	总 计	一 级	二 级	三 级	四 级	暂 定	其 他
全 省	**142331**	**5196**	**23571**	**19812**	**23113**	**63216**	**7423**
武汉市	48233	3198	12271	5696	299	24620	2149
黄石市	5167	132	344	834	325	3462	70
十堰市	7139	15	2320	886	2315	1504	99
宜昌市	10535	607	1163	971	143	6704	947
襄阳市	17236	305	2567	3006	2017	8487	854
鄂州市	2580		303	665	1061	469	82
荆门市	6194	149	451	806	1593	2582	613
孝感市	6831	176	1464	1302	2385	1284	220
荆州市	5404	217	247	648	1233	2402	657
黄冈市	10313	85	740	1188	4121	3568	611
咸宁市	7286	48	355	1262	1909	3314	398
随州市	2006	50	174	275	730	694	83
恩施州	7062	69	498	1207	3013	1854	421
仙桃市	2720	145	378	660	1033	504	
潜江市	1612		215	266	594	480	57
天门市	1908		81	140	327	1198	162
神农架	105				15	90	

3-7　各地区按资质等级分房地产开发企业资产总计

单位：万元

地　区	总　计	一　级	二　级	三　级	四　级	暂　定	其　他
全　省	**328799284**	**36290334**	**67656253**	**24931308**	**18409299**	**163908521**	**17603569**
武汉市	223778800	32869243	53620361	12865050	16935	114218005	10189207
黄石市	7476916	277588	507719	1222175	246318	5183511	39606
十堰市	6312214	74513	2135767	676140	1455932	1852573	117289
宜昌市	16646657	657794	3331140	1247578	104933	10291377	1013835
襄阳市	17852339	1014603	2014475	1485748	1481754	11446413	409347
鄂州市	3979850		809831	1262318	1168745	504251	234705
荆门市	5091025	202153	525221	826909	1215366	1829390	491987
孝感市	6860361	426222	1578822	1113363	1539912	1768632	433410
荆州市	10175566	377137	503636	413009	1238877	7012219	630688
黄冈市	11126464	54124	687279	1199341	3193337	3168311	2824072
咸宁市	5089966	37981	485046	758459	1149446	2193911	465123
随州市	2724349	13193	251579	314582	1136566	903423	105006
恩施州	6615174	67754	522328	801104	3170113	1606747	447129
仙桃市	1950673	218032	270421	429033	657217	375970	
潜江市	1345694		207291	216462	371915	480205	69821
天门市	1684372		205339	100037	252361	994291	132344
神农架	88865				9573	79292	

3-8 各地区按用途分房地产开发企业房屋施工面积

单位：平方米

地　区	房屋施工面　积	住　宅	#别墅、高档公　寓	办公楼	商业营业用　房	其　他
全　省	**312813483**	**233627393**	**6481387**	**11542907**	**34442353**	**33200830**
武汉市	117665884	82684229	2207857	9060768	10431154	15489733
黄石市	13499678	10103514	133585	185259	1944852	1266053
十堰市	14674772	10042963	32443	413066	2163937	2054806
宜昌市	19010099	15184485	385536	438884	1047588	2339142
襄阳市	23672756	16590188	291536	469446	3550434	3062688
鄂州市	6616762	5703100	321894	29864	555098	328700
荆门市	20268857	14713934	926232	225900	2491923	2837100
孝感市	11411346	9672456	42876	15922	1174761	548207
荆州市	15651062	13119144	68566	263332	1613494	655092
黄冈市	24633866	19925824	713683	199191	3294613	1214238
咸宁市	11858900	9483633	668954	36301	1661798	677168
随州市	5266515	4448624	98084	35000	567137	215754
恩施州	14844710	11181496	318137	105063	2317977	1240174
仙桃市	5746381	4403584	165607	40782	539397	762618
潜江市	2767320	2023639	39392	1528	528671	213482
天门市	5170766	4312870	67005	19490	556930	281476
神农架	53809	33710		3111	2589	14399

3-9　各地区按资质等级分房地产开发企业房屋施工面积

单位：平方米

地　区	总　计	一　级	二　级	三　级	四　级	暂　定	其　他
全　省	**312813483**	**15407941**	**47821937**	**33000442**	**43866604**	**158727878**	**13988681**
武汉市	117665884	9196229	22141618	9592560	37545	72582676	4115256
黄石市	13499678	306443	1125335	2186555	606212	9056350	218783
十堰市	14674772		3329185	880976	5156920	5181445	126246
宜昌市	19010099	1117504	4975958	1600128	111282	9833751	1371476
襄阳市	23672756	493433	2926992	2275416	2474971	14785000	716944
鄂州市	6616762		1392960	1527010	2367218	842526	487048
荆门市	20268857	1436764	2137483	2254328	4350989	8694635	1394658
孝感市	11411346	1050881	2433666	1752890	2551839	2849300	772770
荆州市	15651062	737981	1247421	615117	2622840	9302933	1124770
黄冈市	24633866	295006	2327165	3122065	8061976	9265791	1561863
咸宁市	11858900	40298	1033289	2213106	2896519	4870071	805617
随州市	5266515	78000	130072	534496	2013020	2349053	161874
恩施州	14844710	18856	1031040	1349628	7473799	4318282	653105
仙桃市	5746381	636546	1120983	2040246	1747234	201372	
潜江市	2767320		217907	628079	626414	1195624	99296
天门市	5170766		250863	427842	714017	3399069	378975
神农架	53809				53809		

3-10 各地区按用途分房地产开发企业房屋新开工面积

单位：平方米

地 区	房屋新开工面 积	住 宅	#别墅、高档公 寓	办公楼	商业营业用 房	其 他
全 省	**84554775**	**66610331**	**1847959**	**2606889**	**6768753**	**8568802**
武汉市	31114062	22393257	658748	2047230	2352037	4321538
黄石市	3754936	3104724	84369	17942	282322	349948
十堰市	2007603	1195784	10611	32869	526172	252778
宜昌市	5881206	4751324	160343	176339	294079	659464
襄阳市	7059680	5681992	32222	103217	398330	876141
鄂州市	1550918	1305913	94240	25306	108742	110957
荆门市	5358085	4213534	52052	26634	445744	672173
孝感市	4091741	3420485	26376	12607	442491	216158
荆州市	5120580	4451973	3868	32442	486763	149402
黄冈市	6477216	5527603	174980	109432	514694	325487
咸宁市	2633859	2440460	351882		167249	26150
随州市	1398506	1235454	3868		89630	73422
恩施州	4428441	3531471	49209	9744	514720	372506
仙桃市	1029293	993280	130140		21435	14578
潜江市	833580	705166	3695		49537	78877
天门市	1761260	1624201	11356	10016	72219	54824
神农架	53809	33710		3111	2589	14399

3-11 各地区按资质等级分房地产开发企业房屋新开工面积

单位：平方米

地 区	总 计	一 级	二 级	三 级	四 级	暂 定	其 他
全 省	**84554775**	**2862171**	**7565125**	**6205218**	**9439908**	**50722170**	**7760183**
武汉市	31114062	1418146	3517843	1365421	10030	23553049	1249573
黄石市	3754936	292122	173135	246874	74440	2941483	26882
十堰市	2007603		647336	14194	456929	762898	126246
宜昌市	5881206	123790	391011	365153		3983349	1017903
襄阳市	7059680	205086	608048	489706	482678	4737782	536380
鄂州市	1550918		388423	28769	269791	679453	184482
荆门市	5358085	407762	172604	637292	790651	2265186	1084590
孝感市	4091741	46004	603541	904906	983822	1085920	467548
荆州市	5120580	187562	268666	127606	624479	2957644	954623
黄冈市	6477216	48401	437688	748014	1784271	2198906	1259936
咸宁市	2633859	40298	212942	272844	795453	1106539	205783
随州市	1398506	78000	10562	132788	227129	904027	46000
恩施州	4428441	15000	108755	586650	1931448	1550125	236463
仙桃市	1029293			194355	633566	201372	
潜江市	833580		24571	90646	460	673820	44083
天门市	1761260				320952	1120617	319691
神农架	53809				53809		

3-12 各地区按用途分房地产开发企业房屋竣工面积

单位：平方米

地 区	房屋竣工面 积	住 宅	#别墅、高档公 寓	办公楼	商业营业用 房	其 他
全 省	**27704553**	**20881503**	**311217**	**917572**	**3524641**	**2380837**
武汉市	4614145	3084895	20240	413279	431391	684580
黄石市	1474151	897481	34369	115465	401698	59507
十堰市	1890670	1259246		126793	341787	162844
宜昌市	2318465	2074679	48925	25798	71181	146807
襄阳市	2678200	1961271		114036	314035	288858
鄂州市	192513	188547	40185		3966	
荆门市	3921056	2483074		54447	771798	611737
孝感市	1804292	1461800		1827	240017	100648
荆州市	1643855	1448977	1500	4119	152250	38509
黄冈市	3332915	2774771	41279	56808	396167	105169
咸宁市	1241668	1082458	90472		115539	43671
随州市	99519	95828	6019		3691	
恩施州	1018543	775020	25613	5000	163194	75329
仙桃市	543919	515843			20167	7909
潜江市	415348	342366			55443	17539
天门市	515294	435247	2615		42317	37730
神农架						

3-13　各地区按资质等级分房地产开发企业房屋竣工面积

单位：平方米

地　区	总　计	一　级	二　级	三　级	四　级	暂　定	其　他
全　省	**27704553**	**1221254**	**4408820**	**2818349**	**5732793**	**12753931**	**769406**
武汉市	4614145	787580	929167	261934		2634464	1000
黄石市	1474151	49810	20740	134473		1269128	
十堰市	1890670		757526	243681	299231	590232	
宜昌市	2318465	162193	669817	34723	27037	1370353	54342
襄阳市	2678200	16850	151420	226757	372888	1910285	
鄂州市	192513			114379	63194	14940	
荆门市	3921056	90072	892862	161389	1734409	991254	51070
孝感市	1804292	96749	370925	667342	368160	179154	121962
荆州市	1643855		278040	226052	269589	656474	213700
黄冈市	3332915		43694	266215	1169324	1677153	176529
咸宁市	1241668		95016	47645	545139	495290	58578
随州市	99519	18000	6008	10950	37861	10700	16000
恩施州	1018543		76255	59861	406906	475521	
仙桃市	543919		117350	258379	168190		
潜江市	415348			104569	130561	148201	32017
天门市	515294				140304	330782	44208
神农架							

3–14 各地区按用途分房地产开发企业房屋竣工价值

单位：万元

地 区	房屋竣工面 积	住 宅	#别墅、高档公 寓	办公楼	商业营业用 房	其 他
全 省	**8476137**	**6098213**	**194638**	**538063**	**1237854**	**602007**
武汉市	2184863	1450067	2400	346985	180247	207564
黄石市	811079	362257	12467	59985	336805	52032
十堰市	551046	372135		46431	99832	32648
宜昌市	759863	705950	21709	7223	15482	31208
襄阳市	777497	516492		50442	123365	87198
鄂州市	117383	116621	91739		762	
荆门市	806589	502787		11053	190199	102550
孝感市	356066	294762		384	43381	17539
荆州市	354169	311049	300	811	34381	7928
黄冈市	688032	555683	6583	9548	98089	24712
咸宁市	380510	333699	33510		38082	8729
随州市	21257	20900	4334		357	
恩施州	291422	215174	20813	5201	56033	15014
仙桃市	148284	139189			6816	2279
潜江市	82792	74886			4747	3159
天门市	145285	126562	783		9276	9447
神农架						

3-15　各地区按资质等级分房地产开发企业房屋竣工价值

单位：万元

地　区	总　计	一　级	二　级	三　级	四　级	暂　定	其　他
全　省	**8476137**	**556327**	**1353310**	**670024**	**1436098**	**4301976**	**158402**
武汉市	2184863	394743	404725	103613		1278882	2900
黄石市	811079	16796	7437	15663		771183	
十堰市	551046		181643	45003	67940	256460	
宜昌市	759863	75267	254000	7745	5948	403318	13585
襄阳市	777497	4315	40211	73287	75328	584356	
鄂州市	117383			18814	95057	3512	
荆门市	806589	32043	170070	29933	390104	173033	11406
孝感市	356066	28363	70059	144440	60293	22428	30483
荆州市	354169		49397	53732	77974	139242	33824
黄冈市	688032		23889	64451	283283	274701	41708
咸宁市	380510		94081	11202	138559	126796	9872
随州市	21257	4800	511	1206	5500	6340	2900
恩施州	291422		18412	10530	138037	124443	
仙桃市	148284		38875	66305	43104		
潜江市	82792			24100	24612	32933	1147
天门市	145285				30359	104349	10577
神农架							

3-16 各地区房地产开发企业建造的房屋面积和造价

地 区	房屋施工面积（平方米）	房屋竣工面积（平方米）	房屋竣工价值（万元）	房屋竣工造价（元/平方米）
全 省	**312813483**	**27704553**	**8476137**	**3059**
武汉市	117665884	4614145	2184863	4735
黄石市	13499678	1474151	811079	5502
十堰市	14674772	1890670	551046	2915
宜昌市	19010099	2318465	759863	3277
襄阳市	23672756	2678200	777497	2903
鄂州市	6616762	192513	117383	6097
荆门市	20268857	3921056	806589	2057
孝感市	11411346	1804292	356066	1973
荆州市	15651062	1643855	354169	2155
黄冈市	24633866	3332915	688032	2064
咸宁市	11858900	1241668	380510	3065
随州市	5266515	99519	21257	2136
恩施州	14844710	1018543	291422	2861
仙桃市	5746381	543919	148284	2726
潜江市	2767320	415348	82792	1993
天门市	5170766	515294	145285	2819
神农架	53809			

3-17　各地区按用途分房地产开发企业商品房销售面积

单位：平方米

地　区	商品房销售面积	住　宅	#别墅、高档公寓	办公楼	商业营业用房	其　他
全　省	**88583491**	**80947559**	**1475226**	**1948882**	**4280817**	**1406233**
武汉市	36624938	32450134	343127	1756970	1524992	892842
黄石市	3437528	3232081	47088	42913	135355	27179
十堰市	2496629	2283399		9953	142910	60367
宜昌市	4626967	4566574	125799	187	45495	14711
襄阳市	6916696	6299969	104412	25833	528491	62403
鄂州市	1304843	1287767	137921		17007	69
荆门市	4052535	3531305	44173	36035	385629	99566
孝感市	3395114	3210947	6741	216	123607	60344
荆州市	4180685	3941940	47546	25954	138073	74718
黄冈市	6492832	6038112	188162	24161	400737	29822
咸宁市	4530812	4242846	197516	18200	231938	37828
随州市	1840364	1787534	26226		52690	140
恩施州	3413028	3186260	53344	4458	181285	41025
仙桃市	2960261	2827296	127055	4002	123744	5219
潜江市	1022732	821558	1132		201174	
天门市	1283191	1235611	24984		47580	
神农架	4336	4226			110	

3-18 各地区按资质等级分房地产开发企业商品房销售面积

单位：平方米

地区	总计	一级	二级	三级	四级	暂定	其他
全省	**88583491**	**4515696**	**12067800**	**8832603**	**11298228**	**47007903**	**4861261**
武汉市	36624938	3094550	6274007	2170977	84884	23736566	1263954
黄石市	3437528	305567	291184	604194	135526	1957038	144019
十堰市	2496629		794010	204693	676781	812434	8711
宜昌市	4626967	456060	839492	383688		2551403	396324
襄阳市	6916696	85980	830835	659537	957035	4145876	237433
鄂州市	1304843		264869	174089	572506	252996	40383
荆门市	4052535	65598	276384	487748	956607	2008913	257285
孝感市	3395114	97048	670281	643366	827633	834821	321965
荆州市	4180685	85717	373987	194333	444159	2329829	752660
黄冈市	6492832	39223	507245	564540	2014819	2972759	394246
咸宁市	4530812	49680	224618	641357	1170567	1951393	493197
随州市	1840364	54000	95700	305813	440423	824816	119612
恩施州	3413028		177664	421833	1461019	1133996	218516
仙桃市	2960261	182273	339648	990633	1157702	290005	
潜江市	1022732		33566	325086	194765	437298	32017
天门市	1283191		74310	60716	199466	767760	180939
神农架	4336				4336		

3-19 各地区按用途分房地产开发企业商品房期房销售面积

单位：平方米

地　区	商品房期房销售面积	住　宅	#别墅、高档公　寓	办公楼	商业营业用　房	其　他
全　省	**71785767**	**66693206**	**1093735**	**1419673**	**2646370**	**1026518**
武汉市	33052067	29665525	309968	1318594	1347798	720150
黄石市	2421653	2313835	47088	15558	68879	23381
十堰市	1457089	1322018		2342	85084	47645
宜昌市	3530884	3497537	99363		30133	3214
襄阳市	5295296	5019988	97404	1591	234077	39640
鄂州市	1278589	1261513	137921		17007	69
荆门市	3463113	3175630	43851	30408	204879	52196
孝感市	1868686	1819780	6741		39195	9711
荆州市	3712934	3548629	2130	22546	77914	63845
黄冈市	4124683	3976357	157182	1974	138015	8337
咸宁市	2967679	2815668	99880	18200	105909	27902
随州市	1589846	1566134	8435		23712	
恩施州	2967138	2864475	34689	4458	71711	26494
仙桃市	2293404	2167069	33547	4002	118399	3934
潜江市	700923	631793	1132		69130	
天门市	1057447	1043029	14404		14418	
神农架	4336	4226			110	

3-20 各地区按用途分房地产开发企业房屋出租面积

单位：平方米

地区	房屋出租面积	住宅	#别墅、高档公寓	办公楼	商业营业用房	其他
全省	**141052**	**5888**		**48902**	**64035**	**22227**
武汉市	82858	1728		48902	10001	22227
黄石市	3508				3508	
十堰市	4160	4160				
宜昌市						
襄阳市						
鄂州市						
荆门市						
孝感市						
荆州市	14909				14909	
黄冈市	18810				18810	
咸宁市						
随州市						
恩施州	1807				1807	
仙桃市						
潜江市						
天门市	15000				15000	
神农架						

3-21　各地区按用途分房地产开发企业商品房销售额

单位：万元

地　区	商品房销售额	住　宅	#别墅、高档公　寓	办公楼	商业营业用　房	其　他
全　省	**75258877**	**65859405**	**1452466**	**3294820**	**5027438**	**1077214**
武汉市	47806520	40948461	618859	3188252	2844214	825593
黄石市	1791397	1657515	20462	20574	99724	13584
十堰市	1197388	1090176		3572	76638	27002
宜昌市	3220483	3171935	104329	90	43572	4886
襄阳市	3898654	3480735	94509	7874	374746	35299
鄂州市	1092210	1078456	153291		13730	24
荆门市	1966661	1591312	37449	11769	325278	38302
孝感市	1815757	1690476	5225	106	99507	25668
荆州市	2336666	2114435	32965	15062	140947	66222
黄冈市	2772214	2468776	101086	26786	265646	11006
咸宁市	1917928	1681611	145200	15272	209362	11683
随州市	938798	895008	11451		43765	25
恩施州	1705227	1538922	38004	2662	149065	14578
仙桃市	1591278	1452553	70547	2801	132582	3342
潜江市	550781	376815	622		173966	
天门市	654907	620281	18467		34626	
神农架	2008	1938			70	

3-22 各地区按资质等级分房地产开发企业商品房销售额

单位：万元

地 区	总 计	一 级	二 级	三 级	四 级	暂 定	其 他
全 省	**75258877**	**4331947**	**11604095**	**5319255**	**5689041**	**43068864**	**5245675**
武汉市	47806520	3332428	8192979	2104425	67611	31081546	3027531
黄石市	1791397	211664	177336	324356	65402	956250	56389
十堰市	1197388		424560	87154	281660	396199	7815
宜昌市	3220483	372576	597412	201998		1714062	334435
襄阳市	3898654	99859	353441	309969	513167	2390811	231407
鄂州市	1092210		298844	137937	411489	206494	37446
荆门市	1966661	29885	142072	235194	398077	1024146	137287
孝感市	1815757	47517	387340	318587	417883	480885	163545
荆州市	2336666	65288	288753	67089	225932	1224045	465559
黄冈市	2772214	15307	216088	222955	939601	1176087	202176
咸宁市	1917928	22208	112364	260647	470119	746692	305898
随州市	938798	22000	52365	172386	201954	437621	52472
恩施州	1705227		94512	183312	775083	555405	96915
仙桃市	1591278	113215	215982	466499	726701	68881	
潜江市	550781		17618	176819	105412	223209	27723
天门市	654907		32429	49928	86942	386531	99077
神农架	2008				2008		

3-23　各地区房地产开发企业商品房待售情况

单位：平方米

地　　区	商品房待售面积	#待售1-3年面积	#待售3年以上面积
全　省	**17693868**	**7425413**	**5761472**
武汉市	2750670	1869056	555671
黄石市	451064	161074	87548
十堰市	1957857	256779	1139080
宜昌市	2555232	1896391	320818
襄阳市	922218	121191	376752
鄂州市	44679	24705	17040
荆门市	1593911	307507	390069
孝感市	787271	339170	242027
荆州市	682334	367150	183630
黄冈市	2261224	691440	1007783
咸宁市	1478395	489892	569772
随州市	332554	190994	111457
恩施州	515641	178325	149744
仙桃市	183929	96131	76062
潜江市	335549	113273	189665
天门市	841340	322335	344354
神农架			

3-24 各地区按用途分房地产开发企业商品房待售面积

单位：平方米

地 区	商品房销售额	住 宅	#别墅、高档公寓	办公楼	商业营业用房	其 他
全 省	**17693868**	**9626946**	**383752**	**887460**	**5138002**	**2041460**
武汉市	2750670	1264362	137169	460607	636218	389483
黄石市	451064	306370	10950	10862	110863	22969
十堰市	1957857	916148	12267	60236	461124	520349
宜昌市	2555232	2332436	21956	20699	79893	122204
襄阳市	922218	401090		110191	346446	64491
鄂州市	44679	17199		16000	11480	
荆门市	1593911	683748	6500	121581	621184	167398
孝感市	787271	371394	2469	17725	345182	52970
荆州市	682334	406937	32862	2392	267627	5378
黄冈市	2261224	1190571	93414	31553	652481	386619
咸宁市	1478395	648754	46503		704251	125390
随州市	332554	260879	6257	19948	49550	2177
恩施州	515641	220700		2000	242697	50244
仙桃市	183929	106053		8683	64846	4347
潜江市	335549	159955			175165	429
天门市	841340	340350	13405	4983	368995	127012
神农架						

3-25　各地区房地产开发企业土地开发及其购置情况

地　区	待开发土地面积（平方米）	本年土地购置面积（平方米）	本年土地成交价款（万元）
全　省	**16335517**	**9565767**	**3218487**
武汉市	5159470	792836	871588
黄石市	364513	348066	72393
十堰市	379715	230483	38091
宜昌市	1064638	1375910	528826
襄阳市	454721	821909	444827
鄂州市	836047	178435	65046
荆门市	765292	623361	88400
孝感市	1138816	434324	136681
荆州市	660111	892039	244903
黄冈市	2291908	1161533	230560
咸宁市	1264910	796415	86577
随州市	286656	101500	28172
恩施州	862078	1021096	183063
仙桃市	699930	367490	73497
潜江市		167655	61033
天门市	106712	252715	64830
神农架			

3-26 各地区房地产开发企业主营业务收入及其构成

单位：万元

地区	主营业务收入总计	土地转让收入	商品房销售收入
全省	**59314029**	**313980**	**57160030**
武汉市	34615462	182099	33324972
黄石市	1765875	10265	1716476
十堰市	1296310	10767	1205789
宜昌市	3372745	45454	3162490
襄阳市	4264986	20142	4135616
鄂州市	1269269		1259225
荆门市	1425431	11917	1388513
孝感市	1517585	5751	1481809
荆州市	1992266	155	1952689
黄冈市	2656398	13474	2537068
咸宁市	1175691	5402	1149604
随州市	937169	250	929262
恩施州	1218039	8305	1179540
仙桃市	935214		915446
潜江市	442164	1	393413
天门市	410619		409320
神农架	18807		18797

3-26　续表　　单位：万元

地　区	房屋出租收入	其他收入
全　省	**481005**	**1359014**
武汉市	360167	748223
黄石市	4527	34607
十堰市	18820	60935
宜昌市	30605	134195
襄阳市	19136	90092
鄂州市	5496	4549
荆门市	11537	13464
孝感市	8621	21405
荆州市	1948	37474
黄冈市	5474	100382
咸宁市	4784	15902
随州市	2176	5481
恩施州	4686	25508
仙桃市	530	19238
潜江市	1931	46819
天门市	568	731
神农架		10

3-27 各地区按登记注册类型分

地 区	总 计	内资企业	国有企业	集体企业	股份合作企业	国有联营企业	集体联营企业
全 省	**59314029**	**56823277**	**126326**	**83953**			
武汉市	34615462	32523394	69774	1995			
黄石市	1765875	1706691	2944	4207			
十堰市	1296310	1153200	650				
宜昌市	3372745	3372745					
襄阳市	4264986	4174077	184	73711			
鄂州市	1269269	1269269					
荆门市	1425431	1420216	7459				
孝感市	1517585	1517585	3953				
荆州市	1992266	1992266	5150				
黄冈市	2656398	2652793	28095	3977			
咸宁市	1175691	1175691	6648				
随州市	937169	916584	1448	42			
恩施州	1218039	1218039					
仙桃市	935214	871745	21	22			
潜江市	442164	442164					
天门市	410619	398013					
神农架	18807	18807					

房地产开发企业主营业务收入

单位：万元

国有与集体联营企业	其他联营企业	国有独资公司	其他有限责任公司	股份有限公司	私营独资企业	私营合伙企业	私营有限责任公司
		2081084	**32531565**	**1805530**	**3050**		**19635984**
		1775314	20234698	1188511			9128557
		11183	943532	1201			742909
		11272	418944	7909			674624
		90008	1817421	94820			1267893
		32297	2591320	125176			1252389
		14040	531890	269			710627
		26981	534435	2227			821614
		2133	559388	65564			875700
		14734	1157485	67132			737894
		57354	1233537	56030	3050		1221165
		21079	484685	50796			591463
			477089	12293			400219
		24690	638235	37617			517135
			516610	56880			290528
			198656	292			243216
			193639	22024			158034
				16790			2017

3-27 续表

地 区	私营股份有限公司	其他内资企业	港、澳、台商投资企业	合资经营企业（港、澳、台资）	合作经营企业（港、澳、台资）	港、澳、台商独资经营企业	港、澳、台商投资股份有限公司
全 省	**555785**		**1836328**	**401332**	**540011**	**697579**	**193802**
武汉市	124545		1616516	323852	540011	558851	193802
黄石市	714						
十堰市	39801		143110	23928		119183	
宜昌市	102603						
襄阳市	99000		7060	7053		7	
鄂州市	12443						
荆门市	27500						
孝感市	10847						
荆州市	9872						
黄冈市	49585		3604				
咸宁市	21019						
随州市	25493		20586	1047		19538	
恩施州	362						
仙桃市	7685		32846	32846			
潜江市							
天门市	24316		12606	12606			
神农架							

单位：个

其他港、澳、台投资企业	外商投资企业	中外合资经营企业	中外合作经营企业	独资企业	外商投资股份有限公司	其他外商投资企业
3604	**654424**	**137780**		**302251**		**214393**
	475552	48715		212444		214393
	59185			59185		
	83849	83849				
	5215	5215				
3604						
	30623			30623		

3-28 各地区按登记注册类型

地区	总计	内资企业					
			国有企业	集体企业	股份合作企业	国有联营企业	集体联营企业
全省	**255000594**	**245884703**	**3560678**	**216854**			
武汉市	172462033	164520247	3223106	111421			
黄石市	6185933	6077629	31718	18409			
十堰市	4997077	4555561	141				
宜昌市	12936748	12936748					
襄阳市	13411539	13181149	13931	66541			
鄂州市	3195605	3195605					
荆门市	4192139	4188313	111530				
孝感市	5585974	5585974	66461				
荆州市	8690264	8690264	40308				
黄冈市	7782571	7775472	13453	20426			
咸宁市	3779234	3779234	56370				
随州市	2119339	2037215	1757	55			
恩施州	5740709	5740709					
仙桃市	1537004	1244641	1905	3			
潜江市	956487	956487					
天门市	1358100	1349617					
神农架	69837	69837					

分房地产开发企业负债合计

单位：万元

国有与集体联营企业	其他联营企业	国有独资公司	其他有限责任公司	股份有限公司	私营独资企业	私营合伙企业	私营有限责任公司
		20781320	**145114679**	**10730618**	**57922**		**63690802**
		17847457	96335244	9013130			37527419
		198733	3845615	21963			1939982
		290662	2208331	116273			1794386
		1588091	8539844	162815			2372187
		114810	10288883	77779			2451454
		3092	950562	4713			2189252
		33659	1617541	24902			2282616
		176966	2763060	160029			2410698
		83966	6402737	182094			1914180
		305129	4592245	195416	57922		2391732
		76040	1692208	132523			1756089
			1199051	28127			743031
		62714	2711422	324359			2583262
			549935	171646			502943
			528374	1967			426147
			889629	48461			400011
				64424			5414

3-28 续表

地 区			港、澳、台商投资企业				
	私营股份有限公司	其他内资企业		合资经营企业（港、澳、台资）	合作经营企业（港、澳、台资）	港、澳、台商独资经营企业	港、澳、台商投资股份有限公司
全 省	**1731832**		**5391686**	**1966017**	**598494**	**2025081**	**794995**
武汉市	462471		4613479	1484165	598494	1735825	794995
黄石市	21210						
十堰市	145769		441515	190405		251111	
宜昌市	273812						
襄阳市	167752		40356	34156		6200	
鄂州市	47986						
荆门市	118065						
孝感市	8760						
荆州市	66980						
黄冈市	199150		7099				
咸宁市	66005						
随州市	65194		82124	50179		31945	
恩施州	58953						
仙桃市	18209		198629	198629			
潜江市							
天门市	11516		8484	8484			
神农架							

单位：个

其他港、澳、台投资企业	外商投资企业	中外合资经营企业	中外合作经营企业	独资企业	外商投资股份有限公司	其他外商投资企业
7099	**3724206**	**1069665**		**1609978**		**1044563**
	3328308	875804		1407941		1044563
	108304			108304		
	190034	190034				
	3827	3827				
7099						
	93733			93733		

第4篇

服务业企业财务状况篇

4-1　服务业法人单位基本情况

行　业	单位数（个）	从业人员（万人）
总　计	**394118**	**555.5**
交通运输、仓储和邮政业	**22548**	**57.3**
企业	22133	55.1
行政事业及非企业法人	415	2.1
信息传输、软件和信息技术服务业	**39389**	**41.1**
企业	38952	40.6
行政事业及非企业法人	437	0.5
房地产业	**22379**	**34.9**
企业	22202	34.7
行政事业及非企业法人	177	0.2
租赁和商务服务业	**93558**	**87.2**
企业	91070	85.1
行政事业及非企业法人	2488	2.1
科学研究和技术服务业	**56206**	**50.9**
企业	51180	45.2
行政事业及非企业法人	5026	5.7
水利、环境和公共设施管理业	**8138**	**14.5**
企业	5692	8.7
行政事业及非企业法人	2446	5.8
居民服务、修理和其他服务业	**19965**	**16.6**
企业	19030	15.7
行政事业及非企业法人	935	0.8
教育	**25926**	**88.4**
企业	10875	14.9
行政事业及非企业法人	15051	73.5
卫生和社会工作	**12504**	**50.2**
企业	5170	9.6
行政事业及非企业法人	7334	40.6
文化、体育和娱乐业	**23490**	**19.6**
企业	20662	16.4
行政事业及非企业法人	2828	3.2
公共管理、社会保障和社会组织	**69281**	**94.3**
行政事业及非企业法人	69281	94.3

4-2 交通运输、仓储和邮政业企业法人单位主要指标

行　业	单位数（个）	资产总计（亿元）	负债合计（亿元）	营业收入（亿元）	从业人员（万人）
总　计	**22133**	**13567.66**	**7780.79**	**2809.74**	**55.1**
铁路运输业	9	2318.05	712.83	463.83	7.7
道路运输业	14717	8810.94	5835.21	1338.04	29.9
城市公共交通运输	560	3208.71	2182.00	187.09	9.1
公路旅客运输	770	192.16	114.97	104.87	3.8
道路货物运输	12500	795.03	378.28	806.37	14.9
道路运输辅助活动	887	4615.04	3159.95	239.71	2.2
水上运输业	676	362.86	165.69	160.04	2.1
水上旅客运输	121	10.88	3.80	6.10	0.2
水上货物运输	355	202.17	86.33	115.23	1.2
水上运输辅助活动	200	149.81	75.57	38.71	0.7
航空运输业	77	388.25	179.13	88.90	0.9
航空客货运输	23	99.84	63.53	66.18	0.4
通用航空服务	35	19.03	4.19	2.44	0.1
航空运输辅助活动	19	269.38	111.41	20.28	0.5
管道运输业	12	482.29	91.18	127.60	0.4
海底管道运输					
陆地管道运输	12	482.29	91.18	127.60	0.4
多式联运和运输代理业	2190	198.80	118.32	129.46	2.0
多式联运	23	10.40	3.99	0.87	
运输代理业	2167	188.40	114.33	128.60	2.0
装卸搬运和仓储业	3048	855.93	591.29	250.76	4.4
装卸搬运	1723	96.40	41.20	67.74	2.3
通用仓储	339	163.09	86.21	58.83	0.6
低温仓储	49	34.76	18.74	4.09	0.1
危险品仓储	17	10.15	7.32	1.37	
谷物、棉花等农产品仓储	388	470.47	394.56	90.84	0.7
中药材仓储	10	1.12	0.42	0.23	
其他仓储业	522	79.94	42.85	27.67	0.5
邮政业	1404	150.53	87.14	251.10	7.6
邮政基本服务	65	112.10	69.39	167.34	4.3
快递服务	1332	38.29	17.68	83.33	3.3
其他寄递服务	7	0.14	0.06	0.44	

4-3　交通运输、仓储和邮政业企业法人单位分地区主要指标

地　区	单位数（个）	资产总计（亿元）	负债合计（亿元）	营业收入（亿元）	从业人员（万人）
全　省	**22124**	**11249.6**	**7068.0**	**2345.9**	**47.4**
武汉市	6568	9387.5	6021.2	1300.2	20.1
黄石市	936	143.0	65.2	54.7	2.0
十堰市	871	68.4	42.4	68.2	1.8
宜昌市	2322	346.1	189.5	203.1	4.3
襄阳市	2610	276.9	171.8	178.9	4.4
鄂州市	638	157.9	88.3	49.4	1.3
荆门市	997	109.8	50.9	51.2	1.3
孝感市	1139	119.2	70.9	131.6	2.2
荆州市	1565	199.7	107.4	91.3	2.4
黄冈市	1313	149.9	89.0	53.7	2.3
咸宁市	873	63.7	33.6	46.5	1.6
随州市	622	103.3	86.4	25.9	0.8
恩施州	840	51.3	19.4	28.1	1.3
仙桃市	329	20.7	9.0	20.2	0.7
潜江市	235	14.5	5.6	18.9	0.6
天门市	209	26.6	15.7	23.2	0.4
神农架	57	11.4	1.7	0.9	0.1

注：不含铁路运输业。

4-4 交通运输、仓储和邮政业企业法人单位分登记注册类型主要指标

登记注册类型	单位数（个）	资产总计（亿元）	负债合计（亿元）	营业收入（亿元）	从业人员（万人）
总　计	**22124**	**11249.6**	**7068.0**	**2345.9**	**47.4**
内资企业	**22064**	**11140.7**	**6999.1**	**2282.0**	**46.5**
国有企业	302	247.1	132.0	206.0	6.2
集体企业	165	9.6	5.5	12.0	0.5
股份合作企业	6	0.1	0.1	0.1	0.0
联营企业	23	1.2	0.5	0.8	0.0
有限责任公司	4084	9474.9	6178.2	1213.2	17.5
股份有限公司	391	277.7	131.5	105.1	1.8
私营企业	17020	1128.8	551.1	743.5	20.4
其他企业	73	1.3	0.4	1.3	0.0
港、澳、台商投资企业	**37**	**74.5**	**53.2**	**19.6**	**0.3**
外商投资企业	**23**	**34.4**	**15.6**	**44.3**	**0.1**

注：不含铁路运输业。

4-5 信息传输、软件和信息技术服务业企业法人单位主要指标

行　业	单位数（个）	资产总计（亿元）	负债合计（亿元）	营业收入（亿元）	从业人员（万人）
总　计	**38952**	**2967.1**	**1247.4**	**1789.5**	**40.6**
电信、广播电视和卫星传输服务	1130	1328.3	371.3	582.7	5.8
电信	942	1074.9	239.6	536.3	4.5
广播电视传输服务	163	251.2	130.7	45.9	1.4
卫星传输服务	25	2.2	1.0	0.5	
互联网和相关服务	4950	252.3	99.3	201.2	7.8
互联网接入及相关服务	412	9.9	7.4	10.8	0.2
互联网信息服务	3155	191.6	72.1	165.5	6.7
互联网平台	214	11.8	9.5	5.7	0.3
互联网安全服务	33	0.6	0.3	0.4	
互联网数据服务	90	18.1	3.6	3.7	0.1
其他互联网服务	1046	20.3	6.5	15.2	0.6
软件和信息技术服务业	32872	1386.5	776.9	1005.6	26.9
软件开发	20802	818.3	450.9	588.5	17.9
集成电路设计	152	88.2	68.7	98.9	0.3
信息系统集成和物联网技术服务	1931	130.2	78.5	99.7	2.1
运行维护服务	158	27.4	6.2	9.6	0.2
信息处理和存储支持服务	203	11.2	5.2	4.3	0.1
信息技术咨询服务	7288	204.4	103.5	137.7	4.5
数字内容服务	647	30.0	11.0	22.8	0.6
其他信息技术服务业	1691	76.9	52.8	44.1	1.2

4–6　信息传输、软件和信息技术服务业企业法人单位分地区主要指标

地　区	单位数（个）	资产总计（亿元）	负债合计（亿元）	营业收入（亿元）	从业人员（万人）
全　省	**38952**	**2967.1**	**1247.4**	**1789.5**	**40.6**
武汉市	23031	2290.9	1036.7	1161.4	27.8
黄石市	978	40.0	6.6	40.6	1.0
十堰市	1001	54.1	24.3	45.3	0.8
宜昌市	2686	89.1	27.8	78.7	1.8
襄阳市	2706	94.4	25.7	127.7	2.9
鄂州市	330	27.7	9.9	14.9	0.3
荆门市	884	34.3	11.3	28.6	0.5
孝感市	1057	53.5	17.4	46.8	0.9
荆州市	998	63.0	18.3	57.6	0.9
黄冈市	1099	61.5	17.1	45.2	0.9
咸宁市	1834	42.9	13.7	52.7	1.2
随州市	511	30.8	9.0	18.2	0.3
恩施州	1157	45.1	16.5	35.7	0.6
仙桃市	266	23.8	11.5	16.4	0.4
潜江市	168	8.6	0.3	13.2	0.2
天门市	224	6.5	0.9	6.2	0.1
神农架	22	1.0	0.6	0.4	0.0

4-7 信息传输、软件和信息技术服务业企业法人单位分登记注册类型主要指标

登记注册类型	单位数（个）	资产总计（亿元）	负债合计（亿元）	营业收入（亿元）	从业人员（万人）
总　计	**38952**	**2967.1**	**1247.4**	**1789.5**	**40.6**
内资企业	**38841**	**2710.4**	**1165.9**	**1596.2**	**35.6**
国有企业	82	151.1	46.4	44.2	0.3
集体企业	11	0.2	0.1	0.2	
股份合作企业	3	0.0		0.0	
联营企业	3	0.0		0.1	
有限责任公司	9294	1343.9	693.5	768.5	14.3
股份有限公司	536	504.2	29.3	233.5	3.7
私营企业	28885	710.6	396.5	549.3	17.2
其他企业	27	0.4	0.1	0.4	
港、澳、台商投资企业	**45**	**203.3**	**53.8**	**133.3**	**4.4**
外商投资企业	**66**	**53.5**	**27.7**	**60.0**	**0.6**

4-8 金融业企业法人单位主要指标

行　业	单位数（个）	资产总计（亿元）	负债合计（亿元）	营业收入（亿元）	从业人员（万人）
总　计	**2872**	**82095.8**	**7004.4**	**3832.0**	**63.2**
货币金融服务	1111	72398.5	243.7	1854.4	13.5
其中：系统内	407	71852.7		1808.5	13.0
资本市场服务	824	2283.1	1240.2	84.4	1.4
其中：系统内	409	1664.2	1141.1	69.5	1.2
保险业	640	2958.5	3693.7	1458.3	46.9
其中：系统内	618	2958.3	3693.6	1458.0	46.9
其他金融业	297	4455.7	1826.8	434.9	1.4
其中：系统内	5	233.1		29.9	0.1

4-9 房地产业企业法人单位主要指标

行　业	单位数（个）	资产总计（亿元）	负债合计（亿元）	营业收入（亿元）	从业人员（万人）
总　计	**22202**	**2898.6**	**1769.7**	**651.5**	**34.7**
物业管理	10783	824.1	515.4	372.6	24.6
房地产中介服务	8194	358.3	196.5	144.5	6.6
房地产租赁经营	2447	1231.9	723.6	95.0	2.7
其他房地产业	778	484.3	334.3	39.4	0.8

注：不含房地产开发经营业。

4-10　房地产业企业法人单位分地区主要指标

地　区	单位数（个）	资产总计（亿元）	负债合计（亿元）	营业收入（亿元）	从业人员（万人）
全　省	**22202**	**2898.6**	**1769.7**	**651.5**	**34.7**
武汉市	10869	2392.4	1533.6	380.9	21.4
黄石市	894	29.4	9.1	23.4	1.1
十堰市	862	31.2	15.4	23.7	1.1
宜昌市	1398	51.9	22.8	35.8	1.8
襄阳市	1721	73.8	21.9	62.2	2.5
鄂州市	555	24.7	13.1	12.7	0.7
荆门市	555	43.5	30.1	7.9	0.6
孝感市	988	42.6	16.3	18.5	1.0
荆州市	1017	87.6	61.9	29.0	1.0
黄冈市	930	16.7	4.8	13.8	1.0
咸宁市	910	33.0	12.2	13.7	0.7
随州市	375	14.4	8.1	4.7	0.4
恩施州	603	39.1	14.8	6.4	0.7
仙桃市	166	7.5	3.9	6.6	0.3
潜江市	198	4.2	0.5	10.0	0.2
天门市	136	6.6	1.2	2.2	0.2
神农架	25	0.2	0.1	0.1	

注：不含房地产开发经营业。

4-11 房地产业企业法人单位分登记注册类型主要指标

登记注册类型	单位数(个)	资产总计(亿元)	负债合计(亿元)	营业收入(亿元)	从业人员(万人)
总 计	**22202**	**2898.6**	**1769.7**	**651.5**	**34.7**
内资企业	**22129**	**3029.6**	**1917.3**	**630.7**	**33.9**
国有企业	199	56.3	35.7	8.0	0.2
集体企业	297	28.7	19.8	8.7	0.4
股份合作企业	31	0.9	1.1	0.2	
联营企业	13	1.1	0.9	0.3	
有限责任公司	5246	1587.8	977.3	227.9	12.6
股份有限公司	370	159.1	102.6	18.0	0.8
私营企业	15944	965.6	581.0	367.3	19.8
其他企业	29	0.3	0.1	0.2	
港、澳、台商投资企业	**41**	**60.3**	**32.9**	**9.6**	**0.4**
外商投资企业	**32**	**38.5**	**18.5**	**11.2**	**0.4**

注：不含房地产开发经营业。

4-12 租赁和商务服务业企业法人单位主要指标

行 业	单位数(个)	资产总计(亿元)	负债合计(亿元)	营业收入(亿元)	从业人员(万人)
总 计	**91070**	**22647.0**	**11951.1**	**2825.6**	**85.1**
租赁业	8632	448.7	266.0	180.4	5.9
机械设备经营租赁	8342	444.9	264.6	176.5	5.7
文体设备和用品出租	252	2.6	0.8	3.0	0.1
日用品出租	38	1.2	0.7	0.9	
商务服务业	82438	22198.3	11685.1	2645.3	79.2
组织管理服务	9588	18454.6	9727.4	734.7	9.8
综合管理服务	1734	705.8	504.3	93.8	2.3
法律服务	1596	27.0	11.4	40.3	1.5
咨询与调查	26941	1220.5	569.1	428.1	15.2
广告业	17403	419.9	194.1	422.5	9.9
人力资源服务	12012	382.4	166.2	541.6	24.0
安全保护服务	1079	48.7	20.2	68.2	8.3
会议、展览及相关服务	2135	63.8	37.3	41.8	1.3
其他商务服务业	9950	875.7	455.2	274.3	6.8

4-13 租赁和商务服务业企业法人单位分地区主要指标

地 区	单位数（个）	资产总计（亿元）	负债合计（亿元）	营业收入（亿元）	从业人员（万人）
全 省	**91070**	**22647.0**	**11951.1**	**2825.6**	**85.1**
武汉市	39435	12991.4	7431.6	1387.8	38.4
黄石市	2502	589.5	362.6	81.4	2.9
十堰市	3007	754.3	384.5	113.3	2.8
宜昌市	8364	2047.2	1041.0	260.5	8.8
襄阳市	6851	445.5	124.7	248.1	7.3
鄂州市	1596	779.7	352.2	86.3	2.0
荆门市	3480	1196.8	506.7	69.8	2.0
孝感市	3805	373.8	149.7	87.7	3.6
荆州市	4037	415.0	185.8	97.0	3.2
黄冈市	3798	738.9	258.9	72.6	2.7
咸宁市	5505	848.2	370.2	118.9	3.5
随州市	1360	569.0	305.9	34.7	1.0
恩施州	4224	572.3	286.1	48.6	3.2
仙桃市	1271	71.2	44.5	45.6	1.7
潜江市	1048	172.2	111.6	56.8	1.4
天门市	634	76.2	32.8	14.8	0.6
神农架	153	5.8	2.3	1.8	0.1

4-14 租赁和商务服务业企业法人单位分登记注册类型主要指标

登记注册类型	单位数（个）	资产总计（亿元）	负债合计（亿元）	营业收入（亿元）	从业人员（万人）
总　计	**91070**	**22647.0**	**11951.1**	**2825.6**	**85.1**
内资企业	**90926**	**22477.7**	**11887.1**	**2803.2**	**84.8**
国有企业	397	378.0	209.1	29.7	1.6
集体企业	1085	166.7	97.9	20.8	0.7
股份合作企业	52	13.3	1.9	5.5	
联营企业	61	16.2	4.2	3.0	0.1
有限责任公司	17927	17548.0	9487.2	1044.8	22.8
股份有限公司	1228	1447.6	786.4	82.1	1.5
私营企业	68184	2761.6	1253.2	1581.3	56.8
其他企业	1992	146.5	47.1	36.1	1.3
港、澳、台商投资企业	**68**	**110.3**	**36.1**	**2.6**	**0.1**
外商投资企业	**76**	**58.9**	**27.9**	**19.8**	**0.2**

4-15 科学研究和技术服务业企业法人单位主要指标

行　业	单位数（个）	资产总计（亿元）	负债合计（亿元）	营业收入（亿元）	从业人员（万人）
总　计	**51180**	**4749.1**	**2674.6**	**2007.9**	**45.2**
研究和试验发展	5861	670.1	369.3	143.9	3.9
自然科学研究和试验发展	265	287.0	208.6	3.7	0.1
工程和技术研究和试验发展	3946	267.5	98.9	106.0	2.7
农业科学研究和试验发展	548	27.1	6.3	11.5	0.3
医学研究和试验发展	1020	85.9	54.8	21.3	0.7
社会人文科学研究	82	2.7	0.8	1.3	
专业技术服务业	25337	3437.3	2079.9	1462.1	28.4
气象服务	49	2.8	0.5	3.2	
地震服务	2	0.0		0.0	
海洋服务	5	5.3	0.1	0.1	
测绘地理信息服务	475	29.1	8.0	18.5	0.5
质检技术服务	1416	112.9	48.5	78.0	2.3
环境与生态监测检测服务	355	9.5	3.7	8.3	0.4
地质勘查	258	22.8	12.0	16.3	0.4
工程技术与设计服务	14127	2874.1	1800.3	1104.2	18.5
工业与专业设计及其他专业技术服务	8650	380.8	207.0	233.5	6.2
科技推广和应用服务业	19982	641.8	225.4	401.9	12.9
技术推广服务	17510	550.1	191.3	362.5	11.5
知识产权服务	439	5.6	3.0	5.8	0.2
科技中介服务	338	28.3	7.6	6.0	0.2
创业空间服务	246	16.5	9.1	4.7	0.2
其他科技推广服务业	1449	41.2	14.4	23.0	0.8

4-16　科学研究和技术服务业企业法人单位分地区主要指标

地　区	单位数（个）	资产总计（亿元）	负债合计（亿元）	营业收入（亿元）	从业人员（万人）
全　省	**51180**	**4749.1**	**2674.6**	**2007.9**	**45.2**
武汉市	25521	3115.7	1966.8	1374.2	24.6
黄石市	1030	412.6	218.0	39.5	1.2
十堰市	2078	99.4	36.8	45.2	1.6
宜昌市	3663	149.1	61.8	93.2	3.0
襄阳市	5300	170.0	46.8	161.0	4.8
鄂州市	521	45.6	31.3	19.0	0.5
荆门市	2658	111.2	30.0	34.5	1.4
孝感市	2022	71.7	25.8	39.0	1.6
荆州市	1866	241.6	130.8	54.4	1.6
黄冈市	1510	42.4	13.5	29.0	1.1
咸宁市	1248	20.6	4.2	23.9	0.9
随州市	749	23.8	11.7	10.1	0.4
恩施州	1461	22.3	6.6	16.5	0.8
仙桃市	959	31.3	8.0	33.4	0.9
潜江市	322	16.8	6.6	17.1	0.5
天门市	227	173.7	75.1	17.5	0.2
神农架	45	1.5	1.0	0.2	

4-17 科学研究和技术服务业企业法人单位分登记注册类型主要指标

登记注册类型	单位数（个）	资产总计（亿元）	负债合计（亿元）	营业收入（亿元）	从业人员（万人）
总 计	**51180**	**4749.1**	**2674.6**	**2007.9**	**45.2**
内资企业	**51048**	**4687.0**	**2644.6**	**1992.8**	**44.9**
国有企业	566	463.2	255.9	82.5	1.5
集体企业	264	6.3	2.8	4.9	0.2
股份合作企业	20	0.9	0.4	0.7	
联营企业	56	1.6	0.3	1.4	0.1
有限责任公司	10955	2689.0	1528.4	988.4	14.8
股份有限公司	643	430.3	273.2	67.8	1.4
私营企业	32513	987.3	564.1	729.3	22.7
其他企业	6031	108.6	19.5	117.7	4.1
港、澳、台商投资企业	**53**	**35.0**	**14.4**	**1.8**	**0.1**
外商投资企业	**79**	**27.2**	**15.6**	**13.3**	**0.2**

4-18 水利、环境和公共设施管理业企业法人单位主要指标

行 业	单位数（个）	资产总计（亿元）	负债合计（亿元）	营业收入（亿元）	从业人员（万人）
总 计	**5692**	**9125.7**	**5060.6**	**514.9**	**8.7**
水利管理业	380	668.0	560.2	24.4	0.5
防洪除涝设施管理	57	20.0	11.5	4.7	0.1
水资源管理	93	599.9	534.2	10.6	0.1
天然水收集与分配	52	4.9	1.4	1.2	0.1
水文服务	16	21.5	9.7	2.2	
其他水利管理业	162	21.7	3.4	5.7	0.2
生态保护和环境治理业	758	583.4	310.8	72.3	1.0
生态保护	109	41.0	11.4	6.7	0.2
环境治理业	649	542.4	299.4	65.6	0.8
公共设施管理业	4187	2338.7	1288.9	203.7	6.8
市政设施管理	303	1630.5	964.5	58.6	0.6
环境卫生管理	607	31.0	13.5	20.2	1.8
城乡市容管理	69	3.0	0.7	2.3	0.1
绿化管理	1532	64.5	26.8	43.4	1.6
城市公园管理	90	13.2	6.0	5.1	0.2
游览景区管理	1586	596.5	277.5	74.2	2.6
土地管理业	367	5535.7	2900.7	214.4	0.4
土地整治服务	42	2622.7	1217.5	142.9	0.1
土地调查评估服务	50	29.7	22.5	4.6	0.1
土地登记服务	8	0.1	0.0	0.1	
土地登记代理服务	16	0.1	0.1	0.3	
其他土地管理服务	251	2883.1	1660.7	66.5	0.2

4–19　水利、环境和公共设施管理业企业法人单位分地区主要指标

地　区	单位数（个）	资产总计（亿元）	负债合计（亿元）	营业收入（亿元）	从业人员期末人数（万人）
全　省	**5692**	**9125.7**	**5060.6**	**514.9**	**8.7**
武汉市	1178	3074.2	1694.9	81.8	2.4
黄石市	216	769.2	283.7	23.6	0.3
十堰市	433	553.4	553.9	23.5	0.5
宜昌市	640	1542.2	850.7	126.8	1.1
襄阳市	664	1642.5	817.5	132.4	1.0
鄂州市	114	75.2	30.4	15.2	0.1
荆门市	215	128.8	68.4	8.3	0.2
孝感市	261	39.3	11.5	8.7	0.5
荆州市	596	581.0	330.7	29.9	0.6
黄冈市	364	348.1	217.6	22.0	0.5
咸宁市	342	49.9	21.1	13.7	0.6
随州市	132	19.0	8.3	1.5	0.1
恩施州	359	77.3	38.8	9.2	0.3
仙桃市	83	8.1	5.0	2.6	0.1
潜江市	25	168.0	97.4	12.1	
天门市	41	6.7	5.5	1.2	
神农架	29	43.0	25.4	2.3	0.1

4-20 水利、环境和公共设施管理业企业法人单位分登记注册类型主要指标

登记注册类型	单位数（个）	资产总计（亿元）	负债合计（亿元）	营业收入（亿元）	从业人员（万人）
总 计	**5692**	**9125.7**	**5060.6**	**514.9**	**8.7**
内资企业	**5676**	**9100.7**	**5049.3**	**512.5**	**8.6**
国有企业	179	39.2	16.3	8.3	0.4
集体企业	67	4.2	1.3	1.9	0.1
股份合作企业	1	0.0		0.0	
联营企业	5	0.1		0.1	
有限责任公司	1269	8165.7	4619.7	333.7	3.4
股份有限公司	133	509.0	270.8	57.7	0.5
私营企业	3662	364.8	140.3	103.9	4.1
其他企业	360	17.7	0.9	6.9	0.2
港、澳、台商投资企业	**7**	**20.2**	**9.3**	**2.1**	
外商投资企业	**9**	**4.8**	**2.0**	**0.3**	

4-21 居民服务、修理和其他服务业企业法人单位主要指标

行 业	单位数（个）	资产总计（亿元）	负债合计（亿元）	营业收入（亿元）	从业人员（万人）
总 计	**19030**	**351.7**	**129.9**	**330.8**	**15.7**
居民服务业	7787	149.5	59.2	124.3	6.4
家庭服务	2051	25.7	7.7	31.0	2.1
托儿所服务	76	0.8	0.2	0.7	
洗染服务	312	5.5	1.6	6.3	0.3
理发及美容服务	1271	17.5	9.1	15.3	0.8
洗浴和保健养生服务	1016	17.2	6.8	15.6	1.0
摄影扩印服务	799	8.2	2.5	10.1	0.4
婚姻服务	797	9.3	2.0	11.1	0.5
殡葬服务	303	29.7	14.9	10.7	0.3
其他居民服务业	1162	35.6	14.4	23.5	1.0
机动车、电子产品和日用产品修理业	7261	122.1	43.8	127.3	4.8
汽车、摩托车等修理与维护	5361	94.2	33.2	97.1	3.7
计算机和办公设备维修	833	12.6	4.8	13.5	0.5
家用电器修理	840	11.0	3.6	12.3	0.4
其他日用产品修理业	227	4.3	2.1	4.4	0.1
其他服务业	3982	80.1	27.0	79.2	4.6
清洁服务	2594	42.9	11.8	54.9	3.7
宠物服务	79	0.8	0.4	0.8	
其他未列明服务业	1309	36.4	14.8	23.5	0.9

4-22　居民服务、修理和其他服务业企业法人单位分地区主要指标

地　区	单位数（个）	资产总计（亿元）	负债合计（亿元）	营业收入（亿元）	从业人员（万人）
全　省	**19030**	**351.7**	**129.9**	**330.8**	**15.7**
武汉市	6573	144.2	79.3	104.7	5.7
黄石市	733	12.1	3.5	15.5	0.7
十堰市	920	19.9	6.7	20.8	0.8
宜昌市	1808	27.7	7.0	29.2	1.4
襄阳市	2131	41.1	8.4	57.1	2.0
鄂州市	308	5.6	1.1	7.5	0.3
荆门市	556	7.1	2.1	6.0	0.3
孝感市	963	16.7	2.3	14.4	0.8
荆州市	963	16.3	2.8	17.0	0.8
黄冈市	931	11.2	1.7	11.8	0.6
咸宁市	718	10.1	3.2	11.8	0.5
随州市	382	4.8	1.3	3.7	0.3
恩施州	1304	14.2	2.4	12.9	0.7
仙桃市	306	14.1	7.1	10.4	0.4
潜江市	172	2.7	0.6	5.5	0.2
天门市	189	3.8	0.6	2.6	0.1
神农架	73	0.4	0.0	0.2	

4-23 居民服务、修理和其他服务业企业法人单位分登记注册类型主要指标

登记注册类型	单位数（个）	资产总计（亿元）	负债合计（亿元）	营业收入（亿元）	从业人员（万人）
总　计	**19030**	**351.7**	**129.9**	**330.8**	**15.7**
内资企业	**19009**	**349.0**	**128.0**	**328.9**	**15.7**
国有企业	65	2.9	1.4	2.2	0.1
集体企业	100	2.7	1.2	2.4	0.1
股份合作企业	11	0.4	0.1	0.2	
联营企业	14	0.2	0.0	0.2	
有限责任公司	3134	87.5	39.1	67.5	3.1
股份有限公司	217	12.0	4.8	6.2	0.4
私营企业	15259	237.0	77.2	247.3	11.8
其他企业	209	6.4	4.3	2.9	0.1
港、澳、台商投资企业	**8**	**1.8**	**1.4**	**1.4**	
外商投资企业	**13**	**0.9**	**0.5**	**0.6**	**0.1**

4-24 教育企业法人单位主要指标

行　业	单位数（个）	资产总计（亿元）	负债合计（亿元）	营业收入（亿元）	从业人员（万人）
总　计	**10875**	**399.6**	**167.7**	**245.1**	**14.9**
学前教育	3106	87.4	19.1	68.0	5.8
初等教育	184	25.3	18.6	7.5	0.6
中等教育	169	58.0	33.1	19.3	1.4
高等教育	19	42.5	18.0	5.6	0.3
特殊教育	10	0.2	0.0	0.3	
技能培训、教育辅助及其他教育	7387	186.2	79.0	144.5	6.8

4-25　教育企业法人单位分地区主要指标

地　区	单位数（个）	资产总计（亿元）	负债合计（亿元）	营业收入（亿元）	从业人员（万人）
全　省	**10875**	**399.6**	**167.7**	**245.1**	**14.9**
武汉市	3356	138.4	73.5	69.4	4.2
黄石市	665	23.6	10.6	16.4	1.0
十堰市	520	28.9	19.5	15.3	0.9
宜昌市	903	22.3	9.7	21.5	1.1
襄阳市	1142	39.7	11.2	32.5	1.4
鄂州市	187	3.7	1.0	3.5	0.3
荆门市	385	7.9	3.1	4.7	0.4
孝感市	509	23.1	4.9	11.9	1.0
荆州市	656	19.1	4.9	14.6	0.8
黄冈市	776	32.3	7.2	14.7	1.2
咸宁市	573	19.3	5.2	14.4	0.9
随州市	262	6.5	2.4	3.6	0.3
恩施州	550	13.2	3.9	7.0	0.6
仙桃市	132	6.1	2.6	4.8	0.3
潜江市	113	3.8	1.0	5.1	0.3
天门市	140	11.3	7.1	5.7	0.4
神农架	6	0.3	0.1	0.0	

4-26 教育企业法人单位分登记注册类型主要指标

登记注册类型	单位数（个）	资产总计（亿元）	负债合计（亿元）	营业收入（亿元）	从业人员（万人）
总 计	**10875**	**399.6**	**167.7**	**245.1**	**14.9**
内资企业	**10861**	**398.6**	**167.4**	**244.3**	**14.8**
国有企业	169	21.3	11.7	8.5	0.5
集体企业	71	1.9	0.5	1.8	0.1
股份合作企业	27	1.0	0.2	0.8	0.1
联营企业	21	1.0	0.1	0.6	
有限责任公司	1391	47.2	18.3	27.3	1.5
股份有限公司	138	10.5	3.4	4.8	0.2
私营企业	7140	185.8	69.5	127.1	7.7
其他企业	1904	130.1	63.7	73.4	4.7
港、澳、台商投资企业	**6**	**0.0**	**0.0**	**0.0**	
外商投资企业	**8**	**0.9**	**0.3**	**0.8**	

4-27 卫生和社会工作企业法人单位主要指标

行 业	单位数（个）	资产总计（亿元）	负债合计（亿元）	营业收入（亿元）	从业人员（万人）
总 计	**5170**	**388.2**	**200.5**	**230.3**	**9.6**
卫生	4252	329.7	180.2	213.5	8.7
医院	766	251.5	146.9	150.5	6.0
基层医疗卫生服务	3182	44.5	16.0	40.0	2.1
专业公共卫生服务	143	3.9	1.1	4.9	0.2
其他卫生活动	161	29.7	16.1	18.1	0.5
社会工作	918	58.5	20.3	16.9	0.9
提供住宿社会工作	800	52.2	18.0	15.0	0.8
不提供住宿社会工作	118	6.4	2.3	1.8	0.1

4–28　卫生和社会工作企业法人单位分地区主要指标

地　区	单位数（个）	资产总计（亿元）	负债合计（亿元）	营业收入（亿元）	从业人员（万人）
全　省	**5170**	**388.2**	**200.5**	**230.3**	**9.6**
武汉市	1399	184.3	117.5	110.1	4.0
黄石市	232	29.8	13.2	17.1	0.9
十堰市	412	21.0	13.5	17.4	0.6
宜昌市	527	18.7	7.9	11.1	0.6
襄阳市	549	16.9	3.5	14.8	0.6
鄂州市	98	10.4	2.7	7.1	0.2
荆门市	215	20.3	7.8	8.9	0.4
孝感市	253	12.1	3.6	6.9	0.4
荆州市	204	8.6	1.4	5.4	0.3
黄冈市	279	13.2	4.3	5.8	0.4
咸宁市	184	11.8	5.9	7.0	0.4
随州市	100	4.1	1.4	2.9	0.2
恩施州	493	23.9	10.7	6.4	0.4
仙桃市	33	2.4	0.8	1.7	0.1
潜江市	61	5.8	4.3	5.6	0.2
天门市	109	4.7	2.0	2.1	0.1
神农架	22	0.2	0.0	0.1	

4-29 卫生和社会工作企业法人单位分登记注册类型主要指标

登记注册类型	单位数（个）	资产总计（亿元）	负债合计（亿元）	营业收入（亿元）	从业人员（万人）
总　计	**5170**	**388.2**	**200.5**	**230.3**	**9.6**
内资企业	**5163**	**382.9**	**198.4**	**226.9**	**9.5**
国有企业	228	38.5	24.8	29.0	0.9
集体企业	287	2.8	0.7	2.3	0.1
股份合作企业	6	4.6	4.3	2.5	0.1
联营企业	29	5.2	3.8	4.8	0.2
有限责任公司	588	112.7	50.8	58.3	2.2
股份有限公司	43	5.6	2.2	3.0	0.1
私营企业	2707	152.0	74.6	82.7	4.4
其他企业	1275	61.5	37.3	44.3	1.5
港、澳、台商投资企业	**2**	**0.2**	**0.1**	**0.1**	
外商投资企业	**5**	**5.1**	**2.1**	**3.4**	**0.1**

4-30　文化、体育和娱乐业企业法人单位主要指标

行　业	单位数（个）	资产总计（亿元）	负债合计（亿元）	营业收入（亿元）	从业人员（万人）
总　计	**20662**	**1527.1**	**777.2**	**525.4**	**16.4**
新闻和出版业	288	382.5	208.8	96.5	1.9
新闻业	21	73.8	34.0	3.2	0.1
出版业	267	308.7	174.9	93.3	1.8
广播、电视、电影和录音制作业	1595	222.8	141.2	96.8	2.0
广播	29	0.7	0.3	0.7	
电视	21	17.3	6.7	8.5	0.2
影视节目制作	1051	27.7	11.5	20.7	0.6
广播电视集成播控	8	67.7	57.0	19.6	0.3
电影和广播电视节目发行	26	64.4	38.7	10.1	
电影放映	417	44.5	26.9	36.7	0.8
录音制作	43	0.5	0.2	0.6	
文化艺术业	4247	149.8	58.9	65.9	2.8
文艺创作与表演	1061	46.8	20.3	16.5	1.0
艺术表演场馆	25	13.7	6.5	3.6	0.1
图书馆与档案馆	251	3.1	0.7	3.8	0.2
文物及非物质文化遗产保护	69	1.9	1.1	1.1	0.1
博物馆	17	1.2	0.3	0.9	
烈士陵园、纪念馆	20	16.6	2.4	0.4	
群众文体活动	486	18.6	6.9	8.4	0.3
其他文化艺术业	2318	48.0	20.7	31.2	1.2
体育	1435	83.6	43.3	20.1	1.0
体育组织	303	35.3	6.7	4.9	0.2
体育场地设施管理	127	4.0	2.3	2.3	0.1
健身休闲活动	936	39.3	31.0	12.3	0.7
其他体育	69	5.0	3.3	0.6	
娱乐业	13097	688.4	325.0	246.1	8.7
室内娱乐活动	6616	82.5	17.8	83.5	3.5
游乐园	183	250.4	182.7	50.2	0.5
休闲观光活动	2275	271.8	84.0	57.0	2.4
彩票活动	16	0.5	0.1	0.2	
文化体育娱乐活动与经纪代理服务	3899	73.4	27.5	52.4	2.1
其他娱乐业	108	9.8	13.0	2.8	0.1

4–31 文化、体育和娱乐业企业法人单位分地区主要指标

地　区	单位数（个）	资产总计（亿元）	负债合计（亿元）	营业收入（亿元）	从业人员（万人）
全　省	**20662**	**1527.1**	**777.2**	**525.4**	**16.4**
武汉市	7164	956.3	578.5	276.2	6.3
黄石市	756	28.3	7.2	15.0	0.6
十堰市	818	46.0	20.3	17.6	0.7
宜昌市	2108	130.6	45.8	52.5	2.0
襄阳市	1607	39.1	13.1	41.7	1.5
鄂州市	294	12.7	5.9	6.8	0.2
荆门市	828	45.2	23.3	8.2	0.4
孝感市	1297	43.0	16.9	21.9	0.9
荆州市	1164	43.7	14.6	18.8	0.8
黄冈市	1361	91.4	23.3	15.7	0.8
咸宁市	943	26.2	6.0	17.4	0.7
随州市	351	8.1	4.0	3.6	0.2
恩施州	1071	35.4	10.8	12.2	0.7
仙桃市	293	9.0	4.0	8.3	0.3
潜江市	299	3.2	0.9	6.2	0.2
天门市	258	6.7	1.7	3.2	0.1
神农架	50	2.4	0.9	0.4	

4-32　文化、体育和娱乐业企业法人单位分登记注册类型主要指标

登记注册类型	单位数（个）	资产总计（亿元）	负债合计（亿元）	营业收入（亿元）	从业人员（万人）
总　计	**20662**	**1527.1**	**777.2**	**525.4**	**16.4**
内资企业	**20623**	**1502.2**	**749.5**	**516.9**	**16.3**
国有企业	165	220.8	165.0	76.2	1.6
集体企业	57	1.0	0.2	0.9	
股份合作企业	5	0.1		0.1	
联营企业	13	0.6	0.1	0.4	
有限责任公司	3237	727.2	396.1	157.8	3.8
股份有限公司	251	132.6	55.5	21.9	0.4
私营企业	16391	407.2	130.7	251.0	10.1
其他企业	504	12.8	2.1	8.6	0.3
港、澳、台商投资企业	**21**	**5.8**	**4.0**	**5.8**	**0.1**
外商投资企业	**18**	**19.2**	**23.7**	**2.7**	**0.1**

4–33 国有控股企业分行业主要指标

行 业	单位数（个）	资产总计（亿元）	负债合计（亿元）	营业收入（亿元）	从业人员（万人）
总 计	**4059**	**36515.8**	**20801.6**	**3296.4**	**41.5**
交通运输、仓储和邮政业	**604**	**9275.5**	**5991.1**	**1079.2**	**16.9**
道路运输业	254	7550.3	5147.1	477.2	9.6
水上运输业	50	222.4	92.2	91.9	1.0
航空运输业	11	330.9	140.8	61.7	0.5
管道运输业	5	479.7	90.0	124.7	0.4
多式联运和运输代理业	31	26.0	14.1	38.0	0.1
装卸搬运和仓储业	202	554.0	437.5	118.4	1.0
邮政业	51	112.1	69.4	167.4	4.3
信息传输、软件和信息技术服务业	**280**	**1356.6**	**388.3**	**526.0**	**5.5**
电信、广播电视和卫星传输服务	130	1115.9	286.0	418.8	4.2
互联网和相关服务	23	11.2	4.1	5.6	0.1
软件和信息技术服务业	127	229.5	98.3	101.5	1.2
房地产业	**436**	**848.6**	**517.7**	**59.8**	**2.4**
物业管理	176	86.5	55.9	29.7	1.9
房地产中介服务	42	36.1	31.1	1.2	
房地产租赁经营	204	473.4	265.2	22.6	0.4
其他房地产业	14	252.7	165.5	6.3	
租赁和商务服务业	**1075**	**14106.8**	**7707.5**	**448.8**	**5.3**
租赁业	21	26.1	19.9	2.4	
商务服务业	1054	14080.8	7687.5	446.3	5.3
科学研究和技术服务业	**826**	**2363.5**	**1330.4**	**738.8**	**7.0**
研究和试验发展	47	116.3	19.4	15.1	0.2
专业技术服务业	597	2182.8	1285.3	716.8	6.5
科技推广和应用服务业	182	64.4	25.7	6.9	0.2
水利、环境和公共设施管理业	**321**	**7941.0**	**4529.2**	**305.1**	**1.9**
水利管理业	71	641.0	550.4	12.8	0.2
生态保护和环境治理业	32	459.1	264.9	49.6	0.3
公共设施管理业	187	1709.3	1022.6	71.6	1.4
土地管理业	31	5131.6	2691.4	171.0	0.1
居民服务、修理和其他服务业	**85**	**16.6**	**8.1**	**7.5**	**0.2**
居民服务业	28	8.1	4.0	5.1	0.1
机动车、电子产品和日用产品修理业	27	1.1	0.7	1.0	
其他服务业	30	7.4	3.4	1.4	0.1
教育	**62**	**11.4**	**5.5**	**6.1**	**0.3**
学前教育	9	0.3	0.0	0.2	
初等教育	2			0.1	
中等教育	1				
高等教育	3	4.0	1.2	1.3	0.1
技能培训、教育辅助及其他教育	47	7.1	4.2	4.6	0.2
卫生和社会工作	**74**	**11.8**	**7.0**	**7.2**	**0.4**
卫生	66	11.0	7.0	7.0	0.3
社会工作	8	0.8	0.0	0.1	
文化、体育和娱乐业	**296**	**584.1**	**316.9**	**118.0**	**1.6**
新闻和出版业	77	247.6	107.7	38.0	0.7
广播、电视、电影和录音制作业	88	30.5	14.5	25.7	0.3
文化艺术业	71	33.5	8.5	5.2	0.3
体育	14	4.3	1.4	0.9	
娱乐业	46	268.2	184.9	48.3	0.3

注：根据数据保密相关规定，行业单位数量小于3个，未列出数据，导致总计与分项之和不等。不含铁路运输业、金融业、房地产开发经营。

4–34　非公有控股企业分行业主要指标

行　业	单位数（个）	资产总计（亿元）	负债合计（亿元）	营业收入（亿元）	从业人员（万人）
总　计	**263282**	**18223.2**	**9443.1**	**7541.9**	**250.1**
交通运输、仓储和邮政业	**21143**	**1914.3**	**1041.2**	**1223.6**	**29.2**
道路运输业	14274	1235.1	669.0	842.1	19.6
水上运输业	589	129.0	67.6	53.7	1.0
航空运输业	65	56.9	38.0	27.1	0.4
管道运输业	7	2.6	1.2	2.9	
多式联运和运输代理业	2145	172.4	104.1	91.2	1.9
装卸搬运和仓储业	2718	280.0	143.6	123.1	3.1
邮政业	1345	38.4	17.7	83.6	3.3
信息传输、软件和信息技术服务业	**38555**	**1599.1**	**850.7**	**1257.8**	**34.8**
电信、广播电视和卫星传输服务	962	211.2	85.1	162.1	1.6
互联网和相关服务	4914	240.8	95.2	195.3	7.7
软件和信息技术服务业	32679	1147.1	670.5	900.5	25.6
房地产业	**21193**	**1870.6**	**1130.1**	**572.5**	**31.3**
物业管理	10434	648.5	404.7	333.6	22.3
房地产中介服务	8110	315.9	162.2	142.7	6.5
房地产租赁经营	1902	676.2	395.6	63.8	1.8
其他房地产业	747	229.9	167.7	32.5	0.7
租赁和商务服务业	**85994**	**8013.4**	**4006.8**	**2275.9**	**75.2**
租赁业	8064	414.2	244.1	169.0	5.5
商务服务业	77930	7599.2	3762.7	2106.9	69.7
科学研究和技术服务业	**43595**	**2222.0**	**1301.1**	**1125.1**	**33.3**
研究和试验发展	5708	549.4	348.7	126.4	3.6
专业技术服务业	24332	1211.4	776.2	723.8	21.2
科技推广和应用服务业	13555	461.3	176.2	274.9	8.4
水利、环境和公共设施管理业	**4814**	**1137.6**	**517.8**	**194.8**	**6.2**
水利管理业	203	18.9	8.1	8.6	0.2
生态保护和环境治理业	700	112.8	38.9	21.6	0.7
公共设施管理业	3806	616.1	261.8	126.0	5.2
土地管理业	105	389.9	209.0	38.7	0.1
居民服务、修理和其他服务业	**18507**	**318.2**	**114.5**	**314.2**	**15.1**
居民服务业	7472	127.1	48.7	112.6	5.9
机动车、电子产品和日用产品修理业	7185	119.7	42.7	125.2	4.7
其他服务业	3850	71.5	23.1	76.3	4.5
教育	**6889**	**164.6**	**58.2**	**110.8**	**5.8**
学前教育	672	18.7	4.8	11.4	1.0
初等教育	72	1.9	0.7	1.1	0.1
中等教育	15	3.3	0.1	0.5	0.1
高等教育	1				
特殊教育	1	0.0		0.0	
技能培训、教育辅助及其他教育	6128	140.8	52.6	97.7	4.8
卫生和社会工作	**2992**	**260.1**	**123.2**	**136.5**	**6.3**
卫生	2447	211.3	104.5	125.7	5.7
社会工作	545	48.7	18.7	10.7	0.6
文化、体育和娱乐业	**19600**	**723.3**	**299.6**	**330.8**	**13.0**
新闻和出版业	178	13.9	5.8	17.4	0.2
广播、电视、电影和录音制作业	1479	112.5	65.9	47.2	1.3
文化艺术业	4008	111.9	49.9	58.1	2.4
体育	1362	78.7	41.7	18.3	1.0
娱乐业	12573	406.3	136.4	189.8	8.0

注：不含铁路运输业、金融业、房地产开发经营。

4-35 规模以上交通运输、仓储

行业	固定资产原价（亿元）	累计折旧（亿元）	资产总计（亿元）	负债合计（亿元）	所有者权益合计（亿元）	营业收入（亿元）
总计	**7207.13**	**1526.09**	**14246.99**	**7622.62**	**6624.37**	**2341.48**
铁路运输业	3518.19	884.09	4516.42	1284.44	3231.98	707.92
铁路旅客运输	3487.79	874.79	4490.11	1270.66	3219.45	701.79
铁路货物运输	30.40	9.31	26.31	13.78	12.53	6.13
铁路运输辅助活动						
道路运输业	2523.89	258.76	7823.05	5356.88	2466.17	864.70
城市公共交通运输	692.01	89.78	3157.42	2151.02	1006.40	173.37
公路旅客运输	69.31	31.89	142.98	91.31	51.67	84.24
道路货物运输	172.69	55.57	378.12	238.03	140.10	395.66
道路运输辅助活动	1589.88	81.53	4144.53	2876.53	1268.00	211.42
水上运输业	129.96	33.38	274.00	125.09	148.91	123.94
水上旅客运输	4.84	1.83	6.00	2.41	3.59	3.06
水上货物运输	65.24	20.09	167.63	69.56	98.07	95.03
水上运输辅助活动	59.88	11.45	100.37	53.12	47.25	25.85
航空运输业	332.71	56.52	354.10	167.90	186.20	85.69
航空客货运输	103.18	25.81	97.94	63.12	34.82	64.44
通用航空服务	3.02	1.02	5.47	3.43	2.03	1.42
航空运输辅助活动	226.51	29.69	250.70	101.35	149.35	19.83
管道运输业	416.83	183.60	481.57	90.90	390.68	127.46
海底管道运输						
陆地管道运输	416.83	183.60	481.57	90.90	390.68	127.46
多式联运和运输代理业	24.93	14.96	56.84	35.60	21.24	66.09
多式联运						
运输代理业	24.93	14.96	56.84	35.60	21.24	66.09
装卸搬运和仓储业	166.80	47.43	616.41	481.01	135.40	152.37
装卸搬运	31.66	11.17	47.05	23.63	23.41	25.08
通用仓储	72.60	17.65	126.95	73.20	53.74	41.39
低温仓储	13.44	3.68	28.75	15.42	13.33	2.65
危险品仓储	5.89	0.93	9.25	6.75	2.49	0.82
谷物、棉花等农产品仓储	32.58	11.61	382.25	349.87	32.39	72.60
中药材仓储						
其他仓储业	10.63	2.39	22.16	12.13	10.03	9.82
邮政业	93.81	47.36	124.60	80.80	43.80	213.30
邮政基本服务	86.43	43.51	111.57	69.26	42.31	166.63
快递服务	7.38	3.85	12.93	11.50	1.42	46.62
其他寄递服务			0.11	0.04	0.07	0.05

注：规模以上铁路运输业企业数据存在内部往来未扣除。

和邮政业企业法人单位主要指标

营业成本（亿元）	税金及附加（亿元）	销售费用、管理费用、财务费用合计（亿元）	投资收益（亿元）	营业利润（亿元）	利润总额（亿元）	应付职工薪酬（亿元）	应交增值税（亿元）	平均用工人数（人）
1892.60	**12.63**	**293.15**	**3.28**	**244.97**	**248.14**	**443.22**	**60.16**	**362649**
593.15	0.64	49.92	−1.75	80.93	78.56	153.39	15.70	81373
587.39	0.62	49.05	−1.75	81.44	79.06	152.81	15.39	80659
5.76	0.02	0.86		−0.51	−0.50	0.58	0.31	714
634.79	6.31	167.62	4.74	97.36	101.06	138.94	25.71	176096
148.58	1.20	45.41	−0.01	8.85	11.04	71.73	4.16	81653
69.40	0.94	10.44	0.38	5.46	5.90	14.99	3.41	27822
330.19	3.27	37.35	0.28	28.55	29.15	42.48	14.17	55060
86.62	0.90	74.41	4.10	54.50	54.98	9.74	3.98	11561
109.96	0.67	11.54	0.20	4.34	6.04	14.83	3.37	14672
2.59	0.05	0.66		0.21	0.21	0.85	0.07	1055
82.86	0.43	7.46	0.31	4.18	5.73	9.43	2.79	9122
24.51	0.19	3.41	−0.11	−0.05	0.09	4.55	0.50	4495
80.99	1.40	10.49	0.02	−2.59	−2.25	13.96	1.28	7892
58.80	0.16	7.35	0.02	0.34	0.69	7.81	1.05	3156
1.14		0.39		−0.09		0.34	0.02	275
21.05	1.25	2.76		−2.84	−2.94	5.81	0.21	4461
87.71	0.91	3.66	−0.16	37.96	37.84	8.16	6.32	4319
87.71	0.91	3.66	−0.16	37.96	37.84	8.16	6.32	4319
57.92	0.25	6.86	0.08	1.18	1.14	4.53	0.64	5499
57.92	0.25	6.86	0.08	1.18	1.14	4.53	0.64	5499
149.16	1.71	21.00	0.32	14.26	15.50	13.93	3.75	16592
17.89	0.50	2.69		4.95	4.80	3.96	0.93	5954
31.92	0.80	7.86	−0.05	0.83	1.13	5.21	0.86	4740
1.56	0.01	0.81		5.34	5.26	0.35	0.11	457
0.92	0.03	0.44		−0.35	−0.32	0.23	0.02	301
89.48	0.12	8.02	0.37	2.35	2.46	3.47	1.32	3978
7.39	0.26	1.17		1.13	2.18	0.71	0.53	1162
178.91	0.74	22.07	−0.18	11.53	10.22	95.49	3.38	56206
138.69	0.61	17.59	−0.18	9.61	8.25	87.03	2.91	43135
40.16	0.13	4.46		1.95	2.01	8.39	0.47	12972
0.07		0.02		−0.03	−0.03	0.07		99

4-36 规模以上信息传输、软件和信

行 业	固定资产原价（亿元）	累计折旧（亿元）	资产总计（亿元）	负债合计（亿元）	所有者权益合计（亿元）	营业收入（亿元）
总 计	**1654.48**	**914.67**	**2058.97**	**787.90**	**1271.07**	**1180.02**
电信、广播电视和卫星传输服务	1569.28	880.43	1266.34	355.17	911.18	550.80
电信	1445.71	833.76	1042.99	229.43	813.55	513.78
广播电视传输服务	123.57	46.67	223.35	125.73	97.62	37.02
卫星传输服务						
互联网和相关服务	21.34	10.97	149.66	68.19	81.46	117.10
互联网接入及相关服务	0.25	0.12	4.01	5.54	-1.53	5.36
互联网信息服务	15.72	7.55	130.01	52.55	77.46	104.95
互联网平台	0.93	0.24	7.72	8.01	-0.29	2.61
互联网安全服务						
互联网数据服务	1.58	0.78	4.29	1.39	2.90	1.84
其他互联网服务	2.87	2.29	3.63	0.70	2.93	2.34
软件和信息技术服务业	63.86	23.27	642.97	364.54	278.43	512.12
软件开发	31.67	11.20	406.03	207.02	199.01	301.93
集成电路设计	15.38	5.68	80.54	65.60	14.95	96.53
信息系统集成和物联网技术服务	9.31	2.57	84.71	53.76	30.95	67.79
运行维护服务	0.12	0.05	1.93	0.82	1.11	1.91
信息处理和存储支持服务	0.07	0.06	5.91	3.01	2.89	0.56
信息技术咨询服务	5.53	3.04	23.36	9.56	13.79	24.07
数字内容服务	0.90	0.56	14.21	5.29	8.92	9.45
其他信息技术服务业	0.86	0.11	26.28	19.47	6.81	9.88

息技术服务业企业法人单位主要指标

营业成本（亿元）	税金及附加（亿元）	销售费用、管理费用、财务费用合计（亿元）	投资收益（亿元）	营业利润（亿元）	利润总额（亿元）	应付职工薪酬（亿元）	应交增值税（亿元）	平均用工人数（人）
770.34	**4.69**	**235.19**	**2.01**	**176.07**	**180.68**	**257.44**	**45.64**	**209469**
331.16	1.80	93.74	0.88	122.84	124.17	77.24	18.22	50172
309.50	1.72	79.14	0.82	121.22	122.30	64.82	15.92	39063
21.66	0.08	14.61	0.06	1.62	1.87	12.43	2.30	11109
79.53	0.37	22.65	0.12	15.47	15.73	38.71	4.86	61222
5.47	0.01	0.78		–0.89	–0.89	0.27	0.32	254
68.21	0.32	20.10	0.12	16.91	17.13	35.94	4.46	58874
2.81	0.01	1.08		–1.26	–1.25	1.37	0.03	1405
1.33	0.01	0.45		0.26	0.26	0.35	0.01	201
1.71	0.03	0.23		0.45	0.48	0.78	0.05	488
359.65	2.52	118.81	1.01	37.76	40.78	141.49	22.56	98075
202.89	1.67	80.50	0.60	23.14	25.75	111.83	15.31	76258
71.81	0.16	19.80	0.02	5.01	5.05	7.07	1.55	1836
51.31	0.38	10.01	0.25	5.97	6.20	12.72	3.71	10135
1.85	0.01	0.09		–0.05	–0.05	0.35	0.07	641
0.08		0.25		0.07	0.07	0.16	0.02	116
15.96	0.16	5.59	0.12	2.64	2.72	6.68	1.22	6489
6.78	0.10	1.59	0.05	1.06	1.12	1.51	0.30	1446
8.96	0.03	0.98	–0.03	–0.09	–0.10	1.17	0.38	1154

4-37 规模以上物业管理、房地产中介服务、房地

行 业	固定资产原价(亿元)	累计折旧(亿元)	资产总计(亿元)	负债合计(亿元)	所有者权益合计(亿元)	营业收入(亿元)
总 计	**166.88**	**42.98**	**717.79**	**396.56**	**321.23**	**176.23**
房地产业	166.88	42.98	717.79	396.56	321.23	176.23
物业管理	60.69	16.10	260.93	184.50	76.43	134.35
房地产中介服务	3.50	1.35	22.77	18.00	4.77	22.13
房地产租赁经营	102.68	25.52	433.83	193.89	239.94	19.28
其他房地产业	0.01		0.26	0.17	0.09	0.46

4-38 规模以上租赁和商务服

行 业	固定资产原价(亿元)	累计折旧(亿元)	资产总计(亿元)	负债合计(亿元)	所有者权益合计(亿元)	营业收入(亿元)
总 计	**649.60**	**123.45**	**8430.19**	**4719.84**	**3710.35**	**913.93**
租赁业	22.22	8.80	39.84	28.68	11.16	12.67
机械设备经营租赁	22.19	8.79	38.73	28.03	10.70	11.88
文体设备和用品出租	0.02	0.01	0.21	0.10	0.11	0.11
日用品出租	0.01		0.90	0.55	0.35	0.68
商务服务业	627.38	114.65	8390.35	4691.16	3699.19	901.26
组织管理服务	394.17	67.81	7609.90	4195.99	3413.92	269.34
综合管理服务	98.36	14.38	317.10	213.74	103.36	34.20
法律服务	0.94	0.28	5.88	4.40	1.48	11.78
咨询与调查	17.57	3.41	82.74	43.73	39.02	55.79
广告业	70.60	12.09	165.32	93.30	72.01	159.35
人力资源服务	9.69	3.54	99.07	77.48	21.60	218.22
安全保护服务	8.69	3.52	22.96	10.96	12.00	40.75
会议、展览及相关服务	14.48	4.70	22.40	15.19	7.21	11.46
其他商务服务业	12.88	4.93	64.98	36.38	28.59	100.38

产租赁经营和其他房地产业企业法人单位主要指标

营业成本（亿元）	税金及附加（亿元）	销售费用、管理费用、财务费用合计（亿元）	投资收益（亿元）	营业利润（亿元）	利润总额（亿元）	应付职工薪酬（亿元）	应交增值税（亿元）	平均用工人数（人）
121.98	**2.50**	**40.09**	**0.73**	**13.15**	**11.84**	**70.78**	**7.64**	**130771**
121.98	2.50	40.09	0.73	13.15	11.84	70.78	7.64	130771
97.64	1.65	25.28	0.58	10.62	10.73	57.27	5.48	113585
13.36	0.14	8.66	0.01	–0.14	–0.14	11.26	1.10	13920
10.63	0.70	6.13	0.14	2.59	1.19	2.14	1.04	3091
0.35	0.01	0.03		0.07	0.06	0.12	0.02	175

务业企业法人单位主要指标

营业成本（亿元）	税金及附加（亿元）	销售费用、管理费用、财务费用合计（亿元）	投资收益（亿元）	营业利润（亿元）	利润总额（亿元）	应付职工薪酬（亿元）	应交增值税（亿元）	平均用工人数（人）
689.32	**8.73**	**166.53**	**12.98**	**95.65**	**102.30**	**194.32**	**33.13**	**274765**
8.67	0.12	3.00	0.01	1.81	1.80	2.35	0.83	2997
8.46	0.11	2.46	0.01	1.79	1.78	2.25	0.82	2747
0.06		0.03		0.01	0.01	0.07	0.01	163
0.15		0.51		0.01	0.01	0.03		87
680.64	8.62	163.53	12.97	93.84	100.50	191.97	32.29	271768
171.90	4.83	75.97	11.72	60.48	65.76	31.66	12.97	23678
20.03	1.11	9.65	0.35	3.84	4.54	4.09	1.00	4722
5.45	0.29	4.40		1.63	1.62	3.75	0.61	2484
31.81	0.41	14.95	0.04	8.45	8.52	14.89	2.31	14923
118.36	0.63	30.82	0.01	9.62	9.67	7.17	7.00	7826
205.58	0.77	9.53	0.01	2.57	2.91	93.87	5.42	143709
31.92	0.16	5.88	0.02	2.73	2.73	26.71	1.00	61662
7.13	0.10	3.79	0.69	1.12	1.14	2.09	0.26	2758
88.47	0.31	8.52	0.13	3.39	3.60	7.74	1.72	10006

4-39 规模以上科学研究和技术

行　　业	固定资产原　价（亿元）	累计折旧（亿元）	资产总计（亿元）	负债合计（亿元）	所有者权益合计（亿元）	营业收入（亿元）
总　计	**259.63**	**100.21**	**2522.17**	**1555.09**	**967.09**	**936.66**
研究和试验发展	13.83	5.47	360.27	231.35	128.92	29.14
自然科学研究和试验发展	1.95	0.81	277.15	201.93	75.22	0.65
工程和技术研究和试验发展	8.84	2.75	62.35	18.82	43.53	20.39
农业科学研究和试验发展	0.39	0.09	0.93	0.03	0.90	0.63
医学研究和试验发展	2.65	1.82	19.84	10.58	9.26	7.47
社会人文科学研究						
专业技术服务业	214.17	86.48	2062.95	1273.42	789.53	855.80
气象服务	0.04	0.04	1.36	0.08	1.28	0.49
地震服务						
海洋服务						
测绘地理信息服务	2.30	0.90	7.17	3.96	3.21	5.84
质检技术服务	23.73	9.29	60.14	27.47	32.67	40.09
环境与生态监测检测服务	0.68	0.30	2.02	0.96	1.05	2.43
地质勘查	3.30	1.70	12.83	8.65	4.17	8.98
工程技术与设计服务	151.34	62.28	1852.44	1155.63	696.81	716.08
工业与专业设计及其他专业技术服务	32.78	11.97	126.99	76.65	50.34	81.89
科技推广和应用服务业	31.64	8.26	98.96	50.32	48.64	51.71
技术推广服务	29.50	7.61	87.63	43.41	44.21	48.29
知识产权服务	0.14	0.08	0.22	0.05	0.17	0.71
科技中介服务	0.12	0.04	0.43	0.24	0.19	0.59
创业空间服务	0.67	0.12	2.15	1.35	0.81	1.02
其他科技推广服务业	1.22	0.41	8.53	5.26	3.27	1.11

服务业企业法人单位主要指标

营业成本（亿元）	税金及附加（亿元）	销售费用、管理费用、财务费用合计（亿元）	投资收益（亿元）	营业利润（亿元）	利润总额（亿元）	应付职工薪酬（亿元）	应交增值税（亿元）	平均用工人数（人）
717.16	**6.54**	**128.93**	**5.09**	**84.41**	**73.60**	**178.85**	**32.27**	**109360**
19.42	0.17	20.62	0.03	−10.17	−9.80	6.86	1.41	4782
0.49	0.01	12.31	0.01	−12.17	−12.16	0.87	0.63	437
13.94	0.12	5.98	−0.01	1.28	1.48	4.83	0.46	3062
0.50		0.07		0.06	0.06	0.04	0.02	53
4.49	0.05	2.25	0.02	0.66	0.82	1.11	0.29	1230
662.89	5.84	99.07	4.96	87.10	75.64	162.48	29.46	92915
0.20		0.28	0.01	0.01	0.01	0.22	0.01	107
3.72	0.04	1.35	0.02	0.78	0.79	1.62	0.17	865
22.90	0.28	7.11		9.87	10.00	9.87	1.42	8247
1.35	0.01	0.88		0.20	0.22	1.02	0.11	930
7.08	0.06	1.25	0.08	0.67	0.12	1.97	0.41	1066
563.78	5.02	75.44	3.24	69.66	58.08	132.11	24.76	71781
63.87	0.42	12.79	1.60	5.92	6.41	15.66	2.58	9919
34.85	0.53	9.24	0.11	7.48	7.76	9.51	1.41	11663
32.75	0.49	8.24	0.11	7.20	7.45	9.00	1.33	10795
0.54	0.01	0.18		−0.03	−0.02	0.13	0.01	176
0.39	0.02	0.13		0.04	0.04	0.11	0.02	183
0.63	0.02	0.28		0.09	0.11	0.14	0.04	198
0.53	0.01	0.40		0.18	0.18	0.12		311

4-40 规模以上水利、环境和公共

行业	固定资产原价（亿元）	累计折旧（亿元）	资产总计（亿元）	负债合计（亿元）	所有者权益合计（亿元）	营业收入（亿元）
总计	**415.55**	**84.61**	**6413.92**	**3584.53**	**2829.39**	**310.64**
水利管理业	4.61	2.60	8.95	4.61	4.34	5.07
防洪除涝设施管理	0.85	0.58	4.88	3.11	1.76	3.65
水资源管理						
天然水收集与分配	2.08	1.22	1.07	0.65	0.43	0.34
水文服务			0.07	0.06	0.01	0.12
其他水利管理业	1.68	0.81	2.93	0.79	2.14	0.96
生态保护和环境治理业	48.10	12.93	388.14	224.67	163.47	53.22
生态保护	5.24	1.57	10.70	7.05	3.65	2.36
环境治理业	42.86	11.35	377.44	217.62	159.82	50.87
公共设施管理业	232.26	54.19	1207.15	789.40	417.75	98.78
市政设施管理	118.93	29.99	929.59	625.21	304.38	43.62
环境卫生管理	4.52	1.55	7.22	3.84	3.38	6.90
城乡市容管理	0.01	0.01	0.61	0.09	0.52	0.45
绿化管理	1.04	0.44	9.36	6.00	3.36	7.81
城市公园管理	0.66	0.29	7.24	2.68	4.56	3.16
游览景区管理	107.08	21.90	253.14	151.58	101.55	36.86
土地管理业	130.58	14.89	4809.68	2565.85	2243.83	153.56
土地整治服务	124.38	13.15	2556.73	1191.66	1365.07	138.90
土地调查评估服务	0.08	0.05	28.40	21.92	6.49	3.26
土地登记服务						
土地登记代理服务						
其他土地管理服务	6.12	1.69	2224.54	1352.27	872.28	11.40

设施管理业企业法人单位主要指标

营业成本（亿元）	税金及附加（亿元）	销售费用、管理费用、财务费用合计（亿元）	投资收益（亿元）	营业利润（亿元）	利润总额（亿元）	应付职工薪酬（亿元）	应交增值税（亿元）	平均用工人数（人）
197.49	**7.17**	**40.20**	**2.75**	**72.27**	**86.24**	**24.24**	**15.04**	**29179**
4.20	0.02	0.67		0.19	0.16	1.19	0.07	947
3.25	0.01	0.34		0.06	0.03	0.22	0.02	139
0.18		0.14		0.02	0.02	0.21	0.01	254
0.09		0.03		0.01	0.01	0.02	0.01	25
0.68	0.01	0.18		0.10	0.10	0.74	0.04	529
35.43	0.58	10.18	0.16	5.46	5.69	5.93	2.52	3780
1.20	0.02	0.45		0.69	0.75	0.39	0.04	565
34.23	0.56	9.73	0.16	4.77	4.94	5.54	2.48	3215
64.45	1.41	18.80	0.96	18.17	18.44	15.53	7.41	23398
29.57	0.58	4.33	0.64	9.77	9.78	1.99	5.09	1688
5.74	0.04	0.88		0.26	0.25	3.91	0.18	7014
0.34				0.09	0.09	0.02	0.01	50
6.49	0.05	0.77		0.50	0.56	0.97	0.32	2004
2.07	0.02	0.62		0.44	0.47	0.56	0.13	832
20.24	0.71	12.19	0.32	7.10	7.29	8.09	1.68	11810
93.41	5.16	10.53	1.63	48.46	61.96	1.59	5.04	1054
86.28	4.31	7.67	0.66	43.49	56.82	0.86	4.52	666
2.18	0.29	0.08		0.70	0.71	0.10	0.18	153
4.95	0.56	2.78	0.97	4.27	4.42	0.63	0.34	235

4-41 规模以上居民服务、修理和

行业	固定资产原价（亿元）	累计折旧（亿元）	资产总计（亿元）	负债合计（亿元）	所有者权益合计（亿元）	营业收入（亿元）
总计	**20.28**	**6.28**	**49.01**	**28.05**	**20.96**	**47.30**
居民服务业	6.89	2.81	23.98	14.85	9.13	21.56
家庭服务	1.22	0.49	3.55	1.87	1.69	3.87
托儿所服务						
洗染服务	0.27	0.12	0.47	0.34	0.13	0.58
理发及美容服务	0.37	0.18	2.21	1.92	0.29	1.90
洗浴和保健养生服务	1.34	0.76	2.14	1.55	0.59	2.01
摄影扩印服务	0.26	0.11	0.61	0.13	0.49	1.32
婚姻服务	0.32	0.09	0.53	0.19	0.35	0.66
殡葬服务	2.79	0.90	11.25	6.58	4.68	5.70
其他居民服务业	0.30	0.16	3.20	2.29	0.92	5.51
机动车、电子产品和日用产品修理业	5.48	1.59	12.26	7.89	4.37	14.02
汽车、摩托车等修理与维护	4.93	1.51	9.90	6.24	3.66	10.96
计算机和办公设备维修	0.21	0.04	0.69	0.45	0.24	1.05
家用电器修理	0.01	0.01	0.19	0.07	0.12	0.31
其他日用产品修理业	0.33	0.03	1.48	1.14	0.34	1.70
其他服务业	7.91	1.89	12.78	5.31	7.47	11.72
清洁服务	5.89	1.55	8.90	2.22	6.68	10.13
宠物服务						
其他未列明服务业	2.02	0.33	3.88	3.09	0.79	1.59

其他服务业企业法人单位主要指标

营业成本（亿元）	税金及附加（亿元）	销售费用、管理费用、财务费用合计（亿元）	投资收益（亿元）	营业利润（亿元）	利润总额（亿元）	应付职工薪酬（亿元）	应交增值税（亿元）	平均用工人数（人）
33.10	**0.54**	**10.24**	**0.01**	**3.38**	**3.45**	**13.56**	**1.55**	**23986**
14.16	0.17	5.67	0.01	1.61	1.66	6.97	0.61	11862
2.42	0.03	1.26	0.01	0.16	0.17	2.18	0.12	5173
0.41		0.15		0.01	0.04	0.33	0.02	609
1.12	0.03	0.56		0.20	0.20	0.58	0.06	642
0.99	0.02	0.92		0.08	0.09	0.51	0.07	819
1.13	0.01	0.14		0.04	0.03	0.16	0.02	239
0.41	0.03	0.09		0.13	0.13	0.15	0.02	207
2.95	0.01	1.85		0.92	0.90	0.80	0.12	969
4.72	0.03	0.70		0.07	0.10	2.26	0.19	3204
10.36	0.16	2.70	0.01	0.79	0.78	2.57	0.46	3731
7.87	0.14	2.24	0.01	0.70	0.70	1.95	0.40	2752
0.94		0.11		–0.01	–0.01	0.44	0.02	671
0.19	0.01	0.11		0.01	0.01	0.09	0.02	140
1.36	0.01	0.25		0.09	0.09	0.09	0.04	168
8.58	0.21	1.87		0.98	1.01	4.02	0.48	8393
7.44	0.19	1.65		0.77	0.79	3.88	0.47	8163
1.14	0.02	0.22		0.21	0.21	0.14	0.01	230

4-42 规模以上教育企业

行业	固定资产原价（亿元）	累计折旧（亿元）	资产总计（亿元）	负债合计（亿元）	所有者权益合计（亿元）	营业收入（亿元）
总计	**75.94**	**16.12**	**116.70**	**73.72**	**42.99**	**55.61**
学前教育	3.60	0.87	4.81	1.43	3.38	4.02
初等教育	15.53	1.57	19.49	16.92	2.57	3.46
中等教育	27.99	5.79	42.07	28.75	13.31	13.29
高等教育	12.58	1.83	14.48	3.48	11.00	1.91
特殊教育						
技能培训、教育辅助及其他教育	16.23	6.05	35.86	23.13	12.73	32.92

4-43 规模以上卫生和社会工作

行业	固定资产原价（亿元）	累计折旧（亿元）	资产总计（亿元）	负债合计（亿元）	所有者权益合计（亿元）	营业收入（亿元）
总计	**91.32**	**39.11**	**191.26**	**125.16**	**66.10**	**137.60**
卫生	87.14	38.60	185.66	122.34	63.32	136.61
医院	75.65	35.16	156.27	104.95	51.32	115.50
基层医疗卫生服务	3.16	1.11	6.39	3.91	2.48	5.70
专业公共卫生服务	0.11	0.07	0.22	0.18	0.04	0.77
其他卫生活动	8.22	2.27	22.79	13.30	9.49	14.65
社会工作	4.17	0.51	5.59	2.82	2.77	0.99
提供住宿社会工作	4.17	0.51	5.59	2.82	2.77	0.99
不提供住宿社会工作						

法人单位主要指标

营业成本（亿元）	税金及附加（亿元）	销售费用、管理费用、财务费用合计（亿元）	投资收益（亿元）	营业利润（亿元）	利润总额（亿元）	应付职工薪酬（亿元）	应交增值税（亿元）	平均用工人数（人）
35.28	**0.38**	**15.21**	**0.02**	**5.42**	**5.52**	**23.93**	**1.68**	**29273**
2.69	0.05	0.89		0.39	0.39	2.02	0.15	4408
2.67		0.57		0.22	0.21	1.71	0.07	2850
9.07	0.04	3.35		1.43	1.52	6.38	0.41	9254
0.31	0.01	1.28		0.30	0.30	0.99		877
20.55	0.27	9.12	0.02	3.08	3.09	12.83	1.06	11884

企业法人单位主要指标

营业成本（亿元）	税金及附加（亿元）	销售费用、管理费用、财务费用合计（亿元）	投资收益（亿元）	营业利润（亿元）	利润总额（亿元）	应付职工薪酬（亿元）	应交增值税（亿元）	平均用工人数（人）
93.12	**0.20**	**38.87**	**0.30**	**5.03**	**5.03**	**41.04**	**1.15**	**45189**
92.41	0.20	38.51	0.30	5.02	5.01	40.67	1.13	44505
79.67	0.17	33.06	0.28	2.28	2.28	36.90	0.96	39908
3.49	0.01	1.83	0.01	0.40	0.41	1.67	0.05	2080
0.66		0.11				0.14	0.02	182
8.59	0.02	3.52	0.01	2.34	2.32	1.97	0.08	2335
0.71		0.36		0.02	0.02	0.37	0.02	684
0.71		0.36		0.02	0.02	0.37	0.02	684

4-44 规模以上文化、体育和

行业	固定资产原价（亿元）	累计折旧（亿元）	资产总计（亿元）	负债合计（亿元）	所有者权益合计（亿元）	营业收入（亿元）
总计	**192.64**	**93.22**	**986.62**	**628.12**	**358.50**	**253.29**
新闻和出版业	49.79	36.27	371.20	204.07	167.14	87.18
新闻业	8.39	3.15	72.79	33.46	39.33	2.09
出版业	41.39	33.12	298.41	170.61	127.80	85.09
广播、电视、电影和录音制作业	48.46	28.59	178.31	123.38	54.94	69.17
广播						
电视	13.04	8.12	16.74	6.58	10.16	8.04
影视节目制作	0.57	0.29	6.91	2.62	4.30	5.55
广播电视集成播控	17.39	11.39	67.64	56.97	10.67	19.53
电影和广播电视节目发行	0.77	0.56	58.31	36.78	21.53	6.85
电影放映	16.69	8.23	28.71	20.43	8.28	29.20
录音制作						
文化艺术业	10.20	4.23	27.30	16.20	11.10	9.86
文艺创作与表演	4.24	1.48	6.70	4.10	2.61	2.51
艺术表演场馆	1.68	1.17	11.27	6.36	4.90	3.27
图书馆与档案馆						
文物及非物质文化遗产保护	0.28	0.06	0.55	0.35	0.19	0.31
博物馆						
烈士陵园、纪念馆	0.02	0.02	0.16	0.14	0.03	0.14
群众文体活动	1.90	0.68	4.80	3.67	1.13	1.60
其他文化艺术业	2.09	0.81	3.82	1.57	2.25	2.03
体育	6.71	1.50	34.44	30.16	4.28	4.68
体育组织	0.22	0.15	3.72	1.19	2.53	0.78
体育场地设施管理	0.15	0.05	1.07	0.84	0.23	0.65
健身休闲活动	5.13	1.12	27.46	27.34	0.12	3.05
其他体育	1.22	0.19	2.20	0.79	1.40	0.20
娱乐业	77.48	22.63	375.36	254.32	121.04	82.40
室内娱乐活动	2.52	1.02	4.39	1.07	3.32	4.67
游乐园	30.17	11.53	240.47	179.49	60.98	45.55
休闲观光活动	40.57	8.20	99.40	51.01	48.39	19.64
彩票活动						
文化体育娱乐活动与经纪代理服务	2.36	0.95	24.94	10.52	14.42	11.26
其他娱乐业	1.87	0.93	6.16	12.24	-6.08	1.28

娱乐业企业法人单位主要指标

营业成本（亿元）	税金及附加（亿元）	销售费用、管理费用、财务费用合计（亿元）	投资收益（亿元）	营业利润（亿元）	利润总额（亿元）	应付职工薪酬（亿元）	应交增值税（亿元）	平均用工人数（人）
155.17	**12.02**	**61.53**	**3.29**	**35.95**	**37.44**	**47.47**	**8.13**	**49255**
59.67	2.61	21.77	2.60	7.38	8.00	19.99	2.38	15898
0.21	0.09	1.99		0.12	0.18	0.56	0.09	152
59.46	2.52	19.78	2.60	7.26	7.82	19.43	2.30	15746
53.06	0.62	18.00	0.24	1.31	0.75	11.63	1.40	10963
5.08	0.03	2.58	0.07	0.59	0.62	2.56	0.20	1450
4.67	0.02	0.62		0.25	0.26	0.53	0.12	664
17.60	0.06	5.16	0.10	0.11	-0.71	5.09	0.16	3030
6.54		1.91	0.03	-1.59	-1.59	0.29	0.05	197
19.16	0.51	7.73	0.03	1.95	2.18	3.17	0.88	5622
8.31	0.11	3.88	0.04	0.01	0.31	3.85	0.44	4497
2.97	0.04	1.76	0.02	-0.24	0.05	2.03	0.09	2573
3.09	0.02	1.18	0.02	-0.59	-0.57	1.15	0.22	872
0.21		0.08		0.03	0.03	0.13	0.01	217
0.06		0.04		0.05	0.05	0.02	0.01	23
0.76	0.04	0.33		0.48	0.47	0.28	0.04	433
1.23		0.52		0.28	0.29	0.25	0.07	379
3.00	0.05	2.25	0.05	-0.62	0.07	1.45	0.20	2216
0.85		0.31	0.04	-0.36	0.32	0.14	0.03	207
0.37		0.17		0.11	0.13	0.21	0.04	222
1.66	0.05	1.72		-0.39	-0.39	1.04	0.12	1720
0.13		0.06		0.01	0.01	0.06	0.01	67
31.13	8.63	15.63	0.37	27.87	28.30	10.54	3.70	15681
2.14	0.05	1.42	-0.01	1.06	1.06	0.81	0.15	1497
8.83	8.27	6.30	0.32	22.82	22.87	2.80	2.70	3299
11.37	0.20	5.14	0.02	3.07	3.25	4.22	0.57	7359
8.19	0.08	2.26	0.04	0.77	0.85	2.28	0.23	3084
0.60	0.04	0.50		0.15	0.27	0.44	0.04	442

第5篇

服务业行政事业及非企业法人单位篇

5-1 服务业行政事业及非企业法人单位分行业主要指标

行 业	单位数（个）	资产总计（亿元）	非企业单位支出（费用）（亿元）	从业人员（万人）
总 计	**106418**	**15759.3**	**7432.9**	**229.1**
交通运输、仓储和邮政业	**415**	**243.8**	**99.3**	**2.1**
道路运输业	342	137.9	65.5	1.9
水上运输业	34	84.4	29.6	0.2
航空运输业	4	12.1	1.7	
多式联运和运输代理业	4	0.1	0.1	
装卸搬运和仓储业	22	8.4	1.6	0.1
邮政业	9	1.0	0.8	
信息传输、软件和信息技术服务业	**437**	**69.2**	**13.6**	**0.5**
电信、广播电视和卫星传输服务	320	60.8	8.3	0.4
互联网和相关服务	47	3.3	2.6	
软件和信息技术服务业	70	5.0	2.7	0.1
房地产业	**177**	**32.7**	**6.4**	**0.2**
物业管理	54	1.6	2.7	0.1
房地产中介服务	44	5.3	0.4	
房地产租赁经营	22	8.2	1.1	0.1
其他房地产业	57	17.6	2.3	0.1
租赁和商务服务业	**2488**	**238.4**	**68.0**	**2.1**
租赁业	37	27.9	2.2	
机械设备经营租赁	31	27.9	2.2	
文体设备和用品出租	6	0.1	0.0	
商务服务业	2451	210.4	65.8	2.1
组织管理服务	654	131.8	33.5	0.8
综合管理服务	194	16.6	6.6	0.3
法律服务	445	6.4	3.4	0.2
咨询与调查	344	14.7	5.9	0.3
广告业	6	2.9	1.5	0.1
人力资源服务	369	18.5	8.0	0.3
安全保护服务	46	0.3	0.2	
会议、展览及相关服务	38	14.4	2.4	0.1
其他商务服务业	355	4.8	4.4	0.2
科学研究和技术服务业	**5026**	**582.9**	**206.0**	**5.7**
研究和试验发展	271	103.1	41.5	0.7
专业技术服务业	2576	429.8	137.4	3.6
科技推广和应用服务业	2179	49.9	27.1	1.4
水利、环境和公共设施管理业	**2446**	**437.3**	**229.9**	**5.8**
水利管理业	1265	207.3	43.2	1.6
防洪除涝设施管理	313	74.7	15.9	0.6
水资源管理	369	63.9	9.7	0.4

注：根据数据保密相关规定，行业单位数量小于3个，未列出数据，导致总计与分项之和不等。不含铁路运输业、金融业、房地产开发经营。

5–1 续表 1

行 业	单位数（个）	资产总计（亿元）	非企业单位支出（费用）（亿元）	从业人员（万人）
天然水收集与分配	123	26.5	2.4	0.2
水文服务	39	11.5	6.7	0.2
其他水利管理业	421	30.6	8.4	0.3
生态保护和环境治理业	237	30.5	9.5	0.3
生态保护	203	19.1	7.6	0.3
环境治理业	34	11.4	1.9	0.1
公共设施管理业	869	173.1	103.2	3.8
市政设施管理	157	49.1	35.8	0.5
环境卫生管理	235	18.8	24.7	1.9
城乡市容管理	191	13.0	13.0	0.6
绿化管理	82	10.4	8.3	0.2
城市公园管理	112	55.9	12.9	0.3
游览景区管理	92	25.9	8.5	0.2
土地管理业	75	26.4	74.1	0.1
土地整治服务	23	4.3	0.7	
土地调查评估服务	5	0.4	0.1	
土地登记服务	8	0.2	0.4	
土地登记代理服务	5	1.8	1.5	
其他土地管理服务	34	19.7	71.4	
居民服务、修理和其他服务业	**935**	**49.4**	**17.3**	**0.8**
居民服务业	784	41.1	12.6	0.6
机动车、电子产品和日用产品修理业	15	2.0	0.3	
其他服务业	136	6.3	4.4	0.2
教育	**15051**	**3556.6**	**1620.6**	**73.5**
学前教育	4503	143.9	93.5	10.0
初等教育	5701	457.6	329.7	19.6
中等教育	2670	942.9	535.1	27.4
高等教育	163	1843.8	589.9	13.3
特殊教育	102	9.7	4.7	0.2
技能培训、教育辅助及其他教育	1912	158.7	67.7	3.1
卫生和社会工作	**7334**	**2332.5**	**1456.2**	**40.6**
卫生	5039	2194.1	1397.7	38.4
医院	504	1734.0	1084.7	24.0
基层医疗卫生服务	3363	280.6	198.2	10.1
专业公共卫生服务	1112	175.9	112.7	4.2
其他卫生活动	60	3.6	2.1	0.1
社会工作	2295	138.4	58.5	2.2
提供住宿社会工作	1841	119.9	49.6	1.9
不提供住宿社会工作	454	18.5	8.9	0.3
文化、体育和娱乐业	**2828**	**254.7**	**84.5**	**3.2**
新闻和出版业	129	12.6	6.6	0.2

5-1 续表2

行　业	单位数（个）	资产总计（亿元）	非企业单位支出（费用）（亿元）	从业人员（万人）
新闻业	76	8.3	3.9	0.1
出版业	53	4.3	2.7	0.1
广播、电视、电影和录音制作业	158	21.9	10.4	0.5
广播	64	7.7	3.5	0.2
电视	53	11.6	5.4	0.3
影视节目制作	8	1.0	0.7	
广播电视集成播控	14	0.8	0.5	
电影和广播电视节目发行	6	0.3	0.2	
电影放映	13	0.6	0.2	
录音制作				
文化艺术业	2127	156.0	49.0	2.0
文艺创作与表演	208	5.2	5.8	0.4
艺术表演场馆	24	1.4	0.4	
图书馆与档案馆	288	37.7	12.1	0.4
文物及非物质文化遗产保护	140	21.0	4.3	0.2
博物馆	150	52.3	11.1	0.3
烈士陵园、纪念馆	83	11.6	2.6	0.1
群众文体活动	1126	24.6	10.4	0.6
其他文化艺术业	108	2.1	2.2	0.1
体育	190	33.9	7.7	0.2
体育组织	102	8.5	5.6	0.1
体育场地设施管理	34	18.7	1.5	0.1
健身休闲活动	47	6.7	0.5	
其他体育	7	0.0	0.0	
娱乐业	224	30.3	10.9	0.2
室内娱乐活动	18	0.2	0.2	
游乐园	5	0.3	0.2	
休闲观光活动	6	0.2	0.1	
彩票活动	30	21.5	7.3	
文化体育娱乐活动与经纪代理服务	162	8.2	3.1	0.1
其他娱乐业	3	0.0		
公共管理、社会保障和社会组织	**69281**	**7961.9**	**3631.0**	**94.3**
中国共产党机关	1404	89.7	107.0	2.9
国家机构	22468	5871.8	3118.4	67.5
人民政协、民主党派	247	6.4	12.0	0.4
社会保障	507	13.6	62.2	0.7
群众团体、社会团体和其他成员组织	15749	239.3	96.7	6.1
基层群众自治组织	28906	1741.2	234.7	16.6

5-2 交通运输、仓储和邮政业行政事业及非企业法人单位分地区主要指标

地 区	单位数（个）	资产总计（万元）	非企业单位支出（费用）（万元）	从业人员（人）
全 省	**415**	**2437475.2**	**993374.6**	**21494**
武汉市	74	1154517.4	589497.3	7608
黄石市	9	10414.6	10462.3	777
十堰市	12	26072.8	11068.4	471
宜昌市	30	73379.5	38812.2	1115
襄阳市	42	254919.1	49896.9	2442
鄂州市	6	3145.1	3527.2	158
荆门市	19	7429.6	6162.7	282
孝感市	37	196939.2	39901.2	2130
荆州市	29	320769.8	54421.2	1604
黄冈市	46	71329.7	48068.9	1828
咸宁市	27	160349.1	83074.2	1795
随州市	3	12682.0	2135.0	93
恩施州	62	29386.8	11349.5	294
仙桃市	7	9236.7	6335.9	232
潜江市	6	35040.5	14967.0	181
天门市	6	71863.4	23694.7	484
神农架				

注：不含铁路运输业。

5-3　信息传输、软件和信息技术服务业行政事业及非企业法人单位分地区主要指标

地　区	单位数（个）	资产总计（万元）	非企业单位支出（费用）（万元）	从业人员（人）
全　省	**437**	**691454.7**	**135641.2**	**5006**
武汉市	58	127339.1	65509.2	1338
黄石市	26	6282.4	4190.8	203
十堰市	27	3906.4	1626.5	118
宜昌市	54	16537.3	7469.5	237
襄阳市	65	13585.6	7357.6	581
鄂州市	5	12688.9	5677.7	212
荆门市	9	4262.9	1584.6	61
孝感市	21	427461.1	4666.6	408
荆州市	19	5895.5	4749.2	315
黄冈市	45	57358.8	17895.4	1057
咸宁市	11	6081.1	3375.6	141
随州市	6	2337.1	2402.3	109
恩施州	64	5459.3	8122.3	188
仙桃市	7	654.8	433.9	13
潜江市	4			
天门市	16	1604.4	579.8	25
神农架				

5-4 租赁和商务服务业行政事业及非企业法人单位分地区主要指标

地 区	单位数（个）	资产总计（万元）	非企业单位支出（费用）（万元）	从业人员（人）
全 省	**2488**	**2383655.1**	**679906.8**	**21378**
武汉市	446	681085.8	301706.8	8180
黄石市	59	17985.3	12345.0	563
十堰市	115	69314.4	24947.2	960
宜昌市	189	484794.0	76482.6	1108
襄阳市	242	48461.1	44710.0	1827
鄂州市	47	34879.9	11427.8	365
荆门市	116	559850.2	52339.5	819
孝感市	296	107078.2	39505.3	2554
荆州市	174	126205.9	15847.3	1331
黄冈市	153	50619.8	21094.5	1192
咸宁市	83	96092.1	34353.3	533
随州市	37	3062.9	2362.8	190
恩施州	417	78819.8	28290.7	757
仙桃市	49	5729.2	5250.6	408
潜江市	36	9024.9	6533.5	440
天门市	20	8802.4	2332.1	126
神农架	9	1849.3	377.8	25

5-5　科学研究和技术服务业行政事业及非企业法人单位分地区主要指标

地　区	单位数（个）	资产总计（万元）	非企业单位支出（费用）（万元）	从业人员（人）
全　省	**5026**	**5828677.9**	**2060059.5**	**57461**
武汉市	585	4460340.6	1287207.5	19723
黄石市	170	130727.5	71095.6	2512
十堰市	416	65052.6	54811.5	2738
宜昌市	415	115150.0	84095.6	2860
襄阳市	561	162282.4	101497.0	6923
鄂州市	124	34241.0	23862.9	651
荆门市	334	125013.4	54660.1	2262
孝感市	404	116225.7	71125.2	3968
荆州市	427	143057.8	68779.3	3432
黄冈市	438	168295.3	54808.2	3762
咸宁市	228	60437.0	34154.0	2027
随州市	233	71525.8	23145.8	1867
恩施州	448	84734.8	73216.0	2932
仙桃市	85	14221.0	11136.3	490
潜江市	72	17540.4	12780.8	676
天门市	78	57441.5	33142.3	622
神农架	8	2391.0	541.4	16

5-6 水利、环境和公共设施管理业行政事业及非企业法人单位分地区主要指标

地 区	单位数（个）	资产总计（万元）	非企业单位支出（费用）（万元）	从业人员（人）
全 省	**2446**	**4372925.4**	**2299364.5**	**58162**
武汉市	477	1562789.8	1446986.8	22622
黄石市	90	111478.6	41372.2	2155
十堰市	65	36858.8	66620.3	1039
宜昌市	220	256453.1	111270.1	2359
襄阳市	309	477770.2	118832.4	5537
鄂州市	52	99360.8	26787.2	1305
荆门市	167	920383.2	61716.1	2921
孝感市	248	151385.5	108763.2	4170
荆州市	168	170433.0	95002.7	4197
黄冈市	183	254256.5	68013.0	4728
咸宁市	124	100607.0	38127.3	1339
随州市	47	61191.2	11418.5	718
恩施州	184	46878.4	46650.5	1967
仙桃市	43	31832.7	14237.0	986
潜江市	26	12094.4	5766.0	796
天门市	33	18254.5	14643.1	1003
神农架	10	60898.0	23158.3	320

5-7　居民服务、修理和其他服务业行政事业及非企业法人单位分地区主要指标

地　区	单位数（个）	资产总计（万元）	非企业单位支出（费用）（万元）	从业人员（人）
全　省	**935**	**493666.0**	**173227.0**	**8075**
武汉市	316	283912.4	78427.9	3435
黄石市	26	19883.1	9195.7	492
十堰市	22	2281.7	4051.8	122
宜昌市	129	32583.8	14565.7	570
襄阳市	35	21868.9	5025.3	311
鄂州市	17	7150.7	2521.5	131
荆门市	22	14159.4	4841.2	224
孝感市	229	38561.1	19002.6	1137
荆州市	39	25059.8	15676.1	788
黄冈市	25	5150.9	2101.1	136
咸宁市	14	17775.5	9934.7	277
随州市	6	5266.4	261.8	47
恩施州	28	5658.6	1546.7	137
仙桃市	13	8484.2	2257.8	136
潜江市	2	2724.3	2722.0	24
天门市	8	3073.3	1058.8	90
神农架	4	71.8	36.3	18

5-8 教育行政事业及非企业法人单位分地区主要指标

地 区	单位数（个）	资产总计（万元）	非企业单位支出（费用）（万元）	从业人员（人）
全 省	**15051**	**35566327.5**	**16206124.1**	**735286**
武汉市	2512	18519970.1	7937409.7	216703
黄石市	803	1432150.3	464952.1	29908
十堰市	1226	1857030.3	687982.3	42287
宜昌市	898	1757652.6	880399.9	39283
襄阳市	1653	1830945.7	989290.6	64016
鄂州市	389	325523.8	174043.1	12513
荆门市	630	835283.5	424979.2	25352
孝感市	1268	1413990.9	677624.5	47213
荆州市	1208	1845271.1	888669.7	57601
黄冈市	1307	1919984.9	995412.9	69197
咸宁市	842	807722.9	451248.5	31247
随州市	477	467551.3	264746.8	21654
恩施州	1204	1544720.8	926212.6	42426
仙桃市	310	536146.3	177379.4	15158
潜江市	177	188919.0	124611.3	8955
天门市	124	250949.7	125863.5	10959
神农架	23	32514.4	15297.9	814

5-9　卫生和社会工作行政事业及非企业法人单位分地区主要指标

地　区	单位数（个）	资产总计（万元）	非企业单位支出（费用）（万元）	从业人员（人）
全　省	**7334**	**23325099.5**	**14561899.9**	**406153**
武汉市	941	8616772.3	6157684.8	103960
黄石市	200	565920.2	274850.1	12060
十堰市	803	1498923.5	815127.4	27693
宜昌市	473	1665132.6	1008962.4	30122
襄阳市	742	1878138.9	1117702.8	36423
鄂州市	164	263232.8	158879.9	6388
荆门市	282	782258.7	468038.0	16945
孝感市	558	1131196.2	763163.6	28657
荆州市	559	1766090.2	944796.4	33844
黄冈市	657	1781220.7	916114.1	38019
咸宁市	486	851342.7	464415.6	17662
随州市	212	431065.5	303367.5	12338
恩施州	933	1267967.8	715792.1	23565
仙桃市	96	313102.7	147789.9	6942
潜江市	78	181571.9	114308.6	5378
天门市	96	293827.6	173679.0	5469
神农架	54	37335.3	17227.6	688

5-10 文化、体育和娱乐业行政事业及非企业法人单位分地区主要指标

地 区	单位数（个）	资产总计（万元）	非企业单位支出（费用）（万元）	从业人员（人）
全 省	**2828**	**2547165.2**	**844828.2**	**31710**
武汉市	445	984054.2	379881.5	7419
黄石市	134	150313.5	33616.0	1656
十堰市	168	84745.8	28634.0	1691
宜昌市	247	125224.2	50761.9	2070
襄阳市	278	122542.8	56304.5	3345
鄂州市	46	173066.1	13196.2	455
荆门市	146	204068.8	36403.3	1876
孝感市	261	85264.2	27174.2	2032
荆州市	206	122612.9	49058.9	2471
黄冈市	274	213728.3	46057.6	2443
咸宁市	158	83776.9	44012.4	1972
随州市	85	35276.5	15216.3	914
恩施州	247	102071.8	39433.5	1612
仙桃市	35	21114.7	7577.1	587
潜江市	45	14584.0	8441.1	637
天门市	39	19094.9	6996.9	425
神农架	14	5625.6	2063.1	105

5-11　公共管理、社会保障和社会组织行政事业及非企业法人单位分地区主要指标

地　区	单位数（个）	资产总计（亿元）	非企业单位支出（费用）（亿元）	从业人员（万人）
全　省	**69281**	**7961.9**	**3631.0**	**94.3**
武汉市	8828	2934.4	1328.7	18.5
黄石市	3130	202.2	123.9	4.1
十堰市	5055	441.0	194.2	6.8
宜昌市	5875	622.2	306.0	7
襄阳市	6639	534.9	217.9	9.3
鄂州市	1323	210.9	57.4	1.9
荆门市	3680	318.4	139.9	4.3
孝感市	5730	334.7	217.2	6.9
荆州市	5578	475.3	231.8	7.9
黄冈市	8275	651.0	214.1	9.6
咸宁市	3760	292.1	186.9	5.1
随州市	2212	122.4	58.8	2.5
恩施州	5382	570.9	242.7	5.7
仙桃市	1399	82.8	33.1	1.7
潜江市	947	74.7	30.8	1.4
天门市	1130	66.5	38.1	1.3
神农架	338	27.6	9.6	0.3

第6篇

企业信息化和电子商务交易情况篇

6-1 分行业企业使用计算机情况

行业	企业数（个）	使用计算机的企业		期末在用计算机数（台）	每百人拥有计算机数（台）
		数量（个）	比重（%）		
总 计	**40082**	**39981**	**99.7**	**1788207**	**26.3**
采矿业	**395**	**394**	**99.7**	**20186**	**1.6**
煤炭开采和洗选业	11	11	100.0	122	0.1
石油和天然气开采业	1	1	100.0	8100	2.5
黑色金属矿采选业	43	43	100.0	1357	0.5
有色金属矿采选业	26	25	96.2	923	1.0
非金属矿采选业	306	306	100.0	2716	2.9
开采专业及辅助性活动	6	6	100.0	6821	7.4
其他采矿业	2	2	100.0	147	0.1
制造业	**14243**	**14225**	**99.9**	**616633**	**18.4**
农副食品加工业	1512	1510	99.9	21754	12.4
食品制造业	365	363	99.5	10856	19.3
酒、饮料和精制茶制造业	437	436	99.8	13020	7.5
烟草制品业	7	7	100.0	3592	12.1
纺织业	886	886	100.0	11534	3.3
纺织服装、服饰业	475	475	100.0	11053	0.8
皮革、毛皮、羽毛及其制品和制鞋业	144	144	100.0	2694	6.0
木材加工和木、竹、藤、棕、草制品业	254	254	100.0	3492	7.4
家具制造业	150	150	100.0	2972	28.8
造纸和纸制品业	206	206	100.0	4848	4.9
印刷和记录媒介复制业	292	292	100.0	8342	60.3
文教、工美、体育和娱乐用品制造业	258	258	100.0	5061	91.6
石油、煤炭及其他燃料加工业	44	44	100.0	3742	23.7
化学原料和化学制品制造业	932	932	100.0	35544	28.7
医药制造业	402	402	100.0	32002	45.4
化学纤维制造业	21	21	100.0	724	0.8
橡胶和塑料制品业	571	571	100.0	10513	18.8
非金属矿物制品业	1858	1854	99.8	34241	18.3
黑色金属冶炼和压延加工业	106	106	100.0	23999	22.3
有色金属冶炼和压延加工业	141	141	100.0	6495	40.6
金属制品业	821	820	99.9	22557	19.0
通用设备制造业	683	682	99.9	25936	19.7
专用设备制造业	713	712	99.9	27856	45.3

6-1　续表1

行　业	企业数（个）	使用计算机的企业		期末在用计算机数（台）	每百人拥有计算机数（台）
		数量（个）	比重（%）		
汽车制造业	1474	1471	99.8	135921	275.8
铁路、船舶、航空航天和其他运输设备制造业	145	145	100.0	13012	330.6
电气机械和器材制造业	647	645	99.7	43524	38.5
计算机、通信和其他电子设备制造业	405	404	99.8	88216	114.1
仪器仪表制造业	144	144	100.0	8514	7.1
其他制造业	44	44	100.0	619	0.2
废弃资源综合利用业	84	84	100.0	2680	30.9
金属制品、机械和设备修理业	22	22	100.0	1320	134.4
电力、热力、燃气及水生产和供应业	**391**	**390**	**99.7**	**34154**	**34.3**
电力、热力生产和供应业	221	220	99.5	21982	96.6
燃气生产和供应业	76	76	100.0	4859	11.3
水的生产和供应业	94	94	100.0	7313	21.6
建筑业	**4596**	**4581**	**99.7**	**215704**	**38.6**
房屋建筑业	2277	2272	99.8	97552	43.5
土木工程建筑业	955	952	99.7	86483	29.6
建筑安装业	503	498	99.0	17025	39.5
建筑装饰、装修和其他建筑业	861	859	99.8	14644	10.5
批发和零售业	**8075**	**8061**	**99.8**	**237289**	**72.1**
批发业	3201	3191	99.7	105928	81.5
零售业	4874	4870	99.9	131361	51.0
交通运输、仓储和邮政业	**1359**	**1350**	**99.3**	**110453**	**26.5**
铁路运输业	6	6	100.0	30394	59.7
道路运输业	938	936	99.8	33590	44.9
水上运输业	85	85	100.0	5900	40.2
航空运输业	13	13	100.0	5352	136.4
管道运输业	7	7	100.0	580	5.9
多式联运和运输代理业	73	72	98.6	2203	9.8
装卸搬运和仓储业	188	182	96.8	4789	2.2
邮政业	49	49	100.0	27645	27.6
住宿和餐饮业	**2322**	**2321**	**100.0**	**36771**	**24.5**
住宿业	859	858	99.9	20009	26.6
餐饮业	1463	1463	100.0	16762	28.8

6-1 续表2

行业	企业数（个）	使用计算机的企业		期末在用计算机数（台）	每百人拥有计算机数（台）
		数量（个）	比重（%）		
信息传输、软件和信息技术服务业	**698**	**697**	**99.9**	**194980**	**194.8**
电信、广播电视和卫星传输服务	88	88	100.0	77059	180.8
互联网和相关服务	71	71	100.0	11647	162.8
软件和信息技术服务业	539	538	99.8	106274	305.7
房地产业	**4563**	**4526**	**99.2**	**87543**	**40.0**
房地产业	4563	4526	99.2	87543	40.0
租赁和商务服务业	**1118**	**1115**	**99.7**	**47094**	**19.3**
租赁业	47	47	100.0	567	7.0
商务服务业	1071	1068	99.7	46527	28.3
科学研究和技术服务业	**783**	**783**	**100.0**	**91147**	**120.1**
研究和试验发展	64	64	100.0	5765	130.3
专业技术服务业	558	558	100.0	80302	110.1
科技推广和应用服务业	161	161	100.0	5080	13.8
水利、环境和公共设施管理业	**256**	**256**	**100.0**	**9271**	**7.1**
水利管理业	7	7	100.0	711	11.1
生态保护和环境治理业	22	22	100.0	3293	3.9
公共设施管理业	203	203	100.0	4348	14.6
土地管理业	24	24	100.0	919	7.7
居民服务、修理和其他服务业	**234**	**233**	**99.6**	**3104**	**20.4**
居民服务业	102	102	100.0	1671	16.9
机动车、电子产品和日用产品修理业	65	65	100.0	933	21.9
其他服务业	67	66	98.5	500	49.4
教育	**265**	**265**	**100.0**	**30915**	**97.1**
教育	265	265	100.0	30915	97.1
卫生和社会工作	**274**	**274**	**100.0**	**25789**	**20.2**
卫生	262	262	100.0	2437	15.4
社会工作	12	12	100.0	179	21.9
文化、体育和娱乐业	**510**	**510**	**100.0**	**27174**	**71.1**
新闻和出版业	59	59	100.0	12526	207.2
广播、电视、电影和录音制作业	148	148	100.0	8060	71.1
文化艺术业	55	55	100.0	1356	24.6
体育	36	36	100.0	201	9.6
娱乐业	212	212	100.0	4700	35.5

6-2　分地区企业使用计算机情况

地　区	企业数（个）	使用计算机的企业		期末在用计算机数（台）	每百人拥有计算机数（台）
		数量（个）	比重（%）		
全　省	**40082**	**39981**	**99.7**	**1788207**	**26.3**
武汉市	11329	11272	99.5	1035210	39.2
黄石市	1804	1803	99.9	67270	20.0
十堰市	2172	2172	100.0	84795	27.0
宜昌市	3540	3533	99.8	109797	21.7
襄阳市	3937	3933	99.9	109133	18.8
鄂州市	876	874	99.8	22156	16.8
荆门市	2253	2250	99.9	47111	17.7
孝感市	2098	2094	99.8	54081	14.3
荆州市	2760	2759	100.0	55385	18.2
黄冈市	2987	2981	99.8	55422	12.2
咸宁市	1842	1840	99.9	36078	18.2
随州市	1292	1287	99.6	24601	16.6
恩施州	1254	1250	99.7	27224	26.6
仙桃市	782	778	99.5	22191	13.6
潜江市	533	533	100.0	26397	20.8
天门市	561	560	99.8	9424	6.9
神农架	62	62	100.0	1932	32.5

6-3 分行业企业

行业	企业数（个）	使用信息化管理的企业		财务管理	
		数量（个）	比重（%）	数量（个）	占使用信息化管理企业比重（%）
总 计	**40082**	**39126**	**97.6**	**34628**	**88.5**
采矿业	**395**	**387**	**98.0**	**355**	**91.7**
煤炭开采和洗选业	11	11	100.0	9	81.8
石油和天然气开采业	1	1	100.0	1	100.0
黑色金属矿采选业	43	42	97.7	42	100.0
有色金属矿采选业	26	25	96.2	23	92.0
非金属矿采选业	306	300	98.0	272	90.7
开采专业及辅助性活动	6	6	100.0	6	100.0
其他采矿业	2	2	100.0	2	100.0
制造业	**14243**	**14057**	**98.7**	**12802**	**91.1**
农副食品加工业	1512	1490	98.5	1341	90.0
食品制造业	365	359	98.4	322	89.7
酒、饮料和精制茶制造业	437	433	99.1	395	91.2
烟草制品业	7	7	100.0	7	100.0
纺织业	886	867	97.9	776	89.5
纺织服装、服饰业	475	469	98.7	422	90.0
皮革、毛皮、羽毛及其制品和制鞋业	144	142	98.6	127	89.4
木材加工和木、竹、藤、棕、草制品业	254	252	99.2	226	89.7
家具制造业	150	149	99.3	132	88.6
造纸和纸制品业	206	204	99.0	174	85.3
印刷和记录媒介复制业	292	291	99.7	267	91.8
文教、工美、体育和娱乐用品制造业	258	253	98.1	224	88.5
石油、煤炭及其他燃料加工业	44	43	97.7	39	90.7
化学原料和化学制品制造业	932	928	99.6	853	91.9
医药制造业	402	396	98.5	376	94.9
化学纤维制造业	21	21	100.0	20	95.2
橡胶和塑料制品业	571	564	98.8	512	90.8
非金属矿物制品业	1858	1828	98.4	1665	91.1
黑色金属冶炼和压延加工业	106	105	99.1	97	92.4
有色金属冶炼和压延加工业	141	138	97.9	128	92.8
金属制品业	821	812	98.9	730	89.9
通用设备制造业	683	677	99.1	609	90.0
专用设备制造业	713	702	98.5	635	90.5

信息化管理情况

购销存管理		生产制造管理		物流配送管理		客户关系管理		人力资源管理		其他	
数量（个）	占使用信息化管理企业比重（%）	数量（个）	占使用信息化管理企业比重（%）	数量（个）	占使用信息化管理企业比重（%）	数量（个）	占使用信息化管理企业比重（%）	数量（个）	占使用信息化管理企业比重（%）	数量（个）	占使用信息化管理企业比重（%）
18670	**47.7**	**7469**	**19.1**	**5131**	**13.1**	**13567**	**34.7**	**13292**	**34.0**	**7617**	**19.5**
178	**46.0**	**85**	**22.0**	**28**	**7.2**	**92**	**23.8**	**101**	**26.1**	**74**	**19.1**
5	45.5	3	27.3			1	9.1	1	9.1		
								1	100.0		
20	47.6	7	16.7	3	7.1	7	16.7	14	33.3	4	9.5
11	44.0	7	28.0	1	4.0	7	28.0	3	12.0	4	16.0
139	46.3	68	22.7	24	8.0	77	25.7	75	25.0	63	21.0
2	33.3							5	83.3	2	33.3
1	50.0							2	100.0	1	50.0
8521	**60.6**	**5456**	**38.8**	**2439**	**17.4**	**5058**	**36.0**	**4789**	**34.1**	**2148**	**15.3**
896	60.1	479	32.1	254	17.0	539	36.2	407	27.3	229	15.4
240	66.9	131	36.5	99	27.6	133	37.0	133	37.0	63	17.5
279	64.4	151	34.9	92	21.2	178	41.1	134	30.9	78	18.0
5	71.4	3	42.9	3	42.9	3	42.9	3	42.9	1	14.3
454	52.4	223	25.7	84	9.7	293	33.8	233	26.9	108	12.5
229	48.8	144	30.7	62	13.2	140	29.9	150	32.0	57	12.2
96	67.6	41	28.9	13	9.2	48	33.8	61	43.0	17	12.0
148	58.7	93	36.9	35	13.9	91	36.1	72	28.6	45	17.9
84	56.4	54	36.2	27	18.1	59	39.6	54	36.2	30	20.1
134	65.7	88	43.1	43	21.1	69	33.8	62	30.4	31	15.2
197	67.7	132	45.4	54	18.6	101	34.7	116	39.9	48	16.5
137	54.2	80	31.6	40	15.8	108	42.7	86	34.0	27	10.7
27	62.8	23	53.5	9	20.9	16	37.2	19	44.2	9	20.9
575	62.0	333	35.9	161	17.3	323	34.8	335	36.1	175	18.9
286	72.2	190	48.0	104	26.3	163	41.2	184	46.5	57	14.4
15	71.4	5	23.8	2	9.5	6	28.6	7	33.3	3	14.3
335	59.4	204	36.2	93	16.5	220	39.0	191	33.9	89	15.8
917	50.2	674	36.9	253	13.8	631	34.5	525	28.7	281	15.4
65	61.9	47	44.8	15	14.3	37	35.2	49	46.7	15	14.3
76	55.1	60	43.5	20	14.5	41	29.7	51	37.0	19	13.8
463	57.0	327	40.3	121	14.9	294	36.2	264	32.5	117	14.4
413	61.0	262	38.7	99	14.6	260	38.4	229	33.8	114	16.8
405	57.7	265	37.7	103	14.7	246	35.0	246	35.0	122	17.4

6-3 续表1

行业	企业数（个）	使用信息化管理的企业		财务管理	
		数量（个）	比重（%）	数量（个）	占使用信息化管理企业比重（%）
汽车制造业	1474	1457	98.8	1362	93.5
铁路、船舶、航空航天和其他运输设备制造业	145	144	99.3	133	92.4
电气机械和器材制造业	647	643	99.4	591	91.9
计算机、通信和其他电子设备制造业	405	396	97.8	376	94.9
仪器仪表制造业	144	141	97.9	131	92.9
其他制造业	44	44	100.0	40	90.9
废弃资源综合利用业	84	80	95.2	74	92.5
金属制品、机械和设备修理业	22	22	100.0	18	81.8
电力、热力、燃气及水生产和供应业	**391**	**389**	**99.5**	**358**	**92.0**
电力、热力生产和供应业	221	220	99.5	198	90.0
燃气生产和供应业	76	75	98.7	71	94.7
水的生产和供应业	94	94	100.0	89	94.7
建筑业	**4596**	**4423**	**96.2**	**3905**	**88.3**
房屋建筑业	2277	2196	96.4	1973	89.8
土木工程建筑业	955	915	95.8	825	90.2
建筑安装业	503	485	96.4	414	85.4
建筑装饰、装修和其他建筑业	861	827	96.1	693	83.8
批发和零售业	**8075**	**7912**	**98.0**	**6671**	**84.3**
批发业	3201	3119	97.4	2720	87.2
零售业	4874	4793	98.3	3951	82.4
交通运输、仓储和邮政业	**1359**	**1320**	**97.1**	**1153**	**87.3**
铁路运输业	6	6	100.0	6	100.0
道路运输业	938	914	97.4	790	86.4
水上运输业	85	83	97.6	75	90.4
航空运输业	13	13	100.0	12	92.3
管道运输业	7	7	100.0	7	100.0
多式联运和运输代理业	73	70	95.9	59	84.3
装卸搬运和仓储业	188	180	95.7	161	89.4
邮政业	49	47	95.9	43	91.5
住宿和餐饮业	**2322**	**2272**	**97.8**	**1870**	**82.3**
住宿业	859	842	98.0	710	84.3
餐饮业	1463	1430	97.7	1160	81.1

购销存管理		生产制造管理		物流配送管理		客户关系管理		人力资源管理		其他	
数量（个）	占使用信息化管理企业比重（%）	数量（个）	占使用信息化管理企业比重（%）	数量（个）	占使用信息化管理企业比重（%）	数量（个）	占使用信息化管理企业比重（%）	数量（个）	占使用信息化管理企业比重（%）	数量（个）	占使用信息化管理企业比重（%）
1026	70.4	740	50.8	386	26.5	505	34.7	573	39.3	221	15.2
85	59.0	64	44.4	22	15.3	53	36.8	60	41.7	22	15.3
463	72.0	309	48.1	112	17.4	247	38.4	257	40.0	95	14.8
304	76.8	233	58.8	95	24.0	167	42.2	183	46.2	39	9.8
94	66.7	60	42.6	23	16.3	48	34.0	54	38.3	17	12.1
23	52.3	10	22.7	4	9.1	11	25.0	11	25.0	5	11.4
37	46.3	20	25.0	6	7.5	21	26.3	27	33.8	12	15.0
13	59.1	11	50.0	5	22.7	7	31.8	13	59.1	2	9.1
201	**51.7**	**192**	**49.4**	**26**	**6.7**	**112**	**28.8**	**209**	**53.7**	**69**	**17.7**
99	45.0	134	60.9	17	7.7	50	22.7	125	56.8	42	19.1
46	61.3	20	26.7	3	4.0	32	42.7	42	56.0	10	13.3
56	59.6	38	40.4	6	6.4	30	31.9	42	44.7	17	18.1
915	**20.7**	**463**	**10.5**	**151**	**3.4**	**1166**	**26.4**	**1563**	**35.3**	**1288**	**29.1**
445	20.3	248	11.3	73	3.3	632	28.8	798	36.3	622	28.3
174	19.0	105	11.5	29	3.2	187	20.4	361	39.5	274	29.9
134	27.6	48	9.9	17	3.5	111	22.9	146	30.1	146	30.1
162	19.6	62	7.5	32	3.9	236	28.5	258	31.2	246	29.7
5299	**67.0**	**452**	**5.7**	**1567**	**19.8**	**2994**	**37.8**	**1989**	**25.1**	**1149**	**14.5**
2001	64.2	170	5.5	625	20.0	1029	33.0	719	23.1	443	14.2
3298	68.8	282	5.9	942	19.7	1965	41.0	1270	26.5	706	14.7
285	**21.6**	**101**	**7.7**	**448**	**33.9**	**367**	**27.8**	**466**	**35.3**	**322**	**24.4**
		2	33.3	1	16.7	2	33.3	4	66.7	3	50.0
147	16.1	58	6.3	314	34.4	236	25.8	292	31.9	233	25.5
16	19.3	10	12.0	20	24.1	24	28.9	33	39.8	16	19.3
7	53.8	5	38.5	4	30.8	6	46.2	11	84.6	6	46.2
4	57.1	1	14.3	1	14.3	2	28.6	4	57.1	2	28.6
18	25.7	4	5.7	29	41.4	22	31.4	19	27.1	14	20.0
73	40.6	15	8.3	49	27.2	48	26.7	75	41.7	39	21.7
20	42.6	6	12.8	30	63.8	27	57.4	28	59.6	9	19.1
1046	**46.0**	**120**	**5.3**	**155**	**6.8**	**877**	**38.6**	**719**	**31.6**	**510**	**22.4**
383	45.5	33	3.9	30	3.6	389	46.2	315	37.4	190	22.6
663	46.4	87	6.1	125	8.7	488	34.1	404	28.3	320	22.4

6-3 续表2

行　业	企业数（个）	使用信息化管理的企业		财务管理	
		数量（个）	比重（%）	数量（个）	占使用信息化管理企业比重（%）
信息传输、软件和信息技术服务业	**698**	**685**	**98.1**	**624**	**91.1**
电信、广播电视和卫星传输服务	88	88	100.0	84	95.5
互联网和相关服务	71	70	98.6	60	85.7
软件和信息技术服务业	539	527	97.8	480	91.1
房地产业	**4563**	**4378**	**95.9**	**3979**	**90.9**
房地产业	4563	4378	95.9	3979	90.9
租赁和商务服务业	**1118**	**1060**	**94.8**	**922**	**87.0**
租赁业	47	44	93.6	40	90.9
商务服务业	1071	1016	94.9	882	86.8
科学研究和技术服务业	**783**	**757**	**96.7**	**686**	**90.6**
研究和试验发展	64	62	96.9	61	98.4
专业技术服务业	558	537	96.2	485	90.3
科技推广和应用服务业	161	158	98.1	140	88.6
水利、环境和公共设施管理业	**256**	**251**	**98.0**	**228**	**90.8**
水利管理业	7	6	85.7	5	83.3
生态保护和环境治理业	22	22	100.0	21	95.5
公共设施管理业	203	200	98.5	182	91.0
土地管理业	24	23	95.8	20	87.0
居民服务、修理和其他服务业	**234**	**215**	**91.9**	**183**	**85.1**
居民服务业	102	98	96.1	80	81.6
机动车、电子产品和日用产品修理业	65	60	92.3	55	91.7
其他服务业	67	57	85.1	48	84.2
教育	**265**	**254**	**95.8**	**213**	**83.9**
教育	265	254	95.8	213	83.9
卫生和社会工作	**274**	**269**	**98.2**	**243**	**90.3**
卫生	262	258	98.5	60	92.3
社会工作	12	11	91.7	10	90.9
文化、体育和娱乐业	**510**	**497**	**97.5**	**436**	**87.7**
新闻和出版业	59	59	100.0	53	89.8
广播、电视、电影和录音制作业	148	144	97.3	128	88.9
文化艺术业	55	53	96.4	45	84.9
体育	36	32	88.9	7	63.6
娱乐业	212	209	98.6	183	87.6

购销存管理		生产制造管理		物流配送管理		客户关系管理		人力资源管理		其他	
数量（个）	占使用信息化管理企业比重（%）	数量（个）	占使用信息化管理企业比重（%）	数量（个）	占使用信息化管理企业比重（%）	数量（个）	占使用信息化管理企业比重（%）	数量（个）	占使用信息化管理企业比重（%）	数量（个）	占使用信息化管理企业比重（%）
293	**42.8**	**87**	**12.7**	**80**	**11.7**	**313**	**45.7**	**377**	**55.0**	**144**	**21.0**
61	69.3	22	25.0	27	30.7	58	65.9	72	81.8	18	20.5
22	31.4	9	12.9	8	11.4	31	44.3	43	61.4	20	28.6
210	39.8	56	10.6	45	8.5	224	42.5	262	49.7	106	20.1
950	**21.7**	**199**	**4.5**	**80**	**1.8**	**1455**	**33.2**	**1570**	**35.9**	**1051**	**24.0**
950	21.7	199	4.5	80	1.8	1455	33.2	1570	35.9	1051	24.0
178	**16.8**	**71**	**6.7**	**35**	**3.3**	**387**	**36.5**	**523**	**49.3**	**251**	**23.7**
10	22.7	8	18.2	3	6.8	13	29.5	15	34.1	10	22.7
168	16.5	63	6.2	32	3.1	374	36.8	508	50.0	241	23.7
205	**27.1**	**120**	**15.9**	**42**	**5.5**	**208**	**27.5**	**344**	**45.4**	**202**	**26.7**
39	62.9	12	19.4	5	8.1	17	27.4	26	41.9	9	14.5
92	17.1	87	16.2	14	2.6	142	26.4	276	51.4	165	30.7
74	46.8	21	13.3	23	14.6	49	31.0	42	26.6	28	17.7
83	**33.1**	**21**	**8.4**	**11**	**4.4**	**82**	**32.7**	**103**	**41.0**	**59**	**23.5**
										2	33.3
9	40.9	4	18.2	2	9.1	5	22.7	6	27.3	5	22.7
73	36.5	16	8.0	8	4.0	74	37.0	89	44.5	44	22.0
1	4.3	1	4.3	1	4.3	3	13.0	8	34.8	8	34.8
65	**30.2**	**18**	**8.4**	**13**	**6.0**	**85**	**39.5**	**79**	**36.7**	**62**	**28.8**
24	24.5	2	2.0	3	3.1	40	40.8	40	40.8	30	30.6
34	56.7	12	20.0	7	11.7	31	51.7	19	31.7	13	21.7
7	12.3	4	7.0	3	5.3	14	24.6	20	35.1	19	33.3
29	**11.4**	**6**	**2.4**	**4**	**1.6**	**79**	**31.1**	**121**	**47.6**	**94**	**37.0**
29	11.4	6	2.4	4	1.6	79	31.1	121	47.6	94	37.0
194	**72.1**	**28**	**10.4**	**9**	**3.3**	**94**	**34.9**	**124**	**46.1**	**75**	**27.9**
40	61.5	30	46.2	14	21.5	28	43.1	22	33.8	10	15.4
5	45.5	2	18.2	1	9.1	7	63.6	6	54.5	2	18.2
228	**45.9**	**50**	**10.1**	**43**	**8.7**	**198**	**39.8**	**215**	**43.3**	**119**	**23.9**
32	54.2	18	30.5	16	27.1	22	37.3	35	59.3	9	15.3
78	54.2	11	7.6	4	2.8	52	36.1	54	37.5	44	30.6
16	30.2	1	1.9			22	41.5	21	39.6	16	30.2
6	54.5	4	36.4	2	18.2	2	18.2	1	9.1	2	18.2
91	43.5	19	9.1	23	11.0	90	43.1	93	44.5	44	21.1

6-4 分地区企业

地 区	企业数（个）	使用信息化管理的企业		财务管理		购销存管理		生产制造管理	
		数量（个）	比重（%）	数量（个）	占使用信息化管理企业比重（%）	数量（个）	占使用信息化管理企业比重（%）	数量（个）	占使用信息化管理企业比重（%）
全 省	**40082**	**39126**	**97.6**	**34628**	**88.5**	**18670**	**47.7**	**7469**	**19.1**
武汉市	11329	10958	96.7	9885	90.2	5056	46.1	1956	17.8
黄石市	1804	1755	97.3	1498	85.4	728	41.5	357	20.3
十堰市	2172	2125	97.8	1905	89.6	1058	49.8	458	21.6
宜昌市	3540	3486	98.5	3146	90.2	1715	49.2	647	18.6
襄阳市	3937	3872	98.3	3364	86.9	1840	47.5	723	18.7
鄂州市	876	855	97.6	761	89.0	362	42.3	198	23.2
荆门市	2253	2224	98.7	1981	89.1	1098	49.4	345	15.5
孝感市	2098	2054	97.9	1825	88.9	1060	51.6	446	21.7
荆州市	2760	2703	97.9	2308	85.4	1437	53.2	565	20.9
黄冈市	2987	2900	97.1	2540	87.6	1368	47.2	573	19.8
咸宁市	1842	1803	97.9	1536	85.2	910	50.5	420	23.3
随州市	1292	1268	98.1	1084	85.5	573	45.2	225	17.7
恩施州	1254	1221	97.4	1070	87.6	581	47.6	163	13.3
仙桃市	782	765	97.8	686	89.7	379	49.5	163	21.3
潜江市	533	524	98.3	476	90.8	235	44.8	119	22.7
天门市	561	552	98.4	507	91.8	238	43.1	105	19.0
神农架	62	61	98.4	56	91.8	32	52.5	6	9.8

信息化管理情况

物流配送管理		客户关系管理		人力资源管理		其他	
数量（个）	占使用信息化管理企业比重（%）	数量（个）	占使用信息化管理企业比重（%）	数量（个）	占使用信息化管理企业比重（%）	数量（个）	占使用信息化管理企业比重（%）
5131	**13.1**	**13567**	**34.7**	**13292**	**34.0**	**7617**	**19.5**
1484	13.5	3573	32.6	4422	40.4	2151	19.6
171	9.7	554	31.6	574	32.7	405	23.1
288	13.6	758	35.7	699	32.9	510	24.0
466	13.4	1324	38.0	1236	35.5	719	20.6
563	14.5	1359	35.1	1194	30.8	754	19.5
122	14.3	283	33.1	280	32.7	153	17.9
269	12.1	769	34.6	618	27.8	401	18.0
318	15.5	786	38.3	767	37.3	413	20.1
373	13.8	961	35.6	764	28.3	484	17.9
350	12.1	1156	39.9	904	31.2	554	19.1
188	10.4	618	34.3	578	32.1	353	19.6
148	11.7	380	30.0	305	24.1	208	16.4
123	10.1	457	37.4	329	26.9	219	17.9
134	17.5	261	34.1	210	27.5	98	12.8
54	10.3	135	25.8	213	40.6	86	16.4
72	13.0	168	30.4	169	30.6	92	16.7
8	13.1	25	41.0	30	49.2	17	27.9

6–5 分行业企

行　业	企业数（个）	使用局域网的企业	
		数量（个）	比重（%）
总　计	**40082**	**28643**	**71.5**
采矿业	**395**	**265**	**67.1**
煤炭开采和洗选业	11	6	54.5
石油和天然气开采业	1	1	100.0
黑色金属矿采选业	43	36	83.7
有色金属矿采选业	26	13	50.0
非金属矿采选业	306	202	66.0
开采专业及辅助性活动	6	5	83.3
其他采矿业	2	2	100.0
制造业	**14243**	**11108**	**78.0**
农副食品加工业	1512	1077	71.2
食品制造业	365	302	82.7
酒、饮料和精制茶制造业	437	337	77.1
烟草制品业	7	7	100.0
纺织业	886	616	69.5
纺织服装、服饰业	475	360	75.8
皮革、毛皮、羽毛及其制品和制鞋业	144	108	75.0
木材加工和木、竹、藤、棕、草制品业	254	198	78.0
家具制造业	150	118	78.7
造纸和纸制品业	206	154	74.8
印刷和记录媒介复制业	292	237	81.2
文教、工美、体育和娱乐用品制造业	258	196	76.0
石油、煤炭及其他燃料加工业	44	30	68.2
化学原料和化学制品制造业	932	741	79.5
医药制造业	402	335	83.3
化学纤维制造业	21	17	81.0
橡胶和塑料制品业	571	440	77.1
非金属矿物制品业	1858	1345	72.4
黑色金属冶炼和压延加工业	106	85	80.2
有色金属冶炼和压延加工业	141	110	78.0
金属制品业	821	638	77.7
通用设备制造业	683	562	82.3
专用设备制造业	713	577	80.9

业使用网络情况

使用互联网的企业		窄带接入		宽带接入	
数量（个）	比重（%）	数量（个）	占接入互联网企业比重（%）	数量（个）	占接入互联网企业比重（%）
39948	**99.7**	**2064**	**5.2**	**39737**	**99.5**
394	**99.7**	**14**	**3.6**	**393**	**99.7**
11	100.0			11	100.0
1	100.0			1	100.0
43	100.0	2	4.7	43	100.0
25	96.2			25	100.0
306	100.0	12	3.9	305	99.7
6	100.0			6	100.0
2	100.0			2	100.0
14207	**99.7**	**697**	**4.9**	**14168**	**99.7**
1509	99.8	78	5.2	1505	99.7
363	99.5	17	4.7	363	100.0
436	99.8	18	4.1	436	100.0
7	100.0			7	100.0
880	99.3	28	3.2	878	99.8
475	100.0	11	2.3	475	100.0
143	99.3	4	2.8	143	100.0
254	100.0	12	4.7	253	99.6
150	100.0	2	1.3	150	100.0
206	100.0	9	4.4	205	99.5
292	100.0	17	5.8	290	99.3
257	99.6	14	5.4	257	100.0
44	100.0	1	2.3	44	100.0
932	100.0	54	5.8	931	99.9
402	100.0	34	8.5	401	99.8
21	100.0			21	100.0
571	100.0	23	4.0	570	99.8
1852	99.7	105	5.7	1846	99.7
105	99.1	6	5.7	104	99.0
140	99.3	3	2.1	140	100.0
819	99.8	38	4.6	813	99.3
682	99.9	31	4.5	682	100.0
712	99.9	41	5.8	706	99.2

6-5 续表1

行业	企业数（个）	使用局域网的企业	
		数量（个）	比重（%）
汽车制造业	1474	1267	86.0
铁路、船舶、航空航天和其他运输设备制造业	145	120	82.8
电气机械和器材制造业	647	549	84.9
计算机、通信和其他电子设备制造业	405	352	86.9
仪器仪表制造业	144	124	86.1
其他制造业	44	33	75.0
废弃资源综合利用业	84	55	65.5
金属制品、机械和设备修理业	22	18	81.8
电力、热力、燃气及水生产和供应业	**391**	**323**	**82.6**
电力、热力生产和供应业	221	177	80.1
燃气生产和供应业	76	66	86.8
水的生产和供应业	94	80	85.1
建筑业	**4596**	**3077**	**66.9**
房屋建筑业	2277	1494	65.6
土木工程建筑业	955	647	67.7
建筑安装业	503	357	71.0
建筑装饰、装修和其他建筑业	861	579	67.2
批发和零售业	**8075**	**5456**	**67.6**
批发业	3201	2116	66.1
零售业	4874	3340	68.5
交通运输、仓储和邮政业	**1359**	**931**	**68.5**
铁路运输业	6	5	83.3
道路运输业	938	625	66.6
水上运输业	85	60	70.6
航空运输业	13	10	76.9
管道运输业	7	7	100.0
多式联运和运输代理业	73	53	72.6
装卸搬运和仓储业	188	136	72.3
邮政业	49	35	71.4
住宿和餐饮业	**2322**	**1543**	**66.5**
住宿业	859	637	74.2
餐饮业	1463	906	61.9

使用互联网的企业		窄带接入		宽带接入	
数量（个）	比重（%）	数量（个）	占接入互联网企业比重（%）	数量（个）	占接入互联网企业比重（%）
1469	99.7	78	5.3	1465	99.7
145	100.0	6	4.1	143	98.6
646	99.8	31	4.8	646	100.0
402	99.3	17	4.2	401	99.8
143	99.3	7	4.9	143	100.0
44	100.0	4	9.1	44	100.0
84	100.0	7	8.3	84	100.0
22	100.0	1	4.5	22	100.0
391	**100.0**	**13**	**3.3**	**389**	**99.5**
221	100.0	9	4.1	219	99.1
76	100.0			76	100.0
94	100.0	4	4.3	94	100.0
4573	**99.5**	**265**	**5.8**	**4544**	**99.4**
2268	99.6	147	6.5	2251	99.3
950	99.5	48	5.1	944	99.4
498	99.0	18	3.6	497	99.8
857	99.5	52	6.1	852	99.4
8053	**99.7**	**393**	**4.9**	**8007**	**99.4**
3188	99.6	123	3.9	3168	99.4
4865	99.8	270	5.5	4839	99.5
1353	**99.6**	**75**	**5.5**	**1346**	**99.5**
6	100.0			6	100.0
936	99.8	54	5.8	931	99.5
85	100.0	5	5.9	84	98.8
13	100.0	1	7.7	13	100.0
7	100.0			7	100.0
73	100.0	1	1.4	73	100.0
184	97.9	10	5.4	183	99.5
49	100.0	4	8.2	49	100.0
2316	**99.7**	**140**	**6.0**	**2300**	**99.3**
858	99.9	59	6.9	853	99.4
1458	99.7	81	5.6	1447	99.2

6-5 续表2

行业	企业数（个）	使用局域网的企业	
		数量（个）	比重（%）
信息传输、软件和信息技术服务业	**698**	**627**	**89.8**
电信、广播电视和卫星传输服务	88	83	94.3
互联网和相关服务	71	61	85.9
软件和信息技术服务业	539	483	89.6
房地产业	**4563**	**2861**	**62.7**
房地产业	4563	2861	62.7
租赁和商务服务业	**1118**	**731**	**65.4**
租赁业	47	21	44.7
商务服务业	1071	710	66.3
科学研究和技术服务业	**783**	**592**	**75.6**
研究和试验发展	64	50	78.1
专业技术服务业	558	433	77.6
科技推广和应用服务业	161	109	67.7
水利、环境和公共设施管理业	**256**	**178**	**69.5**
水利管理业	7	5	71.4
生态保护和环境治理业	22	16	72.7
公共设施管理业	203	137	67.5
土地管理业	24	20	83.3
居民服务、修理和其他服务业	**234**	**134**	**57.3**
居民服务业	102	60	58.8
机动车、电子产品和日用产品修理业	65	43	66.2
其他服务业	67	31	46.3
教育	**265**	**187**	**70.6**
教育	265	187	70.6
卫生和社会工作	**274**	**253**	**92.3**
卫生	262	243	92.7
社会工作	12	10	83.3
文化、体育和娱乐业	**510**	**377**	**73.9**
新闻和出版业	59	52	88.1
广播、电视、电影和录音制作业	148	117	79.1
文化艺术业	55	33	60.0
体育	36	23	63.9
娱乐业	212	152	71.7

使用互联网的企业		窄带接入		宽带接入	
数量（个）	比重（%）	数量（个）	占接入互联网企业比重（%）	数量（个）	占接入互联网企业比重（%）
698	**100.0**	**48**	**6.9**	**697**	**99.9**
88	100.0	12	13.6	88	100.0
71	100.0	4	5.6	71	100.0
539	100.0	32	5.9	538	99.8
4529	**99.3**	**230**	**5.1**	**4495**	**99.2**
4529	99.3	230	5.1	4495	99.2
1115	**99.7**	**61**	**5.5**	**1098**	**98.5**
47	100.0			47	100.0
1068	99.7	61	5.7	1051	98.4
782	**99.9**	**37**	**4.7**	**777**	**99.4**
63	98.4	1	1.6	63	100.0
558	100.0	30	5.4	553	99.1
161	100.0	6	3.7	161	100.0
256	**100.0**	**20**	**7.8**	**253**	**98.8**
7	100.0			7	100.0
22	100.0	1	4.5	21	95.5
203	100.0	17	8.4	201	99.0
24	100.0	2	8.3	24	100.0
233	**99.6**	**12**	**5.2**	**232**	**99.6**
102	100.0	3	2.9	101	99.0
65	100.0	3	4.6	65	100.0
66	98.5	6	9.1	66	100.0
265	**100.0**	**12**	**4.5**	**263**	**99.2**
265	100.0	12	4.5	263	99.2
274	**100.0**	**21**	**7.7**	**273**	**99.6**
262	100.0	19	7.3	261	99.6
12	100.0	2	16.7	12	100.0
509	**99.8**	**26**	**5.1**	**502**	**98.6**
59	100.0	1	1.7	58	98.3
148	100.0	8	5.4	146	98.6
55	100.0			55	100.0
36	100.0	1	2.8	36	100.0
211	99.5	16	7.6	207	98.1

6-6 分地区企业使用网络情况

地 区	企业数（个）	使用局域网的企业		使用互联网的企业		窄带接入		宽带接入	
		数量（个）	比重（%）	数量（个）	比重（%）	数量（个）	占接入互联网企业比重（%）	数量（个）	占接入互联网企业比重（%）
全 省	**40082**	**28643**	**71.5**	**39948**	**99.7**	**2064.0**	**5.2**	**39737**	**99.5**
武汉市	11329	8597	75.9	11278	99.5	533.0	4.7	11211	99.4
黄石市	1804	1221	67.7	1801	99.8	104.0	5.8	1786	99.2
十堰市	2172	1525	70.2	2170	99.9	104.0	4.8	2151	99.1
宜昌市	3540	2444	69.0	3533	99.8	211.0	6.0	3515	99.5
襄阳市	3937	2833	72.0	3921	99.6	230.0	5.9	3914	99.8
鄂州市	876	630	71.9	873	99.7	52.0	6.0	871	99.8
荆门市	2253	1552	68.9	2251	99.9	107.0	4.8	2243	99.6
孝感市	2098	1545	73.6	2089	99.6	105.0	5.0	2076	99.4
荆州市	2760	1911	69.2	2755	99.8	143.0	5.2	2746	99.7
黄冈市	2987	2036	68.2	2976	99.6	199.0	6.7	2959	99.4
咸宁市	1842	1326	72.0	1837	99.7	88.0	4.8	1822	99.2
随州市	1292	884	68.4	1290	99.8	35.0	2.7	1286	99.7
恩施州	1254	815	65.0	1247	99.4	76.0	6.1	1240	99.4
仙桃市	782	578	73.9	774	99.0	32.0	4.1	768	99.2
潜江市	533	395	74.1	531	99.6	24.0	4.5	530	99.8
天门市	561	306	54.5	560	99.8	14.0	2.5	558	99.6
神农架	62	45	72.6	62	100.0	7.0	11.3	61	98.4

6-7　分行业企业建网站情况

行　业	企业数（个）	建立网站的企业		网站数量（个）	每百家拥有网站数（个）
		数量（个）	比重（%）		
总　计	**40082**	**20075**	**50.1**	**23869**	**60**
采矿业	**395**	**131**	**33.2**	**141**	**36**
煤炭开采和洗选业	11				
石油和天然气开采业	1				
黑色金属矿采选业	43				
有色金属矿采选业	26	9	34.6	10	38
非金属矿采选业	306	116	37.9	124	41
开采专业及辅助性活动	6	4	66.7	5	83
其他采矿业	2	2	100.0	2	100
制造业	**14243**	**8794**	**61.7**	**10392**	**73**
农副食品加工业	1512	845	55.9	995	66
食品制造业	365	262	71.8	310	85
酒、饮料和精制茶制造业	437	315	72.1	407	93
烟草制品业	7	7	100.0	8	114
纺织业	886	415	46.8	473	53
纺织服装、服饰业	475	214	45.1	225	47
皮革、毛皮、羽毛及其制品和制鞋业	144	50	34.7	59	41
木材加工和木、竹、藤、棕、草制品业	254	149	58.7	170	67
家具制造业	150	107	71.3	128	85
造纸和纸制品业	206	117	56.8	128	62
印刷和记录媒介复制业	292	178	61.0	204	70
文教、工美、体育和娱乐用品制造业	258	126	48.8	157	61
石油、煤炭及其他燃料加工业	44	28	63.6	35	80
化学原料和化学制品制造业	932	670	71.9	802	86
医药制造业	402	311	77.4	370	92
化学纤维制造业	21	13	61.9	15	71
橡胶和塑料制品业	571	352	61.6	395	69
非金属矿物制品业	1858	925	49.8	1028	55
黑色金属冶炼和压延加工业	106	65	61.3	82	77
有色金属冶炼和压延加工业	141	99	70.2	108	77
金属制品业	821	524	63.8	595	72
通用设备制造业	683	498	72.9	584	86
专用设备制造业	713	512	71.8	620	87
汽车制造业	1474	931	63.2	1174	80
铁路、船舶、航空航天和其他运输设备制造业	145	108	74.5	129	89
电气机械和器材制造业	647	483	74.7	592	91
计算机、通信和其他电子设备制造业	405	297	73.3	360	89
仪器仪表制造业	144	113	78.5	141	98
其他制造业	44	24	54.5	31	70
废弃资源综合利用业	84	41	48.8	47	56
金属制品、机械和设备修理业	22	15	68.2	20	91
电力、热力、燃气及水生产和供应业	**391**	**226**	**57.8**	**275**	**70**
电力、热力生产和供应业	221	119	53.8	164	74
燃气生产和供应业	76	46	60.5	50	66
水的生产和供应业	94	61	64.9	61	65
建筑业	**4596**	**2007**	**43.7**	**2327**	**51**
房屋建筑业	2277	938	41.2	1096	48
土木工程建筑业	955	448	46.9	547	57
建筑安装业	503	214	42.5	229	46
建筑装饰、装修和其他建筑业	861	407	47.3	455	53

6-7 续表1

行业	企业数（个）	建立网站的企业		网站数量（个）	每百家拥有网站数（个）
		数量（个）	比重（%）		
批发和零售业	**8075**	**3096**	**38.3**	**3798**	**47**
批发业	3201	1135	35.5	1346	42
零售业	4874	1961	40.2	2452	50
交通运输、仓储和邮政业	**1359**	**569**	**41.9**	**655**	**48**
铁路运输业	6	2	33.3	5	83
道路运输业	938	374	39.9	437	47
水上运输业	85	35	41.2	40	47
航空运输业	13	9	69.2	9	69
管道运输业	7	5	71.4	5	71
多式联运和运输代理业	73	37	50.7	40	55
装卸搬运和仓储业	188	83	44.1	91	48
邮政业	49	24	49.0	28	57
住宿和餐饮业	**2322**	**908**	**39.1**	**1111**	**48**
住宿业	859	418	48.7	520	61
餐饮业	1463	490	33.5	591	40
信息传输、软件和信息技术服务业	**698**	**554**	**79.4**	**747**	**107**
电信、广播电视和卫星传输服务	88	67	76.1	85	97
互联网和相关服务	71	60	84.5	96	135
软件和信息技术服务业	539	427	79.2	566	105
房地产业	**4563**	**1812**	**39.7**	**2051**	**45**
房地产业	4563	1812	39.7	2051	45
租赁和商务服务业	**1118**	**573**	**51.3**	**680**	**61**
租赁业	47	15	31.9	16	34
商务服务业	1071	558	52.1	664	62
科学研究和技术服务业	**783**	**511**	**65.3**	**601**	**77**
研究和试验发展	64	48	75.0	66	103
专业技术服务业	558	369	66.1	425	76
科技推广和应用服务业	161	94	58.4	110	68
水利、环境和公共设施管理业	**256**	**146**	**57.0**	**178**	**70**
水利管理业	7	4	57.1	5	71
生态保护和环境治理业	22	12	54.5	12	55
公共设施管理业	203	113	55.7	141	69
土地管理业	24	17	70.8	20	83
居民服务、修理和其他服务业	**234**	**112**	**47.9**	**132**	**56**
居民服务业	102	48	47.1	58	57
机动车、电子产品和日用产品修理业	65	41	63.1	49	75
其他服务业	67	23	34.3	25	37
教育	**265**	**153**	**57.7**	**176**	**66**
教育	265	153	57.7	176	66
卫生和社会工作	**274**	**200**	**73.0**	**236**	**86**
卫生	262	193	73.7	229	87
社会工作	12	7	58.3	7	58
文化、体育和娱乐业	**510**	**283**	**55.5**	**369**	**72**
新闻和出版业	59	44	74.6	67	114
广播、电视、电影和录音制作业	148	72	48.6	97	66
文化艺术业	55	29	52.7	29	53
体育	36	19	52.8	23	64
娱乐业	212	119	56.1	153	72

6-8　分地区企业建网站情况

地　区	企业数（个）	建立网站的企业		网站数量（个）	每百家拥有网站数（个）
		数量（个）	比重（%）		
全　省	**40082**	**20075**	**50.1**	**23869**	**60**
武汉市	11329	6258	55.2	7575	67
黄石市	1804	843	46.7	999	55
十堰市	2172	1073	49.4	1344	62
宜昌市	3540	1679	47.4	1991	56
襄阳市	3937	1926	48.9	2328	59
鄂州市	876	513	58.6	581	66
荆门市	2253	1146	50.9	1349	60
孝感市	2098	1084	51.7	1296	62
荆州市	2760	1252	45.4	1394	51
黄冈市	2987	1380	46.2	1628	55
咸宁市	1842	876	47.6	1032	56
随州市	1292	645	49.9	767	59
恩施州	1254	453	36.1	533	43
仙桃市	782	449	57.4	493	63
潜江市	533	243	45.6	281	53
天门市	561	222	39.6	237	42
神农架	62	33	53.2	41	66

6-9 分行业企业通过

行业	企业数（个）	使用互联网开展活动的企业		收发电子邮件	
		数量（个）	比重（%）	数量（个）	占使用互联网企业的比重（%）
总　计	**40082**	**39948**	**99.7**	**35387**	**88.6**
采矿业	**395**	**394**	**99.7**	**341**	**86.5**
煤炭开采和洗选业	11	11	100.0	9	81.8
石油和天然气开采业	1	1	100.0	1	100.0
黑色金属矿采选业	43	43	100.0	38	88.4
有色金属矿采选业	26	25	96.2	19	76.0
非金属矿采选业	306	306	100.0	266	86.9
开采专业及辅助性活动	6	6	100.0	6	100.0
其他采矿业	2	2	100.0	2	100.0
制造业	**14243**	**14207**	**99.7**	**13128**	**92.4**
农副食品加工业	1512	1509	99.8	1345	89.1
食品制造业	365	363	99.5	342	94.2
酒、饮料和精制茶制造业	437	436	99.8	402	92.2
烟草制品业	7	7	100.0	7	100.0
纺织业	886	880	99.3	790	89.8
纺织服装、服饰业	475	475	100.0	434	91.4
皮革、毛皮、羽毛及其制品和制鞋业	144	143	99.3	114	79.7
木材加工和木、竹、藤、棕、草制品业	254	254	100.0	229	90.2
家具制造业	150	150	100.0	137	91.3
造纸和纸制品业	206	206	100.0	184	89.3
印刷和记录媒介复制业	292	292	100.0	266	91.1
文教、工美、体育和娱乐用品制造业	258	257	99.6	235	91.4
石油、煤炭及其他燃料加工业	44	44	100.0	41	93.2
化学原料和化学制品制造业	932	932	100.0	875	93.9
医药制造业	402	402	100.0	369	91.8
化学纤维制造业	21	21	100.0	19	90.5
橡胶和塑料制品业	571	571	100.0	532	93.2
非金属矿物制品业	1858	1852	99.7	1652	89.2
黑色金属冶炼和压延加工业	106	105	99.1	101	96.2
有色金属冶炼和压延加工业	141	140	99.3	128	91.4
金属制品业	821	819	99.8	766	93.5
通用设备制造业	683	682	99.9	655	96.0

互联网开展活动情况

了解商品和服务的信息		从政府机构获取信息		与政府机构互动		使用网上银行		使用其他金融服务	
数量（个）	占使用互联网企业的比重（%）	数量（个）	占使用互联网企业的比重（%）	数量（个）	占使用互联网企业的比重（%）	数量（个）	占使用互联网企业的比重（%）	数量（个）	占使用互联网企业的比重（%）
22386	**56.0**	**18699**	**46.8**	**9611**	**24.1**	**30909**	**77.4**	**3167**	**7.9**
187	**47.5**	**169**	**42.9**	**95**	**24.1**	**278**	**70.6**	**17**	**4.3**
7	63.6	3	27.3	1	9.1	9	81.8		
1	100.0					1	100.0	1	100.0
22	51.2	15	34.9	5	11.6	34	79.1		
11	44.0	9	36.0	6	24.0	13	52.0	1	4.0
143	46.7	140	45.8	82	26.8	216	70.6	14	4.6
2	33.3	1	16.7	1	16.7	4	66.7	1	16.7
1	50.0	1	50.0			1	50.0		
8886	**62.5**	**7180**	**50.5**	**4044**	**28.5**	**11191**	**78.8**	**1283**	**9.0**
944	62.6	718	47.6	394	26.1	1082	71.7	104	6.9
244	67.2	205	56.5	127	35.0	278	76.6	41	11.3
295	67.7	254	58.3	137	31.4	369	84.6	52	11.9
5	71.4	6	85.7	4	57.1	5	71.4	1	14.3
495	56.3	386	43.9	192	21.8	670	76.1	64	7.3
246	51.8	178	37.5	76	16.0	362	76.2	14	2.9
94	65.7	59	41.3	24	16.8	89	62.2	7	4.9
169	66.5	121	47.6	75	29.5	186	73.2	20	7.9
91	60.7	78	52.0	48	32.0	122	81.3	15	10.0
117	56.8	105	51.0	52	25.2	176	85.4	17	8.3
174	59.6	135	46.2	81	27.7	236	80.8	25	8.6
149	58.0	107	41.6	58	22.6	198	77.0	19	7.4
26	59.1	24	54.5	14	31.8	38	86.4	8	18.2
637	68.3	503	54.0	272	29.2	734	78.8	102	10.9
279	69.4	261	64.9	144	35.8	342	85.1	46	11.4
16	76.2	13	61.9	6	28.6	16	76.2	2	9.5
360	63.0	280	49.0	163	28.5	455	79.7	63	11.0
989	53.4	816	44.1	427	23.1	1321	71.3	138	7.5
69	65.7	65	61.9	38	36.2	92	87.6	14	13.3
85	60.7	74	52.9	35	25.0	117	83.6	12	8.6
514	62.8	403	49.2	213	26.0	658	80.3	68	8.3
447	65.5	367	53.8	204	29.9	552	80.9	73	10.7

6-9 续表1

行业	企业数（个）	使用互联网开展活动的企业			
				收发电子邮件	
		数量（个）	比重（%）	数量（个）	占使用互联网企业的比重（%）
专用设备制造业	713	712	99.9	673	94.5
汽车制造业	1474	1469	99.7	1414	96.3
铁路、船舶、航空航天和其他运输设备制造业	145	145	100.0	139	95.9
电气机械和器材制造业	647	646	99.8	619	95.8
计算机、通信和其他电子设备制造业	405	402	99.3	389	96.8
仪器仪表制造业	144	143	99.3	136	95.1
其他制造业	44	44	100.0	39	88.6
废弃资源综合利用业	84	84	100.0	74	88.1
金属制品、机械和设备修理业	22	22	100.0	22	100.0
电力、热力、燃气及水生产和供应业	**391**	**391**	**100.0**	**364**	**93.1**
电力、热力生产和供应业	221	221	100.0	211	95.5
燃气生产和供应业	76	76	100.0	68	89.5
水的生产和供应业	94	94	100.0	85	90.4
建筑业	**4596**	**4573**	**99.5**	**4125**	**90.2**
房屋建筑业	2277	2268	99.6	2045	90.2
土木工程建筑业	955	950	99.5	858	90.3
建筑安装业	503	498	99.0	452	90.8
建筑装饰、装修和其他建筑业	861	857	99.5	770	89.8
批发和零售业	**8075**	**8053**	**99.7**	**6751**	**83.8**
批发业	3201	3188	99.6	2759	86.5
零售业	4874	4865	99.8	3992	82.1
交通运输、仓储和邮政业	**1359**	**1353**	**99.6**	**1190**	**88.0**
铁路运输业	6	6	100.0	6	100.0
道路运输业	938	936	99.8	804	85.9
水上运输业	85	85	100.0	83	97.6
航空运输业	13	13	100.0	12	92.3
管道运输业	7	7	100.0	7	100.0
多式联运和运输代理业	73	73	100.0	67	91.8
装卸搬运和仓储业	188	184	97.9	171	92.9
邮政业	49	49	100.0	40	81.6
住宿和餐饮业	**2322**	**2316**	**99.7**	**1730**	**74.7**
住宿业	859	858	99.9	674	78.6
餐饮业	1463	1458	99.7	1056	72.4

了解商品和服务的信息		从政府机构获取信息		与政府机构互动		使用网上银行		使用其他金融服务	
数量（个）	占使用互联网企业的比重（%）	数量（个）	占使用互联网企业的比重（%）	数量（个）	占使用互联网企业的比重（%）	数量（个）	占使用互联网企业的比重（%）	数量（个）	占使用互联网企业的比重（%）
502	70.5	373	52.4	216	30.3	565	79.4	73	10.3
924	62.9	783	53.3	496	33.8	1241	84.5	128	8.7
89	61.4	79	54.5	53	36.6	122	84.1	17	11.7
451	69.8	377	58.4	229	35.4	556	86.1	73	11.3
281	69.9	252	62.7	165	41.0	357	88.8	53	13.2
106	74.1	84	58.7	58	40.6	130	90.9	22	15.4
25	56.8	20	45.5	8	18.2	34	77.3	3	6.8
51	60.7	43	51.2	27	32.1	72	85.7	8	9.5
12	54.5	11	50.0	8	36.4	16	72.7	1	4.5
180	**46.0**	**221**	**56.5**	**136**	**34.8**	**295**	**75.4**	**44**	**11.3**
106	48.0	125	56.6	72	32.6	158	71.5	26	11.8
39	51.3	45	59.2	31	40.8	59	77.6	11	14.5
35	37.2	51	54.3	33	35.1	78	83.0	7	7.4
2145	**46.9**	**2563**	**56.0**	**1108**	**24.2**	**3847**	**84.1**	**302**	**6.6**
1036	45.7	1333	58.8	595	26.2	1968	86.8	160	7.1
434	45.7	549	57.8	254	26.7	802	84.4	56	5.9
253	50.8	253	50.8	98	19.7	412	82.7	29	5.8
422	49.2	428	49.9	161	18.8	665	77.6	57	6.7
5027	**62.4**	**2894**	**35.9**	**1352**	**16.8**	**5884**	**73.1**	**613**	**7.6**
1934	60.7	1223	38.1	594	18.6	2379	74.6	246	7.7
3093	63.6	1671	34.3	758	15.6	3505	72.0	367	7.5
592	**43.8**	**604**	**44.6**	**308**	**22.8**	**1079**	**79.7**	**112**	**8.3**
2	33.3	4	66.7	2	33.3	3	50.0		
376	40.2	399	42.6	206	22.0	730	78.0	71	7.6
40	47.1	45	52.9	27	31.8	73	85.9	7	8.2
9	69.2	8	61.5	6	46.2	13	100.0	1	7.7
5	71.4	4	57.1	3	42.9	7	100.0	1	14.3
34	46.6	33	45.2	14	19.2	63	86.3	8	11.0
98	53.3	91	49.5	34	18.5	150	81.5	12	6.5
28	57.1	20	40.8	16	32.7	40	81.6	12	24.5
1067	**46.1**	**653**	**28.2**	**306**	**13.2**	**1517**	**65.5**	**79**	**3.4**
435	50.7	277	32.3	136	15.9	639	74.5	31	3.6
632	43.3	376	25.8	170	11.7	878	60.2	48	3.3

6-9 续表2

行　业	企业数（个）	使用互联网开展活动的企业		收发电子邮件	
		数量（个）	比重（%）	数量（个）	占使用互联网企业的比重（%）
信息传输、软件和信息技术服务业	**698**	**698**	**100.0**	**670**	**96.0**
电信、广播电视和卫星传输服务	88	88	100.0	86	97.7
互联网和相关服务	71	71	100.0	63	88.7
软件和信息技术服务业	539	539	100.0	521	96.7
房地产业	**4563**	**4529**	**99.3**	**4024**	**88.8**
房地产业	4563	4529	99.3	4024	88.8
租赁和商务服务业	**1118**	**1115**	**99.7**	**1009**	**90.5**
租赁业	47	47	100.0	44	93.6
商务服务业	1071	1068	99.7	965	90.4
科学研究和技术服务业	**783**	**782**	**99.9**	**728**	**93.1**
研究和试验发展	64	63	98.4	61	96.8
专业技术服务业	558	558	100.0	518	92.8
科技推广和应用服务业	161	161	100.0	149	92.5
水利、环境和公共设施管理业	**256**	**256**	**100.0**	**232**	**90.6**
水利管理业	7	7	100.0	6	85.7
生态保护和环境治理业	22	22	100.0	20	90.9
公共设施管理业	203	203	100.0	185	91.1
土地管理业	24	24	100.0	21	87.5
居民服务、修理和其他服务业	**234**	**233**	**99.6**	**188**	**80.7**
居民服务业	102	102	100.0	78	76.5
机动车、电子产品和日用产品修理业	65	65	100.0	56	86.2
其他服务业	67	66	98.5	54	81.8
教育	**265**	**265**	**100.0**	**223**	**84.2**
教育	265	265	100.0	223	84.2
卫生和社会工作	**274**	**274**	**100.0**	**237**	**86.5**
卫生	262	262	100.0	226	86.3
社会工作	12	12	100.0	11	91.7
文化、体育和娱乐业	**510**	**509**	**99.8**	**447**	**87.8**
新闻和出版业	59	59	100.0	54	91.5
广播、电视、电影和录音制作业	148	148	100.0	128	86.5
文化艺术业	55	55	100.0	47	85.5
体育	36	36	100.0	31	86.1
娱乐业	212	211	99.5	187	88.6

了解商品和服务的信息		从政府机构获取信息		与政府机构互动		使用网上银行		使用其他金融服务	
数量（个）	占使用互联网企业的比重（%）	数量（个）	占使用互联网企业的比重（%）	数量（个）	占使用互联网企业的比重（%）	数量（个）	占使用互联网企业的比重（%）	数量（个）	占使用互联网企业的比重（%）
515	**73.8**	**436**	**62.5**	**285**	**40.8**	**591**	**84.7**	**108**	**15.5**
61	69.3	60	68.2	44	50.0	68	77.3	13	14.8
53	74.6	46	64.8	27	38.0	58	81.7	12	16.9
401	74.4	330	61.2	214	39.7	465	86.3	83	15.4
1980	**43.7**	**2212**	**48.8**	**1028**	**22.7**	**3504**	**77.4**	**311**	**6.9**
1980	43.7	2212	48.8	1028	22.7	3504	77.4	311	6.9
570	**51.1**	**540**	**48.4**	**283**	**25.4**	**887**	**79.6**	**115**	**10.3**
26	55.3	26	55.3	12	25.5	29	61.7	4	8.5
544	50.9	514	48.1	271	25.4	858	80.3	111	10.4
469	**60.0**	**492**	**62.9**	**245**	**31.3**	**644**	**82.4**	**82**	**10.5**
47	74.6	41	65.1	27	42.9	55	87.3	9	14.3
312	55.9	362	64.9	175	31.4	479	85.8	57	10.2
110	68.3	89	55.3	43	26.7	110	68.3	16	9.9
137	**53.5**	**134**	**52.3**	**83**	**32.4**	**208**	**81.3**	**22**	**8.6**
3	42.9	4	57.1	1	14.3	6	85.7		
13	59.1	11	50.0	5	22.7	21	95.5	2	9.1
111	54.7	99	48.8	64	31.5	165	81.3	15	7.4
10	41.7	20	83.3	13	54.2	16	66.7	5	20.8
98	**42.1**	**92**	**39.5**	**50**	**21.5**	**170**	**73.0**	**15**	**6.4**
38	37.3	38	37.3	23	22.5	70	68.6	7	6.9
37	56.9	28	43.1	13	20.0	53	81.5	3	4.6
23	34.8	26	39.4	14	21.2	47	71.2	5	7.6
91	**34.3**	**119**	**44.9**	**65**	**24.5**	**182**	**68.7**	**23**	**8.7**
91	34.3	119	44.9	65	24.5	182	68.7	23	8.7
131	**47.8**	**141**	**51.5**	**88**	**32.1**	**230**	**83.9**	**10**	**3.6**
125	47.7	137	52.3	85	32.4	220	84.0	10	3.8
6	50.0	4	33.3	3	25.0	10	83.3		
311	**61.1**	**249**	**48.9**	**135**	**26.5**	**402**	**79.0**	**31**	**6.1**
40	67.8	35	59.3	18	30.5	51	86.4	3	5.1
88	59.5	72	48.6	33	22.3	120	81.1	5	3.4
29	52.7	25	45.5	9	16.4	43	78.2	1	1.8
16	44.4	21	58.3	7	19.4	29	80.6	2	5.6
138	65.4	96	45.5	68	32.2	159	75.4	20	9.5

6-9 续表3

行 业	提供客户服务		拨打互联网电话或召开视频会议		在线提供产品	
	数量（个）	占使用互联网企业的比重（%）	数量（个）	占使用互联网企业的比重（%）	数量（个）	占使用互联网企业的比重（%）
总 计	**16028**	**40.1**	**6423**	**16.1**	**6454**	**16.2**
采矿业	**95**	**24.1**	**35**	**8.9**	**37**	**9.4**
煤炭开采和洗选业	2	18.2				
石油和天然气开采业			1	100.0	1	100.0
黑色金属矿采选业	7	16.3	8	18.6	1	2.3
有色金属矿采选业	4	16.0	2	8.0	1	4.0
非金属矿采选业	81	26.5	21	6.9	33	10.8
开采专业及辅助性活动	1	16.7	3	50.0	1	16.7
其他采矿业						
制造业	**6072**	**42.7**	**2348**	**16.5**	**2763**	**19.4**
农副食品加工业	581	38.5	166	11.0	324	21.5
食品制造业	182	50.1	82	22.6	108	29.8
酒、饮料和精制茶制造业	202	46.3	76	17.4	130	29.8
烟草制品业	3	42.9	6	85.7	1	14.3
纺织业	290	33.0	56	6.4	97	11.0
纺织服装、服饰业	131	27.6	29	6.1	46	9.7
皮革、毛皮、羽毛及其制品和制鞋业	54	37.8	13	9.1	18	12.6
木材加工和木、竹、藤、棕、草制品业	96	37.8	28	11.0	52	20.5
家具制造业	69	46.0	19	12.7	43	28.7
造纸和纸制品业	91	44.2	31	15.0	34	16.5
印刷和记录媒介复制业	130	44.5	40	13.7	52	17.8
文教、工美、体育和娱乐用品制造业	107	41.6	21	8.2	57	22.2
石油、煤炭及其他燃料加工业	20	45.5	13	29.5	14	31.8
化学原料和化学制品制造业	415	44.5	199	21.4	198	21.2
医药制造业	204	50.7	110	27.4	102	25.4
化学纤维制造业	6	28.6	5	23.8	3	14.3
橡胶和塑料制品业	239	41.9	67	11.7	99	17.3
非金属矿物制品业	654	35.3	174	9.4	234	12.6
黑色金属冶炼和压延加工业	50	47.6	18	17.1	15	14.3
有色金属冶炼和压延加工业	56	40.0	15	10.7	23	16.4
金属制品业	385	47.0	91	11.1	170	20.8
通用设备制造业	346	50.7	130	19.1	169	24.8
专用设备制造业	322	45.2	127	17.8	166	23.3

发布消息或即时消息		员工培训		对外或对内招聘	
数量（个）	占使用互联网企业的比重（%）	数量（个）	占使用互联网企业的比重（%）	数量（个）	占使用互联网企业的比重（%）
13899	**34.8**	**12556**	**31.4**	**15994**	**40.0**
85	**21.6**	**108**	**27.4**	**68**	**17.3**
1	9.1	1	9.1		
1	100.0	1	100.0		
5	11.6	10	23.3	8	18.6
7	28.0	6	24.0	4	16.0
67	21.9	89	29.1	55	18.0
3	50.0	1	16.7	1	16.7
1	50.0				
4957	**34.9**	**4144**	**29.2**	**5840**	**41.1**
432	28.6	375	24.9	443	29.4
132	36.4	120	33.1	163	44.9
169	38.8	149	34.2	186	42.7
6	85.7	4	57.1	3	42.9
180	20.5	145	16.5	204	23.2
103	21.7	83	17.5	126	26.5
35	24.5	20	14.0	34	23.8
78	30.7	54	21.3	91	35.8
46	30.7	37	24.7	59	39.3
74	35.9	49	23.8	80	38.8
109	37.3	75	25.7	124	42.5
78	30.4	51	19.8	95	37.0
19	43.2	17	38.6	19	43.2
375	40.2	332	35.6	412	44.2
178	44.3	163	40.5	227	56.5
7	33.3	8	38.1	10	47.6
187	32.7	164	28.7	233	40.8
509	27.5	456	24.6	565	30.5
37	35.2	35	33.3	45	42.9
52	37.1	32	22.9	60	42.9
270	33.0	211	25.8	350	42.7
264	38.7	215	31.5	308	45.2
292	41.0	222	31.2	345	48.5

6-9 续表4

行业	提供客户服务		拨打互联网电话或召开视频会议		在线提供产品	
	数量（个）	占使用互联网企业的比重（%）	数量（个）	占使用互联网企业的比重（%）	数量（个）	占使用互联网企业的比重（%）
汽车制造业	703	47.9	421	28.7	273	18.6
铁路、船舶、航空航天和其他运输设备制造业	66	45.5	32	22.1	31	21.4
电气机械和器材制造业	321	49.7	150	23.2	144	22.3
计算机、通信和其他电子设备制造业	224	55.7	157	39.1	102	25.4
仪器仪表制造业	79	55.2	37	25.9	37	25.9
其他制造业	14	31.8	7	15.9	9	20.5
废弃资源综合利用业	25	29.8	23	27.4	10	11.9
金属制品、机械和设备修理业	7	31.8	5	22.7	2	9.1
电力、热力、燃气及水生产和供应业	**146**	**37.3**	**147**	**37.6**	**38**	**9.7**
电力、热力生产和供应业	61	27.6	99	44.8	20	9.0
燃气生产和供应业	38	50.0	31	40.8	13	17.1
水的生产和供应业	47	50.0	17	18.1	5	5.3
建筑业	**1242**	**27.2**	**473**	**10.3**	**253**	**5.5**
房屋建筑业	635	28.0	223	9.8	113	5.0
土木工程建筑业	241	25.4	126	13.3	56	5.9
建筑安装业	136	27.3	58	11.6	35	7.0
建筑装饰、装修和其他建筑业	230	26.8	66	7.7	49	5.7
批发和零售业	**3454**	**42.9**	**1183**	**14.7**	**1506**	**18.7**
批发业	1251	39.2	467	14.6	470	14.7
零售业	2203	45.3	716	14.7	1036	21.3
交通运输、仓储和邮政业	**578**	**42.7**	**235**	**17.4**	**163**	**12.0**
铁路运输业	2	33.3	1	16.7	1	16.7
道路运输业	370	39.5	132	14.1	106	11.3
水上运输业	39	45.9	14	16.5	5	5.9
航空运输业	8	61.5	8	61.5	3	23.1
管道运输业	2	28.6	3	42.9	1	14.3
多式联运和运输代理业	40	54.8	16	21.9	10	13.7
装卸搬运和仓储业	80	43.5	41	22.3	15	8.2
邮政业	37	75.5	20	40.8	22	44.9
住宿和餐饮业	**994**	**42.9**	**170**	**7.3**	**390**	**16.8**
住宿业	465	54.2	100	11.7	208	24.2
餐饮业	529	36.3	70	4.8	182	12.5

发布消息或即时消息		员工培训		对外或对内招聘	
数量（个）	占使用互联网企业的比重（%）	数量（个）	占使用互联网企业的比重（%）	数量（个）	占使用互联网企业的比重（%）
629	42.8	553	37.6	786	53.5
58	40.0	45	31.0	72	49.7
306	47.4	247	38.2	385	59.6
211	52.5	183	45.5	263	65.4
79	55.2	55	38.5	91	63.6
11	25.0	14	31.8	15	34.1
25	29.8	23	27.4	35	41.7
6	27.3	7	31.8	11	50.0
198	**50.6**	**180**	**46.0**	**126**	**32.2**
97	43.9	112	50.7	58	26.2
45	59.2	43	56.6	35	46.1
56	59.6	25	26.6	33	35.1
1479	**32.3**	**1520**	**33.2**	**1820**	**39.8**
721	31.8	828	36.5	923	40.7
337	35.5	354	37.3	363	38.2
186	37.3	139	27.9	201	40.4
235	27.4	199	23.2	333	38.9
2471	**30.7**	**2378**	**29.5**	**2686**	**33.4**
975	30.6	816	25.6	1071	33.6
1496	30.8	1562	32.1	1615	33.2
524	**38.7**	**423**	**31.3**	**518**	**38.3**
3	50.0	1	16.7	1	16.7
370	39.5	280	29.9	351	37.5
37	43.5	27	31.8	37	43.5
9	69.2	6	46.2	8	61.5
5	71.4	3	42.9	4	57.1
22	30.1	19	26.0	35	47.9
54	29.3	60	32.6	61	33.2
24	49.0	27	55.1	21	42.9
582	**25.1**	**654**	**28.2**	**829**	**35.8**
274	31.9	294	34.3	375	43.7
308	21.1	360	24.7	454	31.1

6-9 续表5

行　业						
	提供客户服务		拨打互联网电话或召开视频会议		在线提供产品	
	数量（个）	占使用互联网企业的比重（%）	数量（个）	占使用互联网企业的比重（%）	数量（个）	占使用互联网企业的比重（%）
信息传输、软件和信息技术服务业	**489**	**70.1**	**379**	**54.3**	**316**	**45.3**
电信、广播电视和卫星传输服务	73	83.0	66	75.0	50	56.8
互联网和相关服务	53	74.6	34	47.9	42	59.2
软件和信息技术服务业	363	67.3	279	51.8	224	41.6
房地产业	**1370**	**30.2**	**676**	**14.9**	**353**	**7.8**
房地产业	1370	30.2	676	14.9	353	7.8
租赁和商务服务业	**550**	**49.3**	**258**	**23.1**	**215**	**19.3**
租赁业	20	42.6	6	12.8	8	17.0
商务服务业	530	49.6	252	23.6	207	19.4
科学研究和技术服务业	**341**	**43.6**	**223**	**28.5**	**108**	**13.8**
研究和试验发展	26	41.3	30	47.6	19	30.2
专业技术服务业	245	43.9	152	27.2	59	10.6
科技推广和应用服务业	70	43.5	41	25.5	30	18.6
水利、环境和公共设施管理业	**97**	**37.9**	**48**	**18.8**	**55**	**21.5**
水利管理业	2	28.6	1	14.3		
生态保护和环境治理业	7	31.8	10	45.5	3	13.6
公共设施管理业	83	40.9	34	16.7	51	25.1
土地管理业	5	20.8	3	12.5	1	4.2
居民服务、修理和其他服务业	**93**	**39.9**	**28**	**12.0**	**22**	**9.4**
居民服务业	41	40.2	13	12.7	11	10.8
机动车、电子产品和日用产品修理业	36	55.4	9	13.8	10	15.4
其他服务业	16	24.2	6	9.1	1	1.5
教育	**94**	**35.5**	**42**	**15.8**	**30**	**11.3**
教育	94	35.5	42	15.8	30	11.3
卫生和社会工作	**133**	**48.5**	**69**	**25.2**	**39**	**14.2**
卫生	126	48.1	69	26.3	37	14.1
社会工作	7	58.3			2	16.7
文化、体育和娱乐业	**280**	**55.0**	**109**	**21.4**	**166**	**32.6**
新闻和出版业	31	52.5	9	15.3	24	40.7
广播、电视、电影和录音制作业	84	56.8	44	29.7	49	33.1
文化艺术业	30	54.5	12	21.8	20	36.4
体育	14	38.9	6	16.7	8	22.2
娱乐业	121	57.3	38	18.0	65	30.8

发布消息或即时消息		员工培训		对外或对内招聘	
数量（个）	占使用互联网企业的比重（%）	数量（个）	占使用互联网企业的比重（%）	数量（个）	占使用互联网企业的比重（%）
492	**70.5**	**423**	**60.6**	**530**	**75.9**
68	77.3	75	85.2	62	70.5
49	69.0	39	54.9	57	80.3
375	69.6	309	57.3	411	76.3
1451	**32.0**	**1279**	**28.2**	**1723**	**38.0**
1451	32.0	1279	28.2	1723	38.0
547	**49.1**	**468**	**42.0**	**610**	**54.7**
14	29.8	14	29.8	15	31.9
533	49.9	454	42.5	595	55.7
409	**52.3**	**342**	**43.7**	**451**	**57.7**
41	65.1	30	47.6	49	77.8
305	54.7	257	46.1	347	62.2
63	39.1	55	34.2	55	34.2
113	**44.1**	**102**	**39.8**	**120**	**46.9**
2	28.6	3	42.9	2	28.6
12	54.5	9	40.9	13	59.1
89	43.8	80	39.4	93	45.8
10	41.7	10	41.7	12	50.0
68	**29.2**	**62**	**26.6**	**85**	**36.5**
30	29.4	28	27.5	36	35.3
20	30.8	20	30.8	25	38.5
18	27.3	14	21.2	24	36.4
136	**51.3**	**148**	**55.8**	**129**	**48.7**
136	51.3	148	55.8	129	48.7
134	**48.9**	**128**	**46.7**	**181**	**66.1**
128	48.9	122	46.6	176	67.2
6	50.0	6	50.0	5	41.7
253	**49.7**	**197**	**38.7**	**278**	**54.6**
34	57.6	23	39.0	38	64.4
76	51.4	53	35.8	86	58.1
26	47.3	20	36.4	27	49.1
15	41.7	7	19.4	19	52.8
102	48.3	94	44.5	108	51.2

6-10 分地区企业通过

地 区	企业数（个）	使用互联网开展活动的企业		收发电子邮件		了解商品和服务的信息	
		数量（个）	比重（%）	数量（个）	占使用互联网企业的比重（%）	数量（个）	占使用互联网企业的比重（%）
全 省	**40082**	**39948**	**99.7**	**35387**	**88.6**	**22386**	**56.0**
武汉市	11329	11278	99.5	10473	92.9	6544	58.0
黄石市	1804	1801	99.8	1533	85.1	908	50.4
十堰市	2172	2170	99.9	1952	90.0	1248	57.5
宜昌市	3540	3533	99.8	3113	88.1	2039	57.7
襄阳市	3937	3921	99.6	3337	85.1	2203	56.2
鄂州市	876	873	99.7	789	90.4	493	56.5
荆门市	2253	2251	99.9	1977	87.8	1168	51.9
孝感市	2098	2089	99.6	1849	88.5	1195	57.2
荆州市	2760	2755	99.8	2357	85.6	1545	56.1
黄冈市	2987	2976	99.6	2500	84.0	1675	56.3
咸宁市	1842	1837	99.7	1605	87.4	1056	57.5
随州市	1292	1290	99.8	1087	84.3	633	49.1
恩施州	1254	1247	99.4	1059	84.9	658	52.8
仙桃市	782	774	99.0	715	92.4	423	54.7
潜江市	533	531	99.6	480	90.4	264	49.7
天门市	561	560	99.8	503	89.8	300	53.6
神农架	62	62	100.0	58	93.5	34	54.8

互联网开展活动情况

从政府机构获取信息		与政府机构互动		使用网上银行	
数量（个）	占使用互联网企业的比重（%）	数量（个）	占使用互联网企业的比重（%）	数量（个）	占使用互联网企业的比重（%）
18699	**46.8**	**9611**	**24.1**	**30909**	**77.4**
5828	51.7	3092	27.4	9380	83.2
803	44.6	403	22.4	1389	77.1
1121	51.7	584	26.9	1750	80.6
1828	51.7	976	27.6	2917	82.6
1665	42.5	751	19.2	2740	69.9
423	48.5	271	31.0	647	74.1
876	38.9	412	18.3	1568	69.7
907	43.4	503	24.1	1662	79.6
1232	44.7	597	21.7	2048	74.3
1324	44.5	713	24.0	2309	77.6
796	43.3	344	18.7	1367	74.4
487	37.8	273	21.2	813	63.0
611	49.0	320	25.7	994	79.7
306	39.5	129	16.7	513	66.3
188	35.4	115	21.7	379	71.4
274	48.9	113	20.2	376	67.1
30	48.4	15	24.2	57	91.9

6-10 续表

地 区	使用其他金融服务		提供客户服务		拨打互联网电话或召开视频会议	
	数量（个）	占使用互联网企业的比重（%）	数量（个）	占使用互联网企业的比重（%）	数量（个）	占使用互联网企业的比重（%）
全 省	**3167**	**7.9**	**16028**	**40.1**	**6423**	**16.1**
武汉市	1124	10.0	4912	43.6	2963	26.3
黄石市	127	7.1	660	36.6	248	13.8
十堰市	167	7.7	927	42.7	297	13.7
宜昌市	372	10.5	1589	45.0	552	15.6
襄阳市	264	6.7	1522	38.8	423	10.8
鄂州市	72	8.2	322	36.9	139	15.9
荆门市	134	6.0	818	36.3	201	8.9
孝感市	155	7.4	828	39.6	285	13.6
荆州市	194	7.0	1004	36.4	327	11.9
黄冈市	191	6.4	1217	40.9	309	10.4
咸宁市	121	6.6	722	39.3	225	12.2
随州市	65	5.0	422	32.7	98	7.6
恩施州	76	6.1	437	35.0	145	11.6
仙桃市	49	6.3	270	34.9	99	12.8
潜江市	30	5.6	164	30.9	56	10.5
天门市	22	3.9	183	32.7	41	7.3
神农架	4	6.5	31	50.0	15	24.2

在线提供产品		发布消息或即时消息		员工培训		对外或对内招聘	
数量（个）	占使用互联网企业的比重（%）	数量（个）	占使用互联网企业的比重（%）	数量（个）	占使用互联网企业的比重（%）	数量（个）	占使用互联网企业的比重（%）
6454	**16.2**	**13899**	**34.8**	**12556**	**31.4**	**15994**	**40.0**
2006	17.8	5077	45.0	4255	37.7	6216	55.1
240	13.3	535	29.7	550	30.5	661	36.7
397	18.3	834	38.4	719	33.1	912	42.0
709	20.1	1414	40.0	1289	36.5	1538	43.5
554	14.1	1100	28.1	1135	28.9	1289	32.9
133	15.2	300	34.4	253	29.0	331	37.9
291	12.9	580	25.8	586	26.0	589	26.2
336	16.1	678	32.5	596	28.5	749	35.9
383	13.9	736	26.7	708	25.7	838	30.4
464	15.6	905	30.4	826	27.8	956	32.1
310	16.9	543	29.6	477	26.0	644	35.1
184	14.3	320	24.8	323	25.0	303	23.5
180	14.4	390	31.3	349	28.0	438	35.1
111	14.3	179	23.1	188	24.3	220	28.4
69	13.0	161	30.3	127	23.9	160	30.1
67	12.0	119	21.3	141	25.2	129	23.0
20	32.3	28	45.2	34	54.8	21	33.9

6-11 分行业企业互联网

行业	企业数（个）	使用互联网的企业		通过互联网进行宣传推广的企业		自有网站	
		数量（个）	比重（%）	数量（个）	占使用互联网企业的比重（%）	数量（个）	占使用互联网企业的比重（%）
总　计	**40082**	**39948**	**99.7**	**35246**	**88.2**	**10894**	**27.3**
采矿业	**395**	**394**	**99.7**	**340**	**86.3**	**61**	**15.5**
煤炭开采和洗选业	11	11	100.0	10	90.9	1	9.1
石油和天然气开采业	1	1	100.0	1	100.0	1	100.0
黑色金属矿采选业	43	43	100.0	39	90.7	6	14.0
有色金属矿采选业	26	25	96.2	19	76.0	6	24.0
非金属矿采选业	306	306	100.0	263	85.9	43	14.1
开采专业及辅助性活动	6	6	100.0	6	100.0	4	66.7
其他采矿业	2	2	100.0	2	100.0		
制造业	**14243**	**14207**	**99.7**	**13164**	**92.7**	**4953**	**34.9**
农副食品加工业	1512	1509	99.8	1405	93.1	424	28.1
食品制造业	365	363	99.5	349	96.1	155	42.7
酒、饮料和精制茶制造业	437	436	99.8	419	96.1	180	41.3
烟草制品业	7	7	100.0	7	100.0	6	85.7
纺织业	886	880	99.3	775	88.1	181	20.6
纺织服装、服饰业	475	475	100.0	432	90.9	68	14.3
皮革、毛皮、羽毛及其制品和制鞋业	144	143	99.3	136	95.1	19	13.3
木材加工和木、竹、藤、棕、草制品业	254	254	100.0	239	94.1	71	28.0
家具制造业	150	150	100.0	146	97.3	51	34.0
造纸和纸制品业	206	206	100.0	189	91.7	59	28.6
印刷和记录媒介复制业	292	292	100.0	266	91.1	84	28.8
文教、工美、体育和娱乐用品制造业	258	257	99.6	235	91.4	66	25.7
石油、煤炭及其他燃料加工业	44	44	100.0	41	93.2	20	45.5
化学原料和化学制品制造业	932	932	100.0	885	95.0	430	46.1
医药制造业	402	402	100.0	383	95.3	236	58.7
化学纤维制造业	21	21	100.0	21	100.0	8	38.1
橡胶和塑料制品业	571	571	100.0	541	94.7	189	33.1
非金属矿物制品业	1858	1852	99.7	1656	89.4	406	21.9
黑色金属冶炼和压延加工业	106	105	99.1	96	91.4	40	38.1
有色金属冶炼和压延加工业	141	140	99.3	129	92.1	59	42.1
金属制品业	821	819	99.8	746	91.1	335	40.9
通用设备制造业	683	682	99.9	649	95.2	282	41.3
专用设备制造业	713	712	99.9	677	95.1	342	48.0

宣传和推广情况

互联网广告		搜索引擎		电子商务平台		电子邮件		社交网站或即时通讯社交工具	
数量（个）	占使用互联网企业的比重（%）	数量（个）	占使用互联网企业的比重（%）	数量（个）	占使用互联网企业的比重（%）	数量（个）	占使用互联网企业的比重（%）	数量（个）	占使用互联网企业的比重（%）
12787	**32.0**	**6623**	**16.6**	**4604**	**11.5**	**13189**	**33.0**	**9648**	**24.2**
86	**21.8**	**50**	**12.7**	**25**	**6.3**	**149**	**37.8**	**90**	**22.8**
		1	9.1			7	63.6	2	18.2
								1	100.0
7	16.3	9	20.9	3	7.0	20	46.5	4	9.3
4	16.0	3	12.0	3	12.0	7	28.0	6	24.0
74	24.2	35	11.4	19	6.2	114	37.3	76	24.8
								1	16.7
1	50.0	2	100.0			1	50.0		
4403	**31.0**	**2769**	**19.5**	**1895**	**13.3**	**5828**	**41.0**	**3276**	**23.1**
444	29.4	245	16.2	263	17.4	560	37.1	374	24.8
147	40.5	72	19.8	84	23.1	145	39.9	93	25.6
161	36.9	80	18.3	117	26.8	159	36.5	125	28.7
1	14.3			1	14.3	1	14.3	1	14.3
231	26.3	150	17.0	103	11.7	367	41.7	168	19.1
152	32.0	83	17.5	43	9.1	184	38.7	109	22.9
59	41.3	37	25.9	8	5.6	41	28.7	22	15.4
85	33.5	42	16.5	37	14.6	95	37.4	60	23.6
51	34.0	35	23.3	30	20.0	58	38.7	33	22.0
71	34.5	33	16.0	26	12.6	68	33.0	44	21.4
96	32.9	45	15.4	25	8.6	119	40.8	77	26.4
73	28.4	43	16.7	44	17.1	101	39.3	72	28.0
18	40.9	9	20.5	9	20.5	13	29.5	11	25.0
287	30.8	217	23.3	109	11.7	389	41.7	205	22.0
147	36.6	93	23.1	70	17.4	150	37.3	117	29.1
8	38.1	5	23.8			7	33.3	3	14.3
185	32.4	109	19.1	78	13.7	254	44.5	119	20.8
522	28.2	345	18.6	166	9.0	666	36.0	420	22.7
27	25.7	20	19.0	19	18.1	34	32.4	22	21.0
40	28.6	19	13.6	19	13.6	50	35.7	24	17.1
227	27.7	151	18.4	97	11.8	344	42.0	166	20.3
230	33.7	160	23.5	108	15.8	329	48.2	155	22.7
234	32.9	196	27.5	85	11.9	326	45.8	159	22.3

6-11 续表1

行业	企业数（个）	使用互联网的企业		通过互联网进行宣传推广的企业		自有网站	
		数量（个）	比重（%）	数量（个）	占使用互联网企业的比重（%）	数量（个）	占使用互联网企业的比重（%）
汽车制造业	1474	1469	99.7	1348	91.8	510	34.7
铁路、船舶、航空航天和其他运输设备制造业	145	145	100.0	137	94.5	68	46.9
电气机械和器材制造业	647	646	99.8	608	94.1	327	50.6
计算机、通信和其他电子设备制造业	405	402	99.3	380	94.5	208	51.7
仪器仪表制造业	144	143	99.3	141	98.6	81	56.6
其他制造业	44	44	100.0	40	90.9	15	34.1
废弃资源综合利用业	84	84	100.0	69	82.1	22	26.2
金属制品、机械和设备修理业	22	22	100.0	19	86.4	11	50.0
电力、热力、燃气及水生产和供应业	**391**	**391**	**100.0**	**327**	**83.6**	**144**	**36.8**
电力、热力生产和供应业	221	221	100.0	175	79.2	79	35.7
燃气生产和供应业	76	76	100.0	66	86.8	25	32.9
水的生产和供应业	94	94	100.0	86	91.5	40	42.6
建筑业	**4596**	**4573**	**99.5**	**3730**	**81.6**	**1092**	**23.9**
房屋建筑业	2277	2268	99.6	1852	81.7	455	20.1
土木工程建筑业	955	950	99.5	769	80.9	281	29.6
建筑安装业	503	498	99.0	399	80.1	135	27.1
建筑装饰、装修和其他建筑业	861	857	99.5	710	82.8	221	25.8
批发和零售业	**8075**	**8053**	**99.7**	**7006**	**87.0**	**1311**	**16.3**
批发业	3201	3188	99.6	2601	81.6	551	17.3
零售业	4874	4865	99.8	4405	90.5	760	15.6
交通运输、仓储和邮政业	**1359**	**1353**	**99.6**	**1119**	**82.7**	**313**	**23.1**
铁路运输业	6	6	100.0	4	66.7	2	33.3
道路运输业	938	936	99.8	763	81.5	195	20.8
水上运输业	85	85	100.0	67	78.8	26	30.6
航空运输业	13	13	100.0	12	92.3	8	61.5
管道运输业	7	7	100.0	7	100.0	5	71.4
多式联运和运输代理业	73	73	100.0	66	90.4	22	30.1
装卸搬运和仓储业	188	184	97.9	153	83.2	40	21.7
邮政业	49	49	100.0	47	95.9	15	30.6
住宿和餐饮业	**2322**	**2316**	**99.7**	**2096**	**90.5**	**341**	**14.7**
住宿业	859	858	99.9	803	93.6	172	20.0
餐饮业	1463	1458	99.7	1293	88.7	169	11.6

互联网广告		搜索引擎		电子商务平台		电子邮件		社交网站或即时通讯社交工具	
数量（个）	占使用互联网企业的比重（%）	数量（个）	占使用互联网企业的比重（%）	数量（个）	占使用互联网企业的比重（%）	数量（个）	占使用互联网企业的比重（%）	数量（个）	占使用互联网企业的比重（%）
409	27.8	249	17.0	158	10.8	725	49.4	308	21.0
32	22.1	30	20.7	18	12.4	61	42.1	40	27.6
224	34.7	139	21.5	96	14.9	284	44.0	155	24.0
149	37.1	95	23.6	47	11.7	176	43.8	119	29.6
48	33.6	42	29.4	16	11.2	67	46.9	39	27.3
17	38.6	10	22.7	7	15.9	15	34.1	7	15.9
21	25.0	11	13.1	8	9.5	31	36.9	24	28.6
7	31.8	4	18.2	4	18.2	9	40.9	5	22.7
73	**18.7**	**45**	**11.5**	**36**	**9.2**	**112**	**28.6**	**86**	**22.0**
39	17.6	27	12.2	23	10.4	65	29.4	43	19.5
19	25.0	9	11.8	4	5.3	19	25.0	17	22.4
15	16.0	9	9.6	9	9.6	28	29.8	26	27.7
988	**21.6**	**594**	**13.0**	**303**	**6.6**	**1612**	**35.3**	**865**	**18.9**
536	23.6	277	12.2	170	7.5	847	37.3	433	19.1
171	18.0	118	12.4	49	5.2	302	31.8	179	18.8
97	19.5	71	14.3	24	4.8	165	33.1	95	19.1
184	21.5	128	14.9	60	7.0	298	34.8	158	18.4
2714	**33.7**	**1195**	**14.8**	**1118**	**13.9**	**2328**	**28.9**	**2068**	**25.7**
796	25.0	439	13.8	339	10.6	959	30.1	728	22.8
1918	39.4	756	15.5	779	16.0	1369	28.1	1340	27.5
356	**26.3**	**167**	**12.3**	**124**	**9.2**	**395**	**29.2**	**310**	**22.9**
1	16.7	1	16.7	1	16.7	1	16.7	1	16.7
251	26.8	123	13.1	68	7.3	272	29.1	219	23.4
17	20.0	5	5.9	5	5.9	28	32.9	19	22.4
4	30.8	1	7.7	2	15.4	5	38.5	4	30.8
1	14.3	1	14.3			3	42.9	1	14.3
18	24.7	9	12.3	6	8.2	31	42.5	17	23.3
37	20.1	20	10.9	21	11.4	43	23.4	38	20.7
27	55.1	7	14.3	21	42.9	12	24.5	11	22.4
863	**37.3**	**342**	**14.8**	**369**	**15.9**	**564**	**24.4**	**620**	**26.8**
356	41.5	141	16.4	201	23.4	193	22.5	221	25.8
507	34.8	201	13.8	168	11.5	371	25.4	399	27.4

6-11 续表2

行业	企业数（个）	使用互联网的企业		通过互联网进行宣传推广的企业		自有网站	
		数量（个）	比重（%）	数量（个）	占使用互联网企业的比重（%）	数量（个）	占使用互联网企业的比重（%）
信息传输、软件和信息技术服务业	**698**	**698**	**100.0**	**657**	**94.1**	**463**	**66.3**
电信、广播电视和卫星传输服务	88	88	100.0	84	95.5	51	58.0
互联网和相关服务	71	71	100.0	69	97.2	51	71.8
软件和信息技术服务业	539	539	100.0	504	93.5	361	67.0
房地产业	**4563**	**4529**	**99.3**	**3825**	**84.5**	**850**	**18.8**
房地产业	4563	4529	99.3	3825	84.5	850	18.8
租赁和商务服务业	**1118**	**1115**	**99.7**	**934**	**83.8**	**394**	**35.3**
租赁业	47	47	100.0	34	72.3	7	14.9
商务服务业	1071	1068	99.7	900	84.3	387	36.2
科学研究和技术服务业	**783**	**782**	**99.9**	**683**	**87.3**	**396**	**50.6**
研究和试验发展	64	63	98.4	56	88.9	40	63.5
专业技术服务业	558	558	100.0	476	85.3	284	50.9
科技推广和应用服务业	161	161	100.0	151	93.8	72	44.7
水利、环境和公共设施管理业	**256**	**256**	**100.0**	**215**	**84.0**	**99**	**38.7**
水利管理业	7	7	100.0	5	71.4	2	28.6
生态保护和环境治理业	22	22	100.0	15	68.2	11	50.0
公共设施管理业	203	203	100.0	173	85.2	72	35.5
土地管理业	24	24	100.0	22	91.7	14	58.3
居民服务、修理和其他服务业	**234**	**233**	**99.6**	**188**	**80.7**	**45**	**19.3**
居民服务业	102	102	100.0	81	79.4	23	22.5
机动车、电子产品和日用产品修理业	65	65	100.0	59	90.8	9	13.8
其他服务业	67	66	98.5	48	72.7	13	19.7
教育	**265**	**265**	**100.0**	**240**	**90.6**	**109**	**41.1**
教育	265	265	100.0	240	90.6	109	41.1
卫生和社会工作	**274**	**274**	**100.0**	**253**	**92.3**	**137**	**50.0**
卫生	262	262	100.0	243	92.7	134	51.1
社会工作	12	12	100.0	10	83.3	3	25.0
文化、体育和娱乐业	**510**	**509**	**99.8**	**469**	**92.1**	**186**	**36.5**
新闻和出版业	59	59	100.0	55	93.2	40	67.8
广播、电视、电影和录音制作业	148	148	100.0	135	91.2	40	27.0
文化艺术业	55	55	100.0	50	90.9	19	34.5
体育	36	36	100.0	31	86.1	12	33.3
娱乐业	212	211	99.5	198	93.8	75	35.5

互联网广告		搜索引擎		电子商务平台		电子邮件		社交网站或即时通讯社交工具	
数量（个）	占使用互联网企业的比重（%）	数量（个）	占使用互联网企业的比重（%）	数量（个）	占使用互联网企业的比重（%）	数量（个）	占使用互联网企业的比重（%）	数量（个）	占使用互联网企业的比重（%）
282	**40.4**	**206**	**29.5**	**101**	**14.5**	**205**	**29.4**	**236**	**33.8**
50	56.8	25	28.4	22	25.0	30	34.1	34	38.6
37	52.1	23	32.4	19	26.8	18	25.4	25	35.2
195	36.2	158	29.3	60	11.1	157	29.1	177	32.8
1926	**42.5**	**632**	**14.0**	**267**	**5.9**	**1145**	**25.3**	**1059**	**23.4**
1926	42.5	632	14.0	267	5.9	1145	25.3	1059	23.4
352	**31.6**	**189**	**17.0**	**112**	**10.0**	**285**	**25.6**	**358**	**32.1**
15	31.9	7	14.9	1	2.1	10	21.3	11	23.4
337	31.6	182	17.0	111	10.4	275	25.7	347	32.5
195	**24.9**	**136**	**17.4**	**51**	**6.5**	**220**	**28.1**	**190**	**24.3**
17	27.0	15	23.8	6	9.5	19	30.2	22	34.9
122	21.9	97	17.4	30	5.4	136	24.4	129	23.1
56	34.8	24	14.9	15	9.3	65	40.4	39	24.2
87	**34.0**	**43**	**16.8**	**38**	**14.8**	**69**	**27.0**	**72**	**28.1**
1	14.3					2	28.6	2	28.6
4	18.2	1	4.5	1	4.5	3	13.6	8	36.4
74	36.5	37	18.2	36	17.7	57	28.1	58	28.6
8	33.3	5	20.8	1	4.2	7	29.2	4	16.7
54	**23.2**	**35**	**15.0**	**16**	**6.9**	**55**	**23.6**	**53**	**22.7**
25	24.5	20	19.6	7	6.9	21	20.6	21	20.6
19	29.2	7	10.8	6	9.2	16	24.6	20	30.8
10	15.2	8	12.1	3	4.5	18	27.3	12	18.2
89	**33.6**	**49**	**18.5**	**13**	**4.9**	**41**	**15.5**	**92**	**34.7**
89	33.6	49	18.5	13	4.9	41	15.5	92	34.7
118	**43.1**	**79**	**28.8**	**21**	**7.7**	**58**	**21.2**	**90**	**32.8**
113	43.1	79	30.2	21	8.0	56	21.4	87	33.2
5	41.7					2	16.7	3	25.0
201	**39.5**	**92**	**18.1**	**115**	**22.6**	**123**	**24.2**	**183**	**36.0**
21	35.6	14	23.7	16	27.1	13	22.0	20	33.9
43	29.1	17	11.5	36	24.3	22	14.9	49	33.1
20	36.4	6	10.9	8	14.5	17	30.9	22	40.0
10	27.8	4	11.1	7	19.4	8	22.2	17	47.2
107	50.7	51	24.2	48	22.7	63	29.9	75	35.5

6-12 分地区企业互联网

地区	企业数（个）	使用互联网的企业					
		数量（个）	比重（%）	通过互联网进行宣传推广的企业			
				数量（个）	占使用互联网企业的比重（%）	自有网站	
						数量（个）	占使用互联网企业的比重（%）
全省	**40082**	**39948**	**99.7**	**35246**	**88.2**	**10894**	**27.3**
武汉市	11329	11278	99.5	9666	85.7	4191	37.2
黄石市	1804	1801	99.8	1538	85.4	460	25.5
十堰市	2172	2170	99.9	1947	89.7	532	24.5
宜昌市	3540	3533	99.8	3163	89.5	926	26.2
襄阳市	3937	3921	99.6	3570	91.0	919	23.4
鄂州市	876	873	99.7	769	88.1	309	35.4
荆门市	2253	2251	99.9	2102	93.4	506	22.5
孝感市	2098	2089	99.6	1874	89.7	515	24.7
荆州市	2760	2755	99.8	2401	87.2	572	20.8
黄冈市	2987	2976	99.6	2628	88.3	699	23.5
咸宁市	1842	1837	99.7	1639	89.2	401	21.8
随州市	1292	1290	99.8	1175	91.1	258	20.0
恩施州	1254	1247	99.4	1057	84.8	198	15.9
仙桃市	782	774	99.0	704	91.0	207	26.7
潜江市	533	531	99.6	467	87.9	110	20.7
天门市	561	560	99.8	489	87.3	77	13.8
神农架	62	62	100.0	57	91.9	14	22.6

宣传和推广情况

互联网广告		搜索引擎		电子商务平台		电子邮件		社交网站或即时通讯社交工具	
数量（个）	占使用互联网企业的比重（%）	数量（个）	占使用互联网企业的比重（%）	数量（个）	占使用互联网企业的比重（%）	数量（个）	占使用互联网企业的比重（%）	数量（个）	占使用互联网企业的比重（%）
12787	**32.0**	**6623**	**16.6**	**4604**	**11.5**	**13189**	**33.0**	**9648**	**24.2**
3421	30.3	2037	18.1	1239	11.0	3417	30.3	2797	24.8
444	24.7	261	14.5	209	11.6	631	35.0	360	20.0
711	32.8	353	16.3	305	14.1	879	40.5	489	22.5
1184	33.5	449	12.7	517	14.6	1178	33.3	995	28.2
1452	37.0	634	16.2	425	10.8	1426	36.4	854	21.8
287	32.9	137	15.7	95	10.9	266	30.5	183	21.0
716	31.8	320	14.2	230	10.2	741	32.9	709	31.5
709	33.9	460	22.0	242	11.6	639	30.6	508	24.3
847	30.7	486	17.6	299	10.9	931	33.8	635	23.0
968	32.5	477	16.0	349	11.7	1004	33.7	755	25.4
662	36.0	413	22.5	201	10.9	588	32.0	352	19.2
384	29.8	207	16.0	146	11.3	428	33.2	287	22.2
403	32.3	118	9.5	164	13.2	401	32.2	337	27.0
237	30.6	76	9.8	78	10.1	297	38.4	124	16.0
171	32.2	76	14.3	71	13.4	163	30.7	167	31.5
163	29.1	103	18.4	24	4.3	179	32.0	77	13.8
28	45.2	16	25.8	10	16.1	21	33.9	19	30.6

6-13 分行业企业开展

行业	有电子商务交易的企业数（个）	有电子商务销售的企业		B2B	
		数量（个）	金额（万元）	企业数量（个）	金额（万元）
总计	**3666**	**2637**	**40513963**	**1978**	**28265381**
采矿业	**16**	**10**	**69293**	**9**	**61506**
煤炭开采和洗选业					
石油和天然气开采业	1	1	22581	1	22581
黑色金属矿采选业	3	2	7	2	4
有色金属矿采选业	2	1	19750	1	19750
非金属矿采选业	10	6	26955	5	19171
开采专业及辅助性活动					
其他采矿业					
制造业	**1462**	**1006**	**17850092**	**855**	**16895050**
农副食品加工业	239	211	338115	174	255562
食品制造业	77	70	131855	59	80405
酒、饮料和精制茶制造业	126	113	187451	85	137112
烟草制品业	2	2	8232108	2	8232108
纺织业	84	55	209847	50	192702
纺织服装、服饰业	22	17	80612	13	44598
皮革、毛皮、羽毛及其制品和制鞋业	5	4	3389	3	1678
木材加工和木、竹、藤、棕、草制品业	17	13	10504	10	9529
家具制造业	13	12	14265	9	9736
造纸和纸制品业	12	7	3733	7	3129
印刷和记录媒介复制业	24	14	7355	9	5313
文教、工美、体育和娱乐用品制造业	42	36	33633	30	22971
石油、煤炭及其他燃料加工业	6	1	375	1	375
化学原料和化学制品制造业	68	48	436793	42	276323
医药制造业	65	48	92529	34	53320
化学纤维制造业	1				
橡胶和塑料制品业	38	26	29558	24	26064
非金属矿物制品业	71	36	696525	33	689374
黑色金属冶炼和压延加工业	8	5	6154839	5	6153839
有色金属冶炼和压延加工业	11	6	6850	6	4537
金属制品业	81	48	130178	47	118841
通用设备制造业	81	48	88823	45	77362
专用设备制造业	80	42	47237	37	41373

电子商务交易情况

B2C		向大陆以外区域销售		有电子商务采购的企业		从大陆以外区域采购	
企业数量（个）	金额（万元）	企业数量（个）	金额（万元）	数量（个）	金额（万元）	企业数量（个）	金额（万元）
1334	**12248584**	**219**	**727751**	**2123**	**18259198**	**110**	**189002**
4	**7788**	**1**	**12**	**10**	**225171**	**1**	**12**
				1	224158		
2	3			1	4		
				1	1		
2	7785	1	12	7	1009	1	12
412	**955043**	**176**	**653505**	**1014**	**7415973**	**72**	**164152**
101	82553	16	31185	134	240077	9	13019
28	51450	7	11787	42	37206	4	3270
59	50339	11	2690	62	112568	3	1580
		2	19336	2	1253617		
11	17145	20	110286	65	191153	8	15799
11	36014	3	403	11	24119	1	50
2	1711	1	3	3	227		
5	975	4	2751	11	3667		
10	4529	2	200	8	6386		
2	604	1	1692	9	833	1	42
7	2042	1	206	20	7303		
21	10662	12	6653	25	14037	3	7770
				6	429283	1	18689
22	160470	11	205727	46	280240		
24	39209	7	34486	42	43518	2	85
				1	19		
9	3494	5	3668	32	11687	2	1300
9	7152	5	35899	58	43684	1	2300
1	1000			7	915484		
3	2313	1	6	9	5635	1	6
14	11337	8	14853	71	91423	6	731
19	11460	14	24296	67	55272	7	11161
16	5864	15	11141	58	74482	6	1100

6-13 续表1

行业	有电子商务交易的企业数（个）	有电子商务销售的企业			
		数量（个）	金额（万元）	B2B	
				企业数量（个）	金额（万元）
汽车制造业	128	53	594118	48	283741
铁路、船舶、航空航天和其他运输设备制造业	16	4	1005	4	894
电气机械和器材制造业	73	53	145924	49	60306
计算机、通信和其他电子设备制造业	49	23	145066	19	96844
仪器仪表制造业	11	4	1105	3	381
其他制造业	7	5	24108	5	14439
废弃资源综合利用业	3	1	2136	1	2136
金属制品、机械和设备修理业	2	1	57	1	57
电力、热力、燃气及水生产和供应业	**32**	**11**	**132199**	**7**	**69579**
电力、热力生产和供应业	23	5	61958	5	60721
燃气生产和供应业	3	2	67102	1	7000
水的生产和供应业	6	4	3139	1	1858
建筑业	**180**	**29**	**33851**	**29**	**33619**
房屋建筑业	76	13	27787	13	27780
土木工程建筑业	37	5	1113	5	1091
建筑安装业	18	3	3333	3	3333
建筑装饰、装修和其他建筑业	49	8	1618	8	1415
批发和零售业	**899**	**806**	**18545257**	**533**	**8656906**
批发业	238	212	10094023	176	6931484
零售业	661	594	8451234	357	1725422
交通运输、仓储和邮政业	**91**	**55**	**1151792**	**42**	**968659**
铁路运输业					
道路运输业	56	32	470253	25	464235
水上运输业	6	1	380	1	380
航空运输业	2	2	583950	2	417372
管道运输业	1				
多式联运和运输代理业	1	1	10	1	10
装卸搬运和仓储业	13	8	72409	8	72409
邮政业	12	11	24790	5	14254
住宿和餐饮业	**399**	**381**	**187245**	**265**	**91216**
住宿业	239	237	83395	169	52516
餐饮业	160	144	103849	96	38700

B2C		向大陆以外区域销售		有电子商务采购的企业		从大陆以外区域采购	
企业数量（个）	金额（万元）	企业数量（个）	金额（万元）	数量（个）	金额（万元）	企业数量（个）	金额（万元）
13	310376	10	90411	105	2552251	10	66511
1	111	2	673	13	823323	1	601
12	85618	8	16991	49	59593	1	820
8	48222	6	24289	41	117776	4	19308
2	724	1	252	8	1443		
2	9669	3	3621	5	19416	1	10
				2	207		
				2	44		
6	**62620**			**27**	**258370**	**1**	**580**
1	1237			22	251487	1	580
1	60102			3	6872		
4	1281			2	12		
6	**232**	**1**	**12**	**168**	**2195447**	**5**	**364**
2	7			70	1915828	4	14
1	22	1	12	35	272697		
				17	2329		
3	203			46	4593	1	350
502	**9888351**	**19**	**58745**	**346**	**6552144**	**14**	**23373**
76	3162539	14	28091	89	4695403	3	18588
426	6725813	5	30654	257	1856742	11	4785
25	**183133**	**2**	**12116**	**48**	**9438**	**2**	**4**
16	6018	1	1	30	3043	1	1
				6	533		
1	166578	1	12115				
				1	82		
				6	5205		
8	10537			5	575	1	3
189	**96028**	**9**	**170**	**143**	**14894**	**7**	**183**
114	30879	9	170	82	4803	5	155
75	65149			61	10092	2	28

6-13　续表2

行　业	有电子商务交易的企业数（个）	有电子商务销售的企业			
		数量（个）	金额（万元）	B2B	
				企业数量（个）	金额（万元）
信息传输、软件和信息技术服务业	**127**	**82**	**1104064**	**50**	**179956**
电信、广播电视和卫星传输服务	25	19	217665	5	23702
互联网和相关服务	23	21	595894	14	120760
软件和信息技术服务业	79	42	290504	31	35494
房地产业	**133**	**14**	**15332**	**10**	**7345**
房地产业	133	14	15332	10	7345
租赁和商务服务业	**85**	**61**	**1258267**	**53**	**1208700**
租赁业	2	1	6000	1	4000
商务服务业	83	60	1252267	52	1204700
科学研究和技术服务业	**46**	**26**	**9912**	**21**	**9051**
研究和试验发展	9	6	2246	5	2243
专业技术服务业	22	8	4785	7	4710
科技推广和应用服务业	15	12	2881	9	2098
水利、环境和公共设施管理业	**47**	**44**	**32488**	**34**	**23096**
水利管理业					
生态保护和环境治理业	3	1	60	1	47
公共设施管理业	44	43	32428	33	23048
土地管理业					
居民服务、修理和其他服务业	**13**	**7**	**1727**	**6**	**256**
居民服务业	5	4	1486	3	75
机动车、电子产品和日用产品修理业	5	1	90	1	45
其他服务业	3	2	151	2	136
教育	**13**	**2**	**5**	**1**	**4**
教育	13	2	5	1	4
卫生和社会工作	**21**	**8**	**2419**	**2**	**40**
卫生	21	8	2419	2	40
社会工作					
文化、体育和娱乐业	**102**	**95**	**120022**	**61**	**60400**
新闻和出版业	15	15	5926	7	3010
广播、电视、电影和录音制作业	39	38	51973	22	29014
文化艺术业	7	5	445	2	65
体育	4	4	750	4	727
娱乐业	37	33	60928	26	27585

B2C		向大陆以外区域销售		有电子商务采购的企业		从大陆以外区域采购	
企业数量（个）	金额（万元）	企业数量（个）	金额（万元）	数量（个）	金额（万元）	企业数量（个）	金额（万元）
54	**924108**	**3**	**2140**	**80**	**728390**	**1**	**12**
16	193963			16	74194		
14	475134			12	382851		
24	255010	3	2140	52	271344	1	12
7	**7988**			**126**	**29427**	**1**	
7	7988			126	29427	1	
30	**49567**	**3**	**367**	**43**	**55830**	**1**	**280**
1	2000			1	2		
29	47567	3	367	42	55829	1	280
11	**861**	**3**	**669**	**31**	**733986**	**1**	**3**
1	3			5	263		
4	75	1	2	19	733320		
6	783	2	667	7	403	1	3
28	**9392**	**1**	**5**	**19**	**760**	**2**	**7**
1	13			3	74		
27	9379	1	5	16	686	2	7
3	**1471**			**10**	**850**		
1	1411			3	8		
1	45			5	836		
1	15			2	6		
1	**1**			**13**	**115**	**1**	**3**
1	1			13	115	1	3
6	**2379**			**14**	**183**		
6	2379			14	183		
50	**59622**	**1**	**10**	**31**	**38223**	**1**	**30**
11	2917			2	2		
16	22959			10	210		
4	380			3	61	1	30
2	23			1	230		
17	33343	1	10	15	37720		

6-14 地区企业开展

地区	有电子商务交易的企业数（个）	有电子商务销售的企业					
		数量（个）	金额（万元）	B2B		B2C	
				企业数量（个）	金额（万元）	企业数量（个）	金额（万元）
全 省	**3666**	**2637**	**40513963**	**1978**	**28265381**	**1334**	**12248584**
武汉市	1023	689	29075102	451	21388471	371	7686631
黄石市	138	93	842464	77	679315	48	163149
十堰市	241	171	329222	128	233494	96	95728
宜昌市	416	325	1396007	246	903855	193	492153
襄阳市	357	256	702280	214	561487	121	140793
鄂州市	97	60	2285513	46	500243	27	1785270
荆门市	174	138	1803246	96	1040418	69	762828
孝感市	197	147	833338	120	745037	67	88301
荆州市	218	165	329118	127	254425	77	74693
黄冈市	269	185	253990	156	201319	79	52670
咸宁市	137	92	162228	75	112252	40	49976
随州市	101	80	821111	57	375062	42	446049
恩施州	163	136	337217	109	40142	62	297074
仙桃市	49	41	255808	35	226940	11	28869
潜江市	43	28	118386	22	108210	11	10176
天门市	29	18	937696	12	869321	11	68375
神农架	14	13	31239	7	25389	9	5850

电子商务交易情况

向大陆以外区域销售		有电子商务采购的企业		从大陆以外区域采购	
企业数量（个）	金额（万元）	数量（个）	金额（万元）	企业数量（个）	金额（万元）
219	**727751**	**2123**	**18259198**	**110**	**189002**
57	187332	574	9720064	30	130687
9	14003	84	121981	4	163
6	236	141	2459633	7	235
19	201934	220	883105	9	6879
24	38947	206	445110	15	18111
10	10474	66	1347640	3	302
10	4190	85	566507	5	1790
21	42246	140	541900	5	7796
9	12780	125	149822	5	471
13	3182	187	139416	9	6547
6	19992	81	53656	4	4487
12	43906	52	289841	5	6975
5	2982	89	211235	5	3934
11	106669	25	106271	2	306
5	38216	26	294557	1	60
2	663	18	919601	1	260
		4	8860		

附　录

主要指标解释

主要指标解释

房屋施工面积 指报告期内施工的全部房屋建筑面积。包括本期新开工的房屋建筑面积、上期跨入本期继续施工的房屋建筑面积、上期停缓建在本期恢复施工的房屋建筑面积、本期竣工的房屋建筑面积以及本期施工后又停缓建的房屋建筑面积。多层建筑应填各层建筑面积之和。

房屋新开工面积 指报告期内新开工建设的房屋建筑面积，以单位工程为核算对象，即整栋房屋的全部建筑面积，不能分割计算。不包括在上期开工跨入本期继续施工的房屋建筑面积和上期停缓建而在本期复工的房屋建筑面积。房屋的开工应以房屋正式开始破土刨槽（地基处理或打永久桩）的日期为准。

房屋竣工面积 指报告期内房屋建筑按照设计要求已全部完工，达到住人和使用条件，经验收鉴定合格或达到竣工验收标准，可正式移交使用的各栋房屋建筑面积的总和。

竣工面积以房屋单位工程（栋）为核算对象，在整栋房屋符合竣工条件后按其全部建筑面积一次性计算，而不是按各栋施工房屋中已完成的部分或层次分割计算。

商品房销售面积 指报告期内出售商品房屋的合同总面积（即双方签署的正式买卖合同中所确定的建筑面积）。商品房销售面积由现房销售面积和期房销售面积两部分组成。

（1）现房销售面积：指在报告期内正式签订买卖合同、已经竣工达到入住条件的商品房屋建筑面积。包括以一次性付款方式和分期付款方式销售的现房建筑面积。

（2）期房销售面积：指在报告期内正式签订买卖合同、正在建设尚未竣工交付使用的商品房屋建筑面积。包括以一次性付款方式和分期付款方式销售的商品房屋建筑面积。期房销售建筑面积竣工后不再结转为现房销售建筑面积。

商品房销售额 指报告期内出售商品房屋的合同总价款（即双方签署的正式买卖合同中所确定的合同总价）。该指标与商品房销售面积同口径，由现房销售额和期房销售额两部分组成。

（1）现房销售额：指报告期内销售的已竣工商品房屋的合同总价款。包括现房销售前期预收的定金、预收款、首付款及全部按揭贷款的本金等款项。该指标与现房销售面积同口径。

（2）期房销售额：指报告期内销售的正在建设尚未竣工的商品房屋的合同总价款。包括预售房屋前期预收的定金、预收款、首付款及全部按揭贷款的本金等项。该指标与期房销售面积同口径。

房屋竣工价值 指报告期内按规定已经上报竣工的房屋本身的建造价值。一般按房屋设计和预算规定的内容计算。包括竣工房屋本身的基础、结构、屋面、装修以及水、电、卫等附属工程的建筑价值；也包括作为房屋建筑组成部分而列入房屋建筑工程预算内的设备（如电梯、通风设备等）的购置和安装费用。不包括厂房内的工艺设备、工艺管线的购置和安装，工艺设备基础的建造；室外的水、暖、电、卫、道路工程、挡土墙等环境工程的费用；办公和生活用家具的购置等费用；购置土地的费用；迁移补偿费和场地平整的费用及城市建设配套投资。

房屋竣工价值不仅包括该竣工房屋在报告期内完成的价值，也包括跨年施工的房屋在本期以前完成的价值。未竣工而转让给其他单位的房屋建筑工程，出让单位不计算竣工价值，待接受单位继续施工并符合竣工条件后，由接受单位计算其竣工价值，包括出让单位在出让前所完成的价值。房屋竣工价值一般按结算价格（或中标价）计算。

待开发土地面积 指经有关部门批准，通过各种方式获得土地使用权，但尚未开工建设的土地面积。

本年土地购置面积 指在本年内通过各种方式获得土地使用权的土地面积。

资产总计 指企业过去的交易或者事项形成的、由企业拥有或者控制的、预期会给企业带来经济利益的资源。包括企业拥有的土地、办公楼、厂房、机器、运输工具、存货等实物资产和现金、存款、应收账款和预付账款等金融资产。资产一般按流动性（资产的变现或耗用时间长短）分为流动资产和非流动资产。其中流动资产可分为货币资金、交易性金融资产、应收票据、应收账款、预付款项、其他应收款、存货等；非流动资产可分为长期股权投资、固定资产、无形资产及其他非流动资产等。根据会计"资产负债表"中"资产总计"项目的期末余额数填报。

负债合计 指企业过去的交易或者事项形成的，预期会导致经济利益流出企业的现时义务。包括银行贷款、借款、应付账款、应付职工工资、应付职工福利费、应交税金等企业负有偿还责任的债务。

负债一般按偿还期长短分为流动负债和非流动负债。根据会计资产负债表中"负债合计"项目的期末余额数填报。执行企业会计准则或《小企业会计准则》的企业：负债合计=流动负债合计+非流动负债合计；执行其他企业会计制度的企业负债包括流动负债和长期负债。

主营业务收入 指企业确认的销售商品、提供劳务等主营业务的收入。根据会计"主营业务收入"科目的期末贷方余额填报。执行2006年《企业会计准则》的企业，如未设置该科目，以"营业收入"代替填报。

土地转让收入 指房地产开发企业按国家规定在报告期转让已经开发的土地和未经开发的土地所得到的收入。根据会计"利润表"和相关核算资料计算填报。

商品房屋销售收入 指房地产开发企业在报告期售出商品房屋的收入，一次收款的，一次性全部计入销售收入，按合同规定分期收款的，可按合同规定的时间分次计入收入。根据会计“利润表”和相关核算资料计算填报。

房屋出租收入 指房地产开发企业在报告期内，在不改变现有财产所有权关系的条件下，将企业的全部或部分房屋出租给其他单位或个人使用所得到的租金收入。根据会计“利润表”和相关核算资料计算填报。

其他（主营业务）收入 指房地产开发企业在报告期内从事除以上收入外的其他业务活动所得到的收入，包括配套设施销售收入、代建工程结算收入等。根据会计“利润表”和相关核算资料计算填报。

年末从业人数 指报告期末最后一日在本单位工作，并取得工资或其他形式劳动报酬的人员数。

年末零售营业面积 指批发和零售业企业用于本企业从事零售业务的对外营业的面积，不包括其办公用房、仓库、加工场地以及对外出租场地。按年末实有建筑面积统计。

年末餐饮营业面积 指住宿和餐饮业企业对外提供餐饮服务的就餐面积和从事食品加工、烹饪、调制的厨房面积，不包括办公用房和仓库等面积。按年末实有建筑面积统计。

营业收入 指企业经营主要业务和其他业务所确认的收入总额。营业收入包括“主营业务收入”和“其他业务收入”。根据会计“利润表”中“营业收入”项目的本年累计数填报。